억대 연봉 세일즈맨은
이렇게 영업합니다

억대 연봉 세일즈맨은
이렇게 영업합니다

최근용 지음

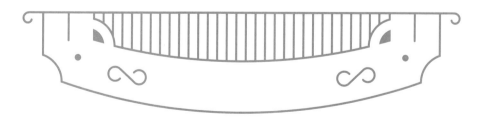

매일경제신문사

세일즈 파울로의 가르침

세일즈 파울로(Sales Paulo)는 나의 세일즈 교육 브랜드명이다. 나는 모든 일에 최선을 다하고 그 일에 명품 브랜드가 되려고 노력한다. 이 책은 지금까지 나의 인생과 세일즈 노하우를 따라 할 수 있는 방법을 담은 것이다. 이 책에 소개한 방법이 세일즈를 하는 모든 분들에게 도움이 되었으면 하는 바람이다.

누군가를 도울 때 행복하지 않은가? 나로 인해 다른 누군가가 잘 된다면 아주 기쁘다. 내가 생각하는 진정한 도움이란 수입을 상승시켜주는 것을 말한다. 이 책 속에 많은 방법과 사례를 자신의 것으로 만든다면 놀라운 수입 상승 효과가 나타날 것이다.

나는 수입 자동차를 탄다. 그리고 같은 브랜드의 자동차를 판매한다. M사에서 제조하는 수입차는 전 세계에서 가장 많이 판매되는 프리미엄 자동차다. 특히 한국 시장은 아시아 시장 중 중국 다음으로 판매 순위 2위를 자랑한다. 나는 M사의 현역 컨설턴트로 공식 딜러 ○○전시장에서 일하고 있다. 그리고 이 책에는 고가 프리미엄 상품의 세일즈 방법과 최신 트렌드의 세일즈 비법을 담았다.

M사의 제품은 최대 9억 원대에서 최소 4,000만 원대까지 다양한 가격대의 자동차를 판매한다. 판매하는 플래그십 모델(Flagship Model)은 평균 2억 원대에 판매된다. SUV는 1억 2,000만 원대, 중형 세단은 8,000만 원대이고 콤팩트한 사이즈의 소형 자동차는 4,000만 원대 초반이다. 이렇게 다양한 가격대의 모델만큼 고객도 다양하다. 가격대가 다양하면 그만큼 소비자층과 클로징 방법도 다양해질 수밖에 없다. 하지만 공통적으로 변하지 않는 기본은 있다. 이것만 잘 지키면 당신의 세일즈 기준을 만들 수 있다.

나는 2007년부터 수입 자동차를 세일즈하기 시작했다. 그간의 많은 경험으로 인해 세일즈를 쉽게 만들 수 있다. 그리고 억대 연봉을 받는 세일즈맨이 되었다.

내가 세일즈로 이만큼 성공할 수 있었던 이유는 자동차를 정말 좋아했기 때문이다. 나는 어릴 때부터 자동차를 정말 좋아했다. 일곱 살 때 유치원 재롱잔치 때였다. 장기자랑을 마치고 돌아가면서 노래로 미래의 꿈을 발표했다. "나는, 나는 자라서 무엇이 될까요?" 친구들은 대통령, 과학자, 의사라고 말했다. 드디어 내 차례가 되었을 때 "나는 버스 운전사가 되어서 엄마, 아빠랑 세계일주를 할 거예요"라고 했다. 정말 많은 꿈 중에 하필 버스 운전사라니! 엄마는 그때 내 꿈이 크지 않은 것 같아서 조금 속상했다고 웃으며 말하셨다. 어릴 때부터 나는 어떤 차를 타더라도 무조건 앞자리에 앉아 운전자의 손과 발만 봤다. 버스를 타면 운전기사 아저씨 옆에서 운전하는 모습을 계속 바라봤다. 그러다가 수동 기어로 클러치를 밟고 하는 운전을 정말 빨리 터득해서 초등학교 때부터 가능했다. 그렇게 나의 자동차 사랑은 계속되었다. 지금은 16년 차 수입차 딜러로 M사 제품을 판매하고 있다. 사랑하는 자동차에 대해서는 당연히 전문가가 되었고 많은 고객을 도우며 인연을 만들어내고 있다. 내가 사랑하는 자동차와 관련된 일을 하고 있어 행복하다. 직장 동료들도 "여기 그만두면 난 최근용에게 차를 살 거야"라고 말할 정도다.

나는 비전보드를 만들고 그것을 이루기 위해 실천하고 하나씩 이루어내고 있다. 그것을 빠르게 성공할 때도 있고 느리게 성공하기도 한다. 나는 내 이름으로 된 책 쓰기를 2020년에 목표로 잡았다. 2021년이 지나고 2022년이 되었을 때 더 이상 미룰 수 없었다. 생각을 현실로 만든다는 내 신념을 지켜내고 싶었다. 조금 늦었지만 내 인생의 첫 번째 책인 만큼 정말 새로운 경험이었고 잠 못 자며 원고를 쓰는 것마저도 즐거운 시간이었다.

고3 수험생처럼 일과 책 쓰기를 했고 이때 깨달은 것은 무언가 동기부여가 확실하게 된다면 우리는 무엇이든 할 수 있다는 것이다. 동기부여는 상상을 현실로 만들어주는 에너지다. 그리고 내가 했으면 당신도 가능하다. 이것은 진실이며 동기부여가 가득한 이 책으로 성공하는 세일즈를 상상하고 통장에 가득한 수입을 만들기를 바란다.

이 책을 출간하기까지 도와주신 한책협 김태광 대표님께 감사드리며 이 책을 만들어주신 출판사 관계자분들께 진심으로 감사의 인사를 드린다. 저를 알고 있는 모든 분들과 현재 직장 임직원분들께 감사를 전한다.

사랑하는 부모님과 가족 모두에게 출판의 기쁨을 함께하고 싶다. 옆에서 힘이 되는 아내 그리고 유진, 원우가 있어 내가 존재하고 성장한다. 행복의 근원은 사랑이다.

"모두 사랑합니다."

최근용

목차

프롤로그 세일즈 파울로의 가르침 _006

PART 01　나는 고객을 설득하지 않는다

01 나는 고객을 설득하지 않는다 _017

02 나를 브랜드화해야 한다 _025

03 매일매일 습관의 힘이 성공을 만든다 _032

04 긍정을 전하는 연기자가 되어라 _041

05 팔려면 내가 먼저 사고 경험을 전달하라 _048

06 세일즈는 모두에게 윈윈 행위다 _055

07 나만의 강한 신념과 철학을 만들어라 _062

PART 02　당신의 진심을 사게 하라

01 전문가로 보이게 하라 _071

02 첫인상이 90%다 _077

03 세일즈는 사전 준비와 디테일이 강해야 한다 _084

04 나만의 로고를 만들어보자 _091

05 고객의 재정능력을 마음대로 과소평가하지 마라 _097

06 신뢰가 형성된 후 진심으로 영업하라 _104

07 고객은 마지막을 기억한다 _111

08 어떻게 신뢰를 이끌어낼 것인가? _118

PART 03 역대 연봉 세일즈맨의 8가지 화법

01 처음부터 Yes라고 대답하는 질문으로 시작한다 _129

02 상품보다 나를 먼저 자신감 있게 소개한다 _136

03 기능을 혜택으로 설명한다 _143

04 고객의 질문을 관심으로 칭찬한다 _150

05 모든 불만에 대해 해명할 필요는 없다 _157

06 스토리로 말하라 _163

07 몸과 제스처, 표정, 향기까지 대화다 _170

08 고객에게 이미 판매가 된 것처럼 말하라 _176

PART 04 억대 연봉 세일즈맨의 남다른 영업 기밀

01 나만의 무기를 챙겨라 _187

02 상품의 자료를 직접 만들면 영업이 달라진다 _194

03 스마트폰 고객 관리 시스템 만들기 _201

04 나를 알리는 마케팅 채널을 통일시킨다 _211

05 대신 상품을 세일즈해주는 링크를 만들어라 _218

06 직접 경험하게 하라 _225

07 가격은 잊지만 품질은 기억한다 _232

08 질문하는 자가 지배한다 _239

PART 05 거절당한 후에 영업은 시작된다

01 거절당한 후에 영업은 시작된다 _249

02 안심하는 순간 고객은 떠난다 _255

03 판매 후 사후관리는 책임져라 _262

04 세일즈의 키맨을 찾아라 _269

05 영업 잘하는 동료를 벤치마킹하라 _277

06 드림 킬러를 차단하다 _284

07 프로는 끊임없이 배운다 _291

PART 01

나는 고객을
설득하지 않는다

01 나는 고객을 설득하지 않는다
| 마인드 코칭

세상에는 수많은 것들이 거래된다. 그것은 보이는 상품일 수도 있고 보이지 않는 서비스일 수도 있다. 우리는 생산자가 되기도 하고 소비자가 되기도 한다. 이 책은 영업과 세일즈에 관한 책이다. 그리고 당신이 어떤 일을 하는지에 상관없이 이 책은 돈으로 거래되는 모든 것들에 대해 도움이 되는 판매 지침서가 되어줄 것이다. 특히 고객을 만나는 일에는 완벽한 도움을 줄 것이다. 이 책은 그것을 목표로 썼다.

나는 M사 자동차를 판매하는 현역 딜러다. 2007년부터 수입차 판매를 시작했으며 수많은 경험과 상담 노하우가 머릿속에 있다. 이제는 나의 경험과 지식이 많은 사람들에게 도움을 주고 돈을 많이 벌도록 알려주는 것이 나의 사명이며 내가 더 성장하는 방법이라고 생각한다.

나는 영업을 잘하기 위해 영업에 관련한 책과 자기계발 책을 많이 읽었다. 이런 책을 집중적으로 읽다 보니 공통적인 부분이 많았다. 긍정적으로 생각하기, 상상의 힘, 판매 스토리, 마음의 자세를 알려주는 내용이 자주 나왔다. 이런 것은 방법적으로 구체적으로 배우기는 힘든 내용이 많았다. 최선을 다하자, 열심히 하자 등의 내용이 대부분이었다.

또 다른 공통점은 책을 쓴 작가들이 실전 영업을 안 해본 사람들이 많다는 것이다. 교육 강사들, 교수, 석사, 박사 등 전공서 같은 책도 많고 이론과 그래프를 강조하거나, 단순히 멘트를 알려주거나, 현실과 멀리 떨어져 있는 책들도 있었다. 그렇다 보니 실전과 접목할 수 없는 그런 뜬구름만 잡는 책들이 많았다.

반대로 정말 보석 같은 책들도 있다. 크게 감동을 받아서 나만 알고 싶은 책, 내용을 그대로 따라 하기만 해도 도움이 되는 책도 있었다. 책을 잘 고른다면 인생이 바뀐다. 아무에게도 알려주고 싶지 않은 책들이 높은 가격에 판매되고 있다는 것을 아는가? 보통 이런 책은 절판된 책인데 이런 내용도 책에 담아 보려고 한다. 내가 읽은 책에서 배운 깨달음과 나를 변화시킨 자기계발서 의식 교육까지 하나하나 자세하게 알려주려고 한다. 내가 지금까지 상담하고 경험해서 증명된 세일즈 비법은 습관처럼 따라하면 누구나 성공할 수 있는 세일즈 코칭이 되어줄 첫 번째 책이다.

교육이 미래

나의 신념은 '교육이 미래'다. 교육이 미래를 바꿀 수 있다. 모든 변화는 생각의 힘에서 처음 시작된다. 당신이 변화를 원한다면 나의 책이 해답이 되길 바란다. 우리가 어렸을 때부터 학교를 열심히 다녔지만, 학교에서 받은 교육만으로는 회사생활이 쉽지 않다.

회사에서는 회사에 맞는 교육을 처음부터 다시 받아야 한다. 실전 업무를 완벽하게 할 수 있을 때까지 배우고 연습한다. 그리고 어떤 회사는 교육시스템이 없는 경우도 많다. 보통 직장 선배나 상사에서 일하는 방법을 배우는 정도다. 직장은 학교처럼 선생님이 따로 없다. 대부분 스스로 경험하면서 배워가는 것이 현실이다. 나 또한 시행착오를 겪으면서 배웠고 시간은 그만큼 흘러가 버렸다.

시간은 돈이다. 누구나 시간은 공평하게 주어지지만 벌어들이는 수입은 각자 다르다. 당신은 시간당 얼마를 벌고 싶은가? 내가 추구하는 교육은 실전 교육이다. 내가 알려주는 교육은 최소 5년이라는 시간을 당신에게 절약해줄 것이다. 당신의 5년 치 연봉이라는 시간의 가치는 매우 크다. 빨리 배워서 많이 벌자.

진정한 도움

두 번째 나의 신념은 '진정한 도움'을 준다. 통장에 돈을 벌게 해주는 것이다. 나 역시 동료나 후배들에게 말로 알려주기도 하지만 자신이 진정으로 원하지 않으면 흡수하기 어렵다. 직접적으로 돈을 버는 방식으로 도와주는 것이 진정한 도움이라고 생각한다. 이 책은 마인드 코칭과 구체적인 방법을 함께 제시할 것이다. 만약 글만으로는 이해가 어렵다면 나와 콘택트할 수 있도록 준비하겠다. 그러니 당신이 하는 일에서 변화를 원한다면 이 책을 읽으면서 집중해서 생각하고 메모하고, 바로바로 행동하고 따라 해야 한다.

나의 책에 메모와 당신의 떠오르는 생각을 빈 공간에 적어라. 그래야 당신의 것이 된다. 당신을 최고의 판매왕으로 만들어줄 수는 없다.

하지만 적어도 과거 대비 50% 이상 영업 실적이 늘어나고 수익이 오를 것을 확신한다. 반짝하는 스타가 되려고 하지 말고 업계에서 탄탄하게 성장해서 안정적인 수입이 꾸준히 들어오는 파이프라인을 만들어야 한다. 아이돌 가수처럼 반짝하다 금방 사라지는 세일즈는 하지 말기를 바란다.

생각을 현실로

세 번째 나의 신념은 '생각을 현실로'다. 나의 책은 두루뭉술하고 교과서적인 이야기를 해주는 책이 아니다. 이 책은 무조건 따라 하고 연습해서 습관을 만들고, 당신의 영업 기준을 만들어줄 세일즈 실전 솔루션이다. 당신의 세일즈 능력을 50% 이상 향상시켜줄 책이니 믿어라! 생각이 현실이 된다!

처음 영업을 시작한 분, 영업이 잘 안 되는 분, 더 발전하고 싶은 분들께 이 책은 엄청난 시간을 절약해주고 부를 이끌어줄 책이 될 것이다. 간절히 원하고 생각해야 현실이 된다. 그 방법까지 자세히 안내해주겠다. 나의 목표는 나로 인해 다른 이가 발전하는 것이다. 그러니 집중해서 읽고 움직이며 행동하기를 바란다.

전문가가 되어라

판매 실적이 올라가기 위해선 전문가가 되어야 한다. 이게 핵심이다. 당신이 아프면 병원을 가서 의사에게 치료를 받는다. 그리고 수술을 한다면 더 큰 대학병원을 찾아간다. 그리고 많은 의사 중 가장 잘하는 의사를 찾을 것이다.

우리에게 전문가는 그 분야에서 뛰어나고 오랜 시간 동안 노력해서 그 능력이 입증된 사람들일 것이다. 장인도 수많은 시간 동안 연습하고 노력했기 때문에 장인이 됐다. 여기서 공통점이 무엇인지 아는가? 바로 시간과 노력이다. 의사가 첫 환자를 받기까지 공부한 시간과 연습한 노력이 있기에 가능했다는 사실이다. 노력하지 않고 운이 좋게 이루어질 거라는 착각은 하지 마라.

지금은 수많은 서비스가 거래되는 세상이다. 무엇이든 누구보다 잘 알고 있는 전문가라면 성공할 수 있다. 예를 들어 캠핑 제품을 판매한다면 캠핑을 해봐야 한다. 그래야 소비자의 마음을 알 수 있다. 그리고 캠핑의 전문가가 되어야 한다. 이것을 당신의 마인드에 새겨야 한다. 여기에서 최고가 되겠다고 다짐해라.

처음부터 최고가 될 수는 없다. 그렇기에 좋은 습관을 만들어야 한다. 이 책의 도입 부분은 생각과 마인드 코칭의 이야기가 많다. 기본은 생각 속에서 만들어지기 때문이다. 우리가 가지고 있는 모든 것도 당신이 원했고 우리가 선택한 결과물이다. 수많은 선택을 하면서 성장하기에 우리는 최선의 선택을 할 수 있어야 한다. 선택은 과거의 경험을 바탕으로 이루어진다. 이 책은 당신의 영업 인생에 간접경험을 만들어줄 것이며, 이어질 당신의 선택을 도와줄 것이다. 보통 책을 한 번 읽는다면 이 책은 세 번 읽어라. 변화는 한 번에 이루어지지 않는다. 반복해야 변한다.

브랜드의 믿음

당신이 명품을 좋아한다면 그 이유는 무엇인가? 누구나 갖고 싶어

하기 때문이다. 나 역시 명품을 좋아한다. 명품은 브랜드가 있고 철학이 담겨있다. 그래서 우리는 그것을 믿고 구매한다. 설득 없이도 명품은 신뢰와 믿음으로 판매된다. 당신도 명품이 되어야 하고 브랜드가 있어야 한다. 그러기 위해 처음부터 탄탄히 기초공사를 해서 스토리를 쌓고 발전하는 당신의 모습을 만들어야 한다.

습관의 힘

우리가 습관적으로 자주 하는 일이 있다. 게임 하기, 넷플릭스 보기, SNS, 쇼핑 아니면 운동하기, 독서 하기, 음악 듣기, 영화 보기 등등 여러 가지 자신이 습관적으로 하는 일이 있을 것이다. 당신이 생각하기에 좋은 습관은 유지하고, 안 좋은 습관은 버리자. 그리고 그 빈 공간에 내가 알려주는 습관을 채워야 한다. 이런 좋은 습관은 오래전 고객도 당신을 다시 찾아오게 만드는 힘이 된다. 습관과 반복은 당신을 전문가로 만들어주는 아주 간단한 방법이다.

긍정적인 생각

말로는 나도 할 수 있다고 생각하고 있지 않은가? 뻔한 이야기인데? 그래서 어쩌라는 거지? 이런 생각을 한다면 이 습관도 버려야 한다. 나와는 다른 상황이고, 당신과 내가 다르다고 단정 지으면 안 된다. 그래서 모든 상황도 고려해 도움을 주려고 한다. 긍정적으로 생각하는 습관이 되어야 한다. 우리가 이미 생각한 결과가 현재이기 때문에 좋은 생각을 해야 좋은 미래가 나타난다.

먼저 경험하라

당신의 경험이 풍부해야 성공할 수 있다. 우리의 몸은 포유류인 같은 사람이지만 머릿속 생각은 모두 다르다. 뇌의 기억이 우리를 만든다. 나보다 더 뛰어난 사람이 많다. 그렇지 않은가? 한 번 사는 인생 성공해서 편하게 살고 싶다면 시간을 투자하고 경험을 늘려야 한다. 빠른 시간에 성공하는 요행을 바라지 마라. 이 책으로 1년 정도는 연습하며 습관을 만들고 당신의 경험과 계속 테스트해야 한다. 빠르면 당신을 3년 안으로 높은 곳으로 올려줄 수 있다고 나는 믿는다. 이 책을 선택한 당신을 믿는다.

먼저 도와줘라

세일즈는 도움을 주는 판매다. 내 이익과 고객의 이익이 조화를 이루어야 한다. 일방적인 계약과 판매는 두 번째 판매를 만들지 못하고 사라질 수 있다. 당신은 진실만을 말해야 하고 고객에게 유리한 방법과 도움을 주고 대가를 받아야 한다. 쉽게 얻은 것은 다시 쉽게 사라진다. 눈앞에 보이는 세일즈만 한다면 어떻게 되는지 아는가? 여기저기 옮겨 다니며 점점 어려운 상황에 처한다.

신념과 철학 만들기

나만의 신념과 철학을 만들어보자. 그래야 힘들 때 흔들리지 않고 버틸 수 있다. 모든 일이 힘들겠지만, 스트레스 관리가 되어야 건강도 챙긴다. 일하는 것을 돈 버는 노예처럼 생각하지 말고 몇 년 후의 미래와 목표를 정해야 한다. 신념이 생기면 내 인생의 나침반처럼 가야 하는 방향을 잡을 수 있게 된다. 일하는 것도 인생이기에 행복하게 일하자.

이 책을 마스터한다면 고객을 설득하지 않아도 고객은 당신을 선택할 것이다. 그러면 영업이 즐거워질 것이다. 이제 본격적으로 시작한다. 펜을 준비할 때다.

MEMO _____

_____

_____

_____

_____

_____

_____

_____

_____

_____

_____

_____

_____

---

02 나를
브랜드화해야 한다
| 기초와 디테일

대형마트를 가면 우리가 필요한 제품을 카트에 담는다. 우리가 담아내는 상품은 오래전부터 광고를 보고 익숙해진 제품들이 가장 많다. 한두 번 써보고 재구매하는 상품도 있을 것이다. 그리고 처음 사는 물건을 결정할 때는 브랜드와 가격을 보고 선택하는 경우가 많을 것이다. 보편적으로 좋은 브랜드 상품은 가격이 비싼 제품이 많고, 인지도가 낮은 제품은 그보다 가격이 낮다.

최근 명품의 수요가 많아졌다. 공급은 줄고 수요는 늘어 되파는 경우 가격이 더 오른다고 한다. 이미 그 가치를 누구나 인정하고 최고의 제품이기에 가능하지 않을까? 이렇게 우리는 수많은 광고 속에서 브랜딩된 상품의 구매를 결정하고, 상품의 가치로 서열을 나눈다. 무조건 가격이 높다고 명품이 되는 것은 아니다. 그것은 전통과 역사도 중요하고 최고의 제품이어야만 소비자는 큰 비용을 지불한다.

자동차 브랜드도 동일하다. 국산차에서 수입차, 하이앤드 슈퍼카까지 브랜드들이 나누어져 있다. 자동차는 브랜드 가치에 따라 가격이 모두 다르다. 그리고 브랜드마다 추구하는 디자인 철학과 승차감과 지향성이 다르다. 우리 주변의 브랜드를 찾아 그들의 홍보와 마케팅 방식을 우리의 영업에 적용할 수 있도록 빼내야 한다.

지금 당신이 판매하고 있는 상품은 무엇인가? 어떤 브랜드 이름을 가지고 있는지 그리고 어떤 방식으로 마케팅을 하고 홍보를 하고 있는지 알고 있을 것이다. 큰 회사의 제품일 경우 광고와 마케팅을 전문적으로 대신해준다. 전문가들의 방식을 따라 해보자. 만들어놓은 광고를 최대한 활용하는 것이 나를 알리는 첫 번째 단계다.

나의 이름이 브랜드다

브랜드 이름과 당신의 이름을 동일시해라. 내 이름이 바로 브랜드라고 생각하고 당신의 이름을 사랑해라. 고객에게 자신 있게 소개하는 당신의 모습을 그려라. 그리고 가장 먼저 당신이 무엇을 하는지 어떤 사람인지 알려야 한다.

그 기본은 회사 브랜드명이 있는 명함, 명찰, 스탬프, 스티커 등 나를 알리기 위해 필요한 것들을 먼저 준비해야 한다. 전문적으로 제작된 것을 사용해야 브랜드와 동일한 이미지를 줄 수 있다. 이제 당신이 만나는 사람마다 자신을 소개해야 한다.

브랜드는 저마다 브랜드 철학과 방향성 등 자신만의 슬로건을 걸고 마케팅을 한다. 우리도 그것을 따라가야 한다. "Best or nothing!(최고가 아니면 만들지 않는다!)" 이것은 M사의 슬로건이다. 그렇다면 나도 최고가 되어야만 한다. 그리고 우리가 세일즈하는 브랜드의 슬로건을 찾아보고 당신의 프로필과 홍보자료에 자주 사용하고 반복해보자. 반복할수록 놀라운 일들이 벌어질 것이다.

로고와 글꼴 비율을 지켜라

세부적인 내용으로 만약 당신이 무언가 글을 쓰거나 홍보자료를 직접 만든다면 브랜드 CI에 맞게 만들었으면 한다. CI(Corporate Identity, CI)는 기업 이미지라는 뜻이다. 작게는 일관성 있는 브랜드를 위해서 사용하는 로고나 글꼴, 컬러 등을 광고나 마케팅을 할 때 통일하는 방법이다. 브랜드 광고를 보고 로고를 넣는다면 로고의 위치와 비율 따르고 사용하는 컬러와 글꼴을 동일하게 사용해야 한다.

로고의 비율조차 다르게 만들어진 홍보물은 전문성이 떨어져 보인다. 그리고 내 마음에 든다고 귀여운 글꼴을 사용한다면 브랜드와 맞지 않는 글꼴로 만들어진 홍보물은 어딘가 어색한 느낌을 줄 것이다.

전문가가 되려면 브랜드와 동일한 로고와 글꼴 서체를 다운받아 사용해보기를 권한다. 없다면 구하라! 마케팅팀에 연락하면 충분히 얻을 수 있을 것이다. 작은 부분이지만 이것으로 아마추어와 전문가가 나뉜다.

내가 만든 광고

지금은 스마트폰으로 무엇이든 가능하다. 포토샵을 몰라도 된다. 기본 사진 어플로 편집이 가능하고 '사진 편집'이라고 검색하면 수많은 어플이 나온다. 자신의 휴대폰에 맞게 어플을 찾아 사용해보자. 사전에 투명로고와 이미지 로고를 얻어 휴대전화에 저장하라. 투명로고는 PNG로 되어있다. 또는 워터마크라고도 하는데 투명로고가 없다면 '워터마크'로 검색해서 어플로 충분히 만들 수 있다. 아이폰인 경우 'magicEraser'가 쉽다. 그리고 내가 찍은 이미지에 PNG 로고를 넣으면 깔끔하게 테두리가 없이 로고만 들어간다. 자세한 방법은 유튜브를 보면서 연습해보면 좋을 것이다. 로고와 원하는 홍보 문구를 깔끔하게 넣는다. 그리고 연락처를 넣고 나를 찾을 수 있도록 한다. 간단한 카드 뉴스를 만들어보는 것부터 연습해보자. 또는 기존 홍보 이미지를 편집해 내 정보를 추가하는 방식으로 해도 좋다. 나와 브랜드를 알리는 광고 이미지를 직접 만들어 세일즈를 시작하라.

프로필 사진을 찍어라

판매 제품의 이미지 사진이 있듯이 당신의 사진도 있어야 한다. 당신의 프로필 사진을 찍어보자. 의상 역시 당신의 브랜드와 잘 어울리는 복장을 찾아라. 멀리서도 이 사진을 보면 어떤 사람인지 느낌이 오는 그런 당신의 브랜드와 닮은 사진을 찍어보자! 한번 만난 고객은 당신의 얼굴을 잊을 수 있다. 나도 오랜만에 보는 고객의 얼굴을 다 기억하진 못한다. 그럴 때는 사진을 이용해서 항상 당신의 얼굴을 자주 노출시켜야 한다.

사진은 잘생기고 못생기고를 떠나서 자주 보면 친근하고 가깝게 느껴진다. 그렇기 때문에 사진을 노출시켜야 한다. 휴대폰으로 찍은 사진과 스튜디오에서 찍은 사진은 다르다. 그리고 앱으로 수정한 실물과 다른 사진을 만들지 마라. 최대한 실물과 비슷하되 깔끔한 느낌이면 된다. 사진은 적어도 3~4년에 한 번씩은 업데이트하기를 추천한다.

10년 전 사진이나 증명사진으로 영업한다면 당신을 못 알아볼 것이다. "누구시죠?"라고 할 것이 뻔하다.

나만의 애프터서비스

최고라는 S사의 제품은 왜 좋은가? 아마도 서비스가 좋아서 선택하는 사람들이 많을 것이다. 나 역시 최근 S사의 프린터를 구입했다. 사용하다가 금방 고장이 났고, 기사님이 방문해 2시간이나 수리를 했는데도 작동이 안 되어서 다음날 새 제품으로 교체했다. 교체를 하긴 했지만 S사 제품을 구매하고 받은 애프터서비스(After Service, AS)는 대만족이었다.

이렇게 당신이 판매하는 상품과 서비스에 문제가 발생할 경우 어떻게 하는가? "서비스센터에 전화하세요!"라고 응대하면 안 된다. 내가 추천하는 방식은 당신이 서비스센터가 되는 것이다. 그렇게 하면 당신이 도와준 것을 고객은 기억한다. 고객을 많이 도와줄수록 고객은 당신에게 고마움을 느끼고 소개를 하거나 충성고객이 되어 다음 제품도 구매한다.

직접 고치라는 말이 아니다. 대신 예약을 잡아주고 해결방법과 센터의 위치와 수리 과정 안내 같은 할 수 있는 모든 것을 도와주는 것이다. 설정 방법이나 사용법은 전화로 해결해줄 수 있는 것이 많다. 이렇게 판매 후의 문제를 직접 해결하고 도와줘라. 그리고 애프터서비스 과정을 직접 경험하라. 어떻게 서비스가 이루어지고, 얼마나 시간이 소요되며, 비용은 어느 정도 들어가는지 고객의 입장이 되어 도와라. 판매하는 제품만 공부하면 하수이고 제품의 문제와 서비스까지 공부하면 고수로 반드시 성공한다. 고객을 도와줄 수 있는 기회를 만들고 그다음 생색내고 자랑해라. 그래야 소개가 늘어난다.

역사를 만들자

어떤 직업에서 장인이 되기 위해선 최소한 10년이라는 시간이 필요하다. 자신만의 브랜드를 완성하기 위해서는 끈기가 있어야 한다. 당신의 브랜드를 믿는다면 꾸준하게 일하라. 자주 회사를 옮긴다면 능력이 있는 세일즈맨이라고 생각하지 않을 것이다. 그러니까 당장 앞만 보고 선택하지 말고 더 높은 곳으로 오르기 위한 선택을 해라.

우리는 인간이기에 주변 사람의 영향을 많이 받는다. 그래서 좋은 사람이 있는 곳을 찾아야 한다. 당신의 자리를 찾았다면 그곳에서 당신의 역사와 전통을 만들어 명품으로 탄생해라. 성공한 사람 중 철새처럼 자주 이동하는 사람은 아직 보지 못했다. 만약 이직을 생각한다면 최고의 자리에서 역사를 만든 다음에 해라.

당신을 포장하라

최고 멋진 모습으로 보이도록 노력하자. 우리가 사람을 볼 때는 내면을 봐야 하지만 다른 사람들은 우리의 외모를 보고 판단한다. 이것은 이미 과학적으로 증명되었다. 코털이 삐져나온 상담원이나 영업사원을 보면 어떤 기분이 드는가? 입냄새가 나는 상담원을 만나서 불쾌했던 경험이 있지 않은가? 예전에 우리 가족이 식탁을 사러 가구점에 갔다가 직원과 함께 엘리베이터를 타게 되었다. 그런데 직원이 설명을 하면서 올라가는 동안 입냄새가 정말 심했다. 엘리베이터 안이다 보니 말은 못하고 결국 우리 가족은 그곳을 빨리 빠져나오게 되었다.

　나는 상담 전에 항상 거울을 보고 확인한다. 혹시나 눈꼽이 있지 않나, 입꼬리는 깨끗한가, 어깨에 비듬이 있지는 않은지 살펴본다. 그리고 양치를 자주 하고 물을 자주 마신다. 나의 경우는 상담을 오래하고 이야기를 많이 하다 보니 어쩔 수 없이 입냄새가 날 때가 있다. 중간중간 꼭 물을 마시고 체크해야 한다. 이외에 헤어와 의상도 당연히 신경을 써야 할 부분이다. 결론적으로 당신이 생각하는 가장 단정하고 보기 좋은 모습을 만들도록 노력해라. 잘 못하겠으면 전문가의 손길을 받아라. 당신을 꾸미는 데 돈을 아낀다면 명품이 되기 힘들다. 최소한 미용실과 의상에는 투자를 해야 한다.

　나를 브랜드화하기 쉬운 방법은 우리 가까이에 있는 브랜드를 따라 해보는 것이다. 내가 하는 일에 장인이 되어보자. 브랜드는 믿음으로 판매된다. 많은 사람이 당신을 좋아하고 찾게 될 것이다. 지금 이 글을 따라 적어보자!

　"나 ○○○은 최고의 브랜드다!"
　"수많은 사람이 나를 보고 찾아온다."

03 매일매일 습관의 힘이 성공을 만든다
| 습관 만들기 3달

2007년 가을 27살인 내가 첫 출근하던 날이 생각난다. 아주 오래된 기억이지만 그 당시 정말 즐거웠던 기억이 많다. 첫 직장은 스웨덴 자동차 브랜드에서 시작했다. 경기도 수원에 위치한 회사에서 근무를 시작했다. 영업의 정의는 몰랐지만, 이것저것 많이 시도해봤다. 어떻게 하면 잘 판매할 수 있을까? 나를 어떻게 알릴까? 이것만 고민했다.

상담 대본을 만들기도 하고, 이미지 카드를 만들어 애플의 창업자 스티브 잡스(Steve Jobs)처럼 상담해보기도 했다. 마케팅팀이 따로 없어 직접 하다 보니 안 해본 것이 없었다. 상담 PPT 만들기, 포토샵 광고 만들기, 게시판 광고하기, 우체함 투봉하기, 빌딩 타기, 명함 받기, 판촉물 제작하기, 현수막 만들기, DM 보내기, 블로그, 인터넷 카페, 회사 페이스북, 인터넷 키워드광고, TV 광고, 신문광고, 홍보영상 만들기, 랩핑 광고하기, 상품권 발행, 쿠폰 만들기, 백화점 행사 그리고 골프장과 연습장 행사까지 많이 했다.

내가 왜 옛날이야기를 하느냐면 지금까지 할 수 있는 모든 영업과 마케팅까지 홍보 방법을 안 해본 거 없이 직접 다해봤다는 것을 강조하기 위해서다. 풍부한 경험만큼은 정말 자부할 수 있다. 지금까지 쌓은 16년 동안의 노하우는 과거보다 더 발전했고 모두 내 머릿속에 있다. 그래서 영업과 마케팅을 통합한 최신 트렌드의 세일즈 방법을 알려주겠다는 말을 하고 싶다. 요즘은 브랜드와 회사의 마케팅이 정말 잘 되어있다. 우리는 세일즈에만 집중하고 자신을 홍보하면 된다. 매일매일 하는 일은 루틴이 되어야 힘들지 않다. 16년 동안 다듬어진 습관의 힘은 성공을 확실하게 만들어줄 것이다.

아침 목표 말하기

아침마다 10분 동안 짧은 독서 또는 명상, 기도하기다. 어떤가? 잘 따라 할 수 있겠는가? 못하겠으면 콕 집어 정해주겠다.

> **따라하기** 바로 A4용지에 글로 써도 되고 프린트를 하면 더 좋다. 이루고 싶은 목표를 적어라. 큰 글씨로 벌고 싶은 돈, 판매하고 싶은 목표, 이루고 싶은 것을 1년 단위로만 적어라. '100억 원 부자가 되게 해주세요' 같은 것은 쓰지 마라! 목표를 달성해보는 게 중요하다. 실현 가능한 목표로 지금보다 약 10~30% 정도 높은 목표를 써라. 목표를 쓰고 아래는 그것을 달성하기 위한 해야 할 일을 적어라. 이것을 프린트해서 방문 안쪽에 붙이고 아침 출근 전 소리 내어 읽어라! 그리고 이루어진 것처럼 생생하게 상상해라!

재고 확인하기

상품이 있는 영업이라면 당신이 판매할 수 있는 재고를 머릿속에 넣어라. 그리고 재고표를 빨리 볼 수 있도록 휴대폰에 저장해둬라. 재고가 많다면 안 봐도 되지만 재고가 부족하다면 재고 확인에 집중해야 한다. 판매 가능 재고와 나의 가망고객을 항상 매칭해야 한다. 당신이 상담할 때 재고가 있는 쪽으로 자연스럽게 유도할 수 있으려면 미리 확인해야 한다. 당연하지만 생각보다 안 하는 사람들이 많다.

업데이트 소식

제품의 업데이트가 점점 빨라진다. 고객은 새로운 모델의 정보를 궁금해한다. 그리고 자신이 판매하는 제품 또는 서비스의 변경 내용을 먼저 파악해야 한다. 다른 영업사원보다 정보를 많이 알고 있다면 고객은 당신에게 더 신뢰와 믿음이 생긴다. 다른 전시장을 다녀온 고객을 만난 상황이다

"고객님 이후 모델은 몇 가지 변동사항이 있습니다."

"다른 전시장 영업사원분은 이런 말씀 안 하셨는데요…."

"여기를 보세요. 이때부터 생산된 모델은 이렇게 변경되었습니다."

변경 소식의 자료를 보여주며 정확한 정보로 상담을 도와주면 기회를 잡게 된다. 자주 이야기하겠지만 당신은 전문가가 되어야 한다.

고객 리스트 체크

우리가 최근 상담한 고객의 리스트는 책상 위에 있어야 한다. 컴퓨터에도 저장되어 있어야 하고 종이에 수기로 적어서 기억을 되살려야

한다. 인간은 망각의 동물이다. 일주일만 지나도 어떤 상담을 했는지 잊어버린다. 그리고 상담이 많아지면 더 잊기 쉽다. 그래서 메모가 가장 중요하다. 이것을 습관으로 만들어야 한다. 이 부분은 중요하다. 집중해야 한다.

> **따라
> 하기**　　A4용지를 준비한다. 가로로 반으로 접는다. 맨 위에는 날짜를 적고 아래처럼 종이를 접는다. 이름 쓰고 내용을 적는다. 가로로 종이를 접어서 선을 만들어라. 이렇게 아래로 내려가며 최근 고객을 업데이트한다.

고객 리스트 예시

2/15		
이름 상담 내용(1줄을 넘지 않는다)	이름	계약 가망고객 : 상담 내용
★**이름** ★가능성 : 상담 내용	이름	계약고객 : 상담 내용
★★★**이름** 가능성 올라감 : 상담 내용	이름	계약 후 출고완료한 고객 : 상담 내용
아름 계약 후 해약한 이탈고객 : 상담 내용	이름	이탈고객, 타사 구매고객
- 계속 -		- 계속 -

상담이 진행 상황에 중요도에 따라 이름 앞에 별표를 달아줘라. 별은 최대 3개로 한다. 그럼 한눈에 상담 고객이 A4 정도면 30명 이상의 고객이 한눈에 펼쳐진다. 그리고 느낌이 있는 고객은 이름에 네모칸 박스를 만들어라. 이름에 박스가 생기면 계약 가망고객이다. 더 집중해야 할 고객이 나누어졌다. 그리고 계약이 성사되면 초록 형광펜으로 네모 박스를 표시한다. 이렇게 결과를 시각적으로 확인할 수 있게 표시한다.

네모를 쳤다면 계약이 된다고 생각해야 한다. 그리고 초록색으로 계약이 되면 가장 집중해야 하는 시기다. 이 순간은 고객이 이탈할 가능성이 있는 시기이기 때문이다. 마지막으로 출고와 인도를 하면 초록색으로 V체크 표시를 한다. A4에 나는 작은 글씨로 글을 쓰다 보니 평균 12포인트 크기로 글을 써도 꽤 많은 고객이 한눈에 들어온다. 이것은 고객 시각화 습관의 힘이다. 이제 당신의 습관으로 만들어라.

신규 고객이 생기면 바로 적어라. 이렇게 하면 분기별 돌아보기가 쉽다. 과거의 고객을 거꾸로 찾아 올라갈 수 있다. 그때 아쉬웠던 상담이나 놓친 기회가 다시 가능성으로 변하기 때문에 난 이것을 계속 모은다. 매번 영업이 잘되면 좋지만 힘들 때는 분명히 온다. 그러니 좋은 습관을 만들어서 대비해야 한다. 한 번에 하기는 어렵지만 매일 쌓아간다면 튼튼하게 만들 수 있다. 잘 따라오고 있는가?

고객 연락하기

연락하는 방법은 여러 가지가 있는데 과거에는 정말 많은 문자를 보내고 전화도 해봤다. 많이 보내면 일부는 좋은 인연이 되기도 하지만 반대로 스팸으로 신고되어 고객에게 귀찮은 존재가 될 수 있다. 단체 문자를 보낼 땐 꼭 (광고) 표시와 수신거부 번호까지 넣어야 한다. 그리고 모르는 사람에게 문자나 전화 연락을 하지 마라! 고객이 직접 번호를 준 고객에게만 연락하라. 판매가 완료된 고객에게 연락하는 방법을 알려주겠다.

회사의 CRM 프로그램을 활용하면 가장 좋다. 일정과 기념일을 1달 단위로 프린트한다. 날짜별로 고객의 일정이 나오도록 출력한다. 출고 1달, 6개월, 1주년, 2주년, 생일, 서비스 만료일 등이 나온다. 매일 습관처럼 전화하고 완료 후에는 체크를 해라. 너무 바빠서 못 했으면 다음 날 완료해라. 날짜에 맞춰 작은 선물을 보내면 좋다. 출고 1주년이면 작은 선물이나 치킨쿠폰을 보내면서 고객님을 생각하고 있다고 감사의 인사를 해라. 자동차 같은 경우 1년마다 정비하는 경우 많은 도움이 된다. 이때가 필요한 도움을 주고 생색내기를 할 때다. 이렇게 1년마다 늘 연락할 거리를 만들어서 통화하고 도움을 줘라. 그리고 소개를 요청하면 된다.

기존 프로그램이 없다면 직접 만들어라. 판매한 고객을 월 단위로 나누어 아래로 계속 추가해 적어나간다. 매 월초에 그달에 포함된 모든 고객에게 전화하고 체크해라. 옆에 연도를 적어야 몇 년째 고객인지 안다. 또는 앱을 검색해서 당신의 고객관리 연락 스케줄을 직접 만들어보자.

1월	2월	3월	4월…
이름(판매년도)	이름(판매년도)	이름(판매년도)	이름(판매년도)
이름(판매년도)	이름(판매년도)	이름(판매년도)	이름(판매년도)
…	…	…	…

가망고객 연락하기

가망고객 중 1달 이내 고객은 자유롭게 연락해라. 그리고 몇 개월 지난 고객은 6개월 단위가 좋다. 그리고 명절 단체 문자와 생일 축하 SMS 보내기 습관을 만들자. 즉, 한 고객에게는 1년에 2~3번 정도 연락이 가게 한다. 그리고 꼭 (광고) 문구는 넣어야 한다.

따라하기 매일 아침 카카오톡을 열어 그날 생일인 고객에게 축하 인사 문자 메시지를 보낸다. 그리고 명절인 신정 또는 구정 하나만 정해서 단체 문자 메시지를 보내라. 그리고 휴대전화의 고객 그룹을 6개월 단위로 설정해야 한다. 매우 효율적이다. 예를 들면 그룹명을 20년 상반기, 20년 하반기, 21년 상반기, 22년 상반기, 22년 하반기로 설정하는 것이다. 지금이 2022년 7월이면 2022년 상반기 고객에게 문자 메시지를 보낸다. 과거까지는 다할 필요는 없다. 연락해올 사람은 연락해온다. 많이 보낸다고 좋은 것은 아니다.

편지 보내기

지금이 어떤 시대인데 메일도 아닌 편지냐고 말하겠지만 남들과 달라야 성공한다.

따라하기 과거에는 출고 고객에게 손편지를 썼다. 정성을 다해 편지지 한 장을 거의 꽉 채운 편지는 고맙다는 인사도 오고 좋지만 시간이 오래 걸린다. 추천 방법은 대형 문구점에서 작은 사이즈 카드를 구입하자. 간단하게 적어 고객에게 보내자. 인사와 문구는 미리 정해놓고 몇 가지만 수정해서 보내면 빠르게 된다. 정성이 느껴지는 손글씨는 좋은 관계를 만든다.

계약했지만 차량 인도까지 몇 개월을 기다려야 하는 경우도 많다. 이런 경우에는 이탈하는 고객이 많아서 나는 항상 이 점이 고민이었다. 그래서 나는 계약 후 바로 카드를 발송한다. 그러면 해약과 변심이 줄어든다. 상담까지 다 도와주고 다른 사람에게 계약을 뺏기지 마라.

휴대폰 확인하기

정신없이 상담하고 일하다 보면 고객의 연락을 놓치거나 나중에 해야지 하면서 못하는 경우가 있다. 우리는 여러 고객을 상대하지만, 고객은 당신과 빠른 연결을 원한다. 퇴근할 때 꼭 한 번 더 휴대폰을 체크한다. 문자, 카카오톡 등 메시지 답장을 확인하고 부재중 전화 그리고 이메일까지 체크한다.

스케줄 입력

사용하는 스케줄 앱이 있다면 그대로 사용하라. 나는 네이버 캘린더를 이용한다. 달력에는 기본 회사 근무 일정을 먼저 입력하고, 상담하면서 잡힌 일정을 바로 입력해야 실수가 없다. 우리는 인간이라 완벽하지 않다. 특히 일주일 뒤 중요한 일정을 놓치면 신뢰가 무너지는 경우가 생기니 일정은 바로 입력하라. 스케줄 관리 습관을 갖는 건 세일즈맨의 기본이다.

미리 알림

나는 아이폰을 사용하므로 '미리 알림'에 해야 하는 중요한 일을 적는다. 이것은 별도의 날짜가 정해지지 않은 약속이나 기억해야 할 내용을 한 줄의 리스트로 적는다. 해야할 일을 클리어하면 체크해서 없앤다. 이렇게 하면 그것을 놓치는 일이 없게 된다. 예를 들어 누군가에게 무엇을 빌린 것, 내가 빌려준 것들 그리고 언제까지 해야 하는 과제나 기간별 목표와 해야 하는 일을 적는다.

그리고 고치고 싶은 안 좋은 습관이나 이루고 싶은 목표와 좋은 습관을 만들고 싶다면 미리 알림에 반복 기능을 사용해서 매주 또는 요일, 시간을 정해서 반복해서 상기시켜주는 알림을 이용하면 좋다. 예로 법인 플릿 강조하기(매주), 전화 천천히 끊기(매주), 계약 후 편지 쓰기(매주), 고객정보 입력하기(매월) 설정한다. 알림을 보고 반복과 습관의 힘을 이용하고 눈에 보이게 반복되게 하라.

매일매일이 쌓이면 큰 힘이 된다는 것을 믿자. 당신의 지금의 습관에 따라 하기 습관이 더해진다면 어떻게 될지 상상해봐라. 시간은 1분을 주겠다. 변화된 모습을 상상하라. 당신의 통장에 수입 금액이 올라가는 것을 상상해보자.

04 긍정을 전하는 연기자가 되어라

| 열정

우리 주변에는 나를 좋아해주고 알아주는 사람들이 있다. 좋은 에너지를 내뿜는 따뜻한 사람들 말이다. 그리고 불평불만을 하는 사람들도 꼭 있다. 지금 생각하기에 당신은 어느 쪽에 속한 사람인가? 나 자신은 긍정적인 사람이라고 생각해도 나도 모르게 마음속에서 부정적인 생각이 본능적으로 들 때가 있다. 좋은 생각을 하려고 노력하지만 힘들거나 안 좋은 상황이 생기면 정말 짜증이 나고 화가 날 때가 있다.

이렇게 우리는 완벽하지 않다. 고객을 만나 상담을 해야 하는데 몸이 아프거나, 배우자랑 싸웠거나, 여자 친구랑 헤어졌거나, 가족이 다쳤다면 상담이 어려워진다. 그렇지 않은가? 스트레스가 생기면 일에 집중하기가 어렵고 몸이 아프면 자연스레 부정적인 에너지가 오고 걱정이 커진다.

이런 안 좋은 상태로 고객을 응대한다면 분명 안 좋은 에너지는 고객이 느끼게 되어있다. 상담도 하기 싫어지고 생각이 다른 데 가 있다면 그 기회는 없어진 셈이다. 우리는 건강해야 하고, 밝고 당당하고, 긍정적이어야 한다. 그렇다면 어떻게 하는 것이 좋을까?

에너지 불변의 법칙

에너지는 한정적이다. 밤을 새우면 낮에 일하기가 힘들어진다. 즉 수면을 컨트롤해야 한다. 숙면이 에너지를 만들어주기 때문에 밤에 자야 한다. 늦어도 오전 1시 전에는 잠들어라. 그리고 일찍 일어나는 습관을 만들어라. 그리고 아침에는 일어나 20~30분 독서하는 것을 권한다. 독서하는 습관으로 자기계발이 꾸준히 해야 빠르게 성장한다. 음주와 음식도 조절해보자. 음주를 조절하지 못하면 다음 날이 사라지고 그날 세일즈할 기회를 놓친다.

내가 가장 좋아하는 나폴레온 힐(Napoleon Hill)은 저서 《놓치고 싶지 않은 나의 꿈 나의 인생》에서 이렇게 설명한다. 성은 창조적 에너지의 원천이고 세상을 움직이는 에너지는 성 에너지며, 우리는 사랑할 때 천재가 된다고 한다. 쉽게 설명하면 사랑하는 상대를 얻기 위해 우리는 공부하고 돈을 벌고 잘 보이려고 더 창조적인 사람이 된다. 모든 광고와 음악, KPOP, 입는 옷과 명품까지 성 에너지로 움직이고 있으며 매력적이고 싶은 욕구와 누군가를 원하고 좋아하고 갈망하는 마음도 이것에 포함된다.

그리고 막대한 재력을 가진 성공한 사람들을 연구해본 결과 모두가 강한 성 에너지를 갖고 있으며 능숙하게 에너지를 전환하는 기술이 있다고 한다. 남성이건, 여성이건 성 에너지를 잘 활용해야 한다. 그래야 창조적인 에너지가 된다. 우리의 몸을 배터리라고 생각해도 좋을 것 같다. 배터리를 방전시키지 말고 항상 75% 이상을 유지하자. 그리고 그 에너지를 세일즈 에너지로 변화시켜보자. 더 매력 있게 말하고 당신을 좋아하게 만들자.

지금 사랑하는 사람이 있다면 사랑한다고 말하라! 당신을 행복하게 해주겠다고 약속해라.

사랑의 에너지로 동기부여 받고 세일즈 에너지로 전환해보자! 나는 계단으로 여기까지 올라왔지만, 당신은 엘리베이터를 타고 올라오게 도와주고 싶다.

연기자가 되어라

영화배우는 연기를 한다. 매번 다른 역할로 변신한다. 진짜 연기 수업을 받는다면 좋겠지만 그럴 수 없다면 우리가 상담할 때만큼은 무대에 오른 배우라고 상상하자. 오페라나 극장에서 공연하는 배우라고 생각해보는 것이다. 영업을 몇 년 했다면 계속되는 상담은 처음에는 어렵다고 느끼지만, 시간이 지나면 자연스러워진다. 우리의 첫 상담, 첫 공연을 준비한다고 생각하고 다시 한번 노력해보자.

목소리는 당당하게 하고 일부러 크게 해도 좋다. 하지만 계속 크게 하면 힘들어지니 강약을 조절하며 대화를 해야 한다. 그리고 설명하면서 감탄사, 표정, 손짓을 표현하라! 자신감 있는 모습을 보여라! 그리고 웃어라! 만남이 특별하다고 말하고 그렇게 연기하라. 고객에게 특별한 도움을 주겠다고 해라. 이것은 연기가 아니라 진심이어야 한다.

우리가 연기자가 될 때는 우리에게 힘든 날이 왔을 때 연기를 해서 기분을 끌어올리라는 뜻이다. 좋은 고객을 만났는데 나의 개인적인 사정으로 상담을 우울하게 만들지 않기를 바란다.

긍정적인 생각이 성공을 만든다

'우리 인생의 주인공은 바로 나다. 나는 우주의 중심이다. 나만이 나를 정의 내릴 수 있다.' 이렇게 말하고 생각하는 사람이 되어보자. 당신은 인생의 주인공이고 세상에 단 하나뿐인 특별한 존재다. 가장 먼저 자기 자신을 사랑해줘라. 우리는 겸손해야 한다고 배우며 자라왔다. 능력이 있어도 없는 척, 노력해서 이룬 것도 별거 아닌 척 그렇게 우리를 너무 과소평가하는 것에 익숙해져 있다.

나 역시 그것을 극복하는 데 오랜 시간이 걸렸다. 내가 배운 깨달음은 '내가 나를 정의 내려야 하다는 것이다.' 나는 이런 사람이라고 말하지 않으면 다른 사람들이 나를 정의해버린다. 누군가 "넌 예민하고 이상한 사람이야"라고 말하면 고개를 끄덕이며 다른 사람의 생각과 정의를 그대로 따른다. 그러면 그런 사람이 되어버린다. 자! 이제부터는 내가 나를 먼저 정의해서 말하자.

"난 이런 사람이야 이런 걸 잘하고 난 이런 도움을 주고 있어." 도와주고 도와줬다고 말하고, 좋은 일을 했으면 했다고 알리고, 좋은 일이 있으면 있다고 말해라! 내가 멋진 옷을 사면 "멋지지 않아?" 묻기도 하고 자신 있게 나를 표현해보자. 세일즈에서는 도와주면 도와주었다고 당당히 말하라. 그래야 고객은 고마움을 느낀다. 이제 겸손은 내려놓고 성공으로 올라가보자.

따라하기 먼저 나를 사랑하기. 처음엔 조금 이상할 수 있지만 내 두 손으로 나를 감싸 안아라. 그리고 내 이름을 말해보자. "○○야. 정말 수고했어. 넌 정말 대단해. 힘들었지? 내가 다 알아! 넌 이 세상에 하나뿐인 정말 소중한 사람이야" 하며 나를 안아줘라. "나는 너를 사랑해"라고 말해줘라. 가슴 깊이 아주 깊이 들어가서 말을 전해라. "○○야. 네가 있어 나는 너무 행복해. 네가 있어 참 다행이야"라고 나를 사랑해줘라. 행복의 시작은 나를 사랑하는 방법부터다.

마이너스와 멀어져라

주변에 마이너스인 사람과 떨어져라. 짜증내고 욕을 하고 투정 부리는 사람 옆에서 멀어져라. 그렇게 할 수 없다면 귀를 막더라도 안 듣는 것이 좋다. 부정적 에너지는 기운을 빼간다. 사무실 저 멀리서 싸우는 소리가 들리면 기분이 어떤가? 마이너스 에너지는 빨리 퍼진다. 신세한탄 이야기는 듣지 마라. 그런 사람들하고 멀어지고 좋은 말을 하는 사람을 가까이하고 이야기를 나눠라.

마이너스인 사람이 옆에 있으면 절대 성공하지 못한다. 당신의 도전에 응원만 하는 사람을 찾아라! 꼭 주변에 좋은 에너지를 주는 사람이 있다. 그런 멘토를 찾아라. 찾아도 없다면 책 속에서 찾아라. 수많은 책이 당신을 기다리고 있다.

잠재의식에 긍정을 넣자

언어의 사용에 신경을 쓰자. 우리의 무의식은 언어를 듣는다. 그러니 말할 때 잘해야 한다. 행복할 때 "난 행복해"라고 말해야 한다. "나에게 슬픔은 없다"라고 말하면 내 잠재의식은 슬픔을 기억한다. 아니, 없다 같은 단어를 인식 못 한다. 그러니 긍정적인 생각과 마인드를 키우기 위해서는 긍정의 언어로 간단하게 말해야 한다. "난 절대 포기하지 않는다"는 포기로 입력된다. 즉 키워드 단어에 긍정을 더한 말을 자주 써라. "난 완벽한 사람이다. 내 몸은 건강하다. 하는 일이 모두 잘된다."

반대로 정말 힘들 때는 이렇게 말해보자. "마음이 편하지 않다." 그럼 우리 잠재의식은 '편하다'를 인식하고 받아들인다. 언어를 바꿔야 빨리 긍정적인 사람이 된다. 말도 습관이다. 말과 생각 행동을 긍정적으로 만들도록 해야 내가 변한다. 지금 더 좋은 사람이 되어간다고 믿어라.

나누어주는 사람

지금까지 받는 것에만 익숙했다면 주는 사람이 되어야 한다. 사랑하는 애인에게 선물을 준비해봤는가? 준비하는 내가 더 행복하지 않은가? 난 받을 때보다 줄 때 행복을 느낀다. 사랑도 받을 때보다 줄 때가 더 행복하다는 것을 알아야 한다. 그리고 그것을 삶에서 실천해야 한다. 그러니 내일부터 하나씩 주는 사람이 되어보자.

따라 하기 친한 사람들에게 작은 선물을 하나씩을 준비해보자. 그 사람을 생각하고 그 사람이 원하는 것을 선물해주면 좋아할 것이다. 가까운 동료들에게 먼저 시작해보라. 당신을 더 좋아하게 된다. 그리고 베푸는 행위 자체가 '나는 이미 충분히 갖고 있다'라는 '부의 에너지'를 마음에 전달해준다. 선물하는 것이 어렵다면 우리에게는 아름다운 말이 있다. 선물보다 정성 어린 칭찬이 인간관계를 따뜻하게 만들어준다.

하루에 하나씩 칭찬을 해줘라. 그 사람을 올려주면 당신도 함께 올라간다. 칭찬하는 연습도 습관이 되어야 한다. 관심 있게 보고 칭찬을 찾아라. 새로 산 물건이 있으면 선택과 안목을 칭찬하고 스타일이 변했으면 칭찬하며 입에 좋은 말을 담아라! 욕을 습관적으로 사용했다면 지금 당장 고쳐라. 절대 멋지지 않다.

동료의 생일을 축하해주고 선물을 보내라. 그리고 함께 있을 때 밥을 사고, 커피를 사고, 술을 사라. 표현하고 베풀면 행복해지고 돈의 그릇이 커진다. 그리고 당신의 평가가 달라진다. 그래서 부를 얻기 위해 미리 준비해야 한다. 부의 그릇이 커진 만큼 담을 수 있다.

긍정을 전하는 연기자가 되자. 웃는 연기를 하면 슬프다가도 기뻐질 수 있다. 웃는 연습을 해서 웃는 습관을 만들자. 웃으면 복이 온다. 나는 콜센터에서 하는 방법대로 하고 있는데 이 방법을 추천한다. 회사 책상 위에 거울을 놓아라. 거울을 보면서는 진짜 화를 못 낸다. 거울을 보고 멋진 표정으로 웃는 연습을 하고 자신에게 미소를 보내라. 스트레스를 줄여주는 데 큰 도움이 될 것이다.

05 팔려면 내가 먼저 사고 경험을 전달하라
| 첫 번째 고객

우리는 살아가면서 수많은 것을 소비하고 경험한다. 책도 읽고, 영화도 보고, 여행도 다니고 새로운 경험을 하며 살아간다. 이렇게 경험하고 체험한 것들을 바탕으로 우리는 새로운 결정을 내리는 데 도움을 받고, 즐거운 경험을 사람들과 이야기하기도 한다.

당신이 무언가를 구매하려고 할 때 가장 먼저 무엇을 하는가? 제품을 검색해서 기능과 특징을 찾아보고, 가격을 비교하고, 디자인도 보고, 구매 후기도 확인할 것이다. 유튜브 영상까지도 찾아볼 것이다. 가격이 고가일 때는 매장을 방문해서 눈으로 확인하고 체험하는 경우가 많을 것이다.

나는 잘 모르는 것을 구입할 때는 시간이 오래 걸린다. '이것이 좋은 선택일까? 이 제품이 나에게 맞을까?'하면서 더 고민하게 된다. 이런 경우에는 주변 지인에게 물어보거나 잘 알고 있는 사람에게 도움을 받게 된다. 나 역시 2019년에 우리 가족이 괌 여행을 계획했을 때 1년에 서너 번씩 괌 여행을 가는 회사 선배님에게 이것저것 물어봤다. 어디가 좋은지, 어디가 맛집인지, 여행 코스도 물어보고 심지어 픽업해주시는 기사분까지 연결해줘서 도움을 받고 여행을 즐겁게 다녀왔던 기억이 난다. 그때 당시 선배님은 정말 열정적으로 설명해주었다.

누군가 당신에게 사용했던 경험에 대해 묻거나 다녀온 여행에 대해 궁금해한다면 어떻게 알려줄 것인가? 아마도 누구보다 잘 설명해줄 것이 틀림없다. 왜냐하면 그것은 내 경험이기 때문에 외울 필요도 없고 내가 느낀 그대로 전달할 수 있기 때문이다.

내가 하는 일은 M사에서 제조한 수입차 ○○을 판매하는 일이다. 그리고 ○○ 전시장을 찾아오는 고객들은 정말 다양하다. 수입차를 처음 사는 고객, 좋은 차를 많이 타본 고객, 재구매 고객 등 많은 상담 경험을 했다. 그리고 16년이란 시간 동안 수많은 상담을 하면서 깨달은 영업하는 방법을 따라 하면 놀라운 경험을 하게 될 것이다.

정보만 알고 있다고 해서 모든 고객을 설득하기는 어렵다. 이것은 모든 영업에 적용된다. 먼저 내가 판매하는 상품과 제공하는 서비스는 누구보다 잘 알고 있어야 하는 것은 기본이다. 당신의 직업이 무엇을 판매하는 일이라면 당신이 첫 번째 고객이 되어야 한다. 그래야 빠르게 성장할 수 있다.

문제 해결사

첫 번째 고객이 되면 문제점과 해결 방법을 쉽게 찾을 수 있다. 어떤 고객이 스스로 알아보고 당신에게 구매했다고 생각해보자. 이미 구매 결정을 하고 왔기 때문에 당신의 역할은 크지 않고 운이 좋아 당신을 만난 것뿐이다. 그 후 어떤 문제가 생겼다. 예를 들어 고객이 경고등이 들어왔다고 연락이 왔다. 확인해보니 타이어 공기압 경고등이었다. 일한 지 얼마 안 된 경험이 없는 직원은 "펑크가 난 것 같아요. 보험사에 전화하세요"라고 말하고 고객은 "지금 고속도로인데 어떡하죠?"라며 겁을 먹게 된다. 이 경우 일정까지 틀어질 것이 분명하다. 이렇게 문제가 발생했을 때 상황을 잘 모르고 잘못 대처한다면 당신을 찾는 두 번째 거래는 없어진 셈이다.

반대로 경험이 많은 영업사원은 문제를 간단히 해결한다. "보내주신 알람을 보니 전체적으로 타이어 공기압이 조금 낮아서 들어온 알람입니다. 펑크가 난 거 아니니 걱정마세요! 그리고 그 정도면 적정 공기압이라 주행에는 전혀 문제없습니다. 타이어 공기압은 1년에 한두 번 알람이 들어오는데 특히 지금처럼 기온 차가 급변하는 봄, 가을에 많이 들어옵니다. 시간이 날 때 매장에 들르시면 제가 보충해 드릴게요"라고 말한다. 어떤가? 이렇게 마무리된다면 신뢰도 생기고 도움을 줄 수 있게 된다. 즉 경험은 큰 차이를 만든다.

내가 판매하는 상품을 내가 먼저 사용해보고 시간이 지나면서 발생하는 문제점과 해결 방법, 관리 방법까지 제시할 수 있어야 한다. 이 상황은 아주 간단한 내용이지만 설명을 잘못하면 컴플레인으로 일이 커질 수도 있다. 자신의 판매하는 상품을 지속적으로 써보며 발생하는 문제에 대비하고, AS까지 받아보면서 먼저 고객이 되어봐야 고객의 입장에서 진짜 도움을 줄 수 있다.

진정성은 느껴진다

두 번째로 내가 소유해보면 진정성이 달라진다. 우리 인간은 말과 표정 외에 보이지는 않지만 느껴지는 감이 있다. 기와 에너지처럼 저 사람이 긍정적인지, 부정적인지 느껴질 때가 있다. 내가 소비자가 되어 무엇을 구매할 때 직원이 진심으로 이야기하는지 그냥 팔려고 말하는지 느낄 수 있었다. 이렇게 우리를 찾은 고객도 세일즈맨의 진정성을 느낄 것이다.

고객과 상담 중 "어떤 것을 쓰세요?", "어떤 차를 타시나요?", "사용해보셨나요?" 질문을 많이 듣기도 한다. 여러 가지 궁금한 점들을 물어보는데 소유해본 적이 없다면 진정성 있게 대답할 수 있을까? 회사 제품을 잠깐씩 사용해본 것과 내 돈으로 직접 소유해본 것은 큰 차이가 있다. 구매한 상품이라면 고객의 입장에서 구매 과정을 동일하게 경험하기 때문에 세일즈를 하는 당신에게 큰 경험이 된다.

그때의 생각과 고민했던 순간들을 영업에 접목시킬 수 있다. 그리고 상담 시에 자신 있게 상품을 소개할 수 있게 되고 느낌으로 전달되는 에너지는 고객의 마음을 움직이게 할 수 있다. 이것이 가장 중요한 핵심이다.

집을 판매한다면 집을 구매했어야 하고 보험을 판다면 보험을 가입하고 해지도 해봐야 한다. 차를 판다면 직접 타보고 사고 수리까지 해봐야 한다. 서비스를 제공한다면 내가 손님이 되어 직접 받아봐야 한다. 이렇게 더 많이 경험할수록 다양한 상황에서 세일즈 성공 확률을 올릴 수 있다. 가능한 많은 경험을 하라. 그래야 진심을 전달할 수 있게 된다.

최고의 투자가 된다

세 번째는 내가 사는 것은 최고의 투자가 된다는 것이다. 어떤 사람은 "지금 당장 돈이 없어요. 여유가 생기면 나중에 살 거예요"라고 말하는 사람도 있을 것이다. 내가 사지 못하는 여러 가지 이유가 있을 것이다. 그러나 자신의 제품을 안 쓰는 사람은 절대로 크게 성공하기 어렵다. 자신의 상품을 믿고 누구보다 사랑해야 한다.

당신이 사랑에 빠졌을 땐 어떻게 하는가? 상대에게 잘 보이기 위해서 선물도 사고 시간도 투자하고, 마음을 사로잡기 위해 온갖 노력을 기울이지 않는가? 자신의 일에서 돈을 많이 벌고 싶다고 말하면서 돈이 없다는 핑계를 댄다면 다시 한번 생각해보기를 바란다.

요즘 작은 커피숍을 차린다고 해도 최소 몇억 원이 들어간다. 이렇게 창업에 돈을 투자하는 건 당연하다고 생각하면서 당신이 세일즈하는 상품은 왜 사랑하지 않는가? 왜 투자하지 않는가? 이것은 당신의 미래를 위한 투자다. 멀리 봐라. 더 빨리 성장하고 더 많은 돈이 들어오게 된다.

윈윈 상담을 만든다

마지막 네 번째로는 동등한 위치에서 고객을 도와줄 수 있다. 영업이라고 하면 갑과 을처럼 손님은 언제나 왕이라고 생각할 수 있을 것이다. 그리고 손님에게 굽신거리면 당신의 물건을 사줄 거라고 착각할 수도 있다. 하지만 명심해라, 고객은 신뢰가 있어야 사고 가치가 있어야 산다. 약하게 보이면 보이는 대로 약자로 이용만 당한다. 그래서 지금 내가 알려주는 세일즈 방식은 동등한 위치에서 도움을 주는 서로 도와주는 영업을 알려주려고 한다.

상담 시 내가 갖지 못하는 상품을 보는 고객을 나보다 위라고 생각한다. 반면 나도 써봤고 사용하고 있는 상품을 보는 고객에게는 편안하게 구매 경험과 조언을 주면서 도와줄 수 있다. 새로운 직장에 입사해 교육을 듣고 영업을 처음 할 때와 내 돈으로 직접 구입하고 소유한 후 영업 실적을 비교해본다면 당신도 인정하는 차이와 변화가 있었을 것이다.

그리고 당신이 판매하는 상품이나 서비스 중에서 가격이 높은 프리미엄 상품이 있을 것이다. 당연히 영업사원은 이런 고가의 제품을 보러온 고객에게 최선을 다할 것이다. 하지만 그런 VIP 고객층은 많은 경험이 쌓여 있기 때문에 영업사원이 도와줄 수 있는지, 없는지를 금방 알아챈다. 좋은 제품만 써본 고객이라면 당신은 어떻게 상담하겠는가?

영업사원은 이런 제품에 경험이 없다 보니 주눅이 들어 "예, 예!"라고만 하다가 소중한 기회를 놓치고 만다. 이런 고객은 영업사원보다 많은 정보를 아는 경우가 더 많다. 그리고 매너도 좋아서 당신을 배려하고 조용히 나갈 뿐이다.

구매 경험을 올려라

어느 날 고가의 스포츠 모델을 타고 온 고객과 상담을 했다. 그 당시 나는 7,000만 원대 모델만 타봤지 고가의 스포츠 모델의 경험이 없었다. 그러다 보니 내가 알고 있는 정보만으로는 부족했고 그 결과는 당연히 좋지 않았다. 그 이후로 난 경험을 많이 해보기로 했다. 나는 아내의 동의를 얻어 그 당시 약 1억 6,000만 원 정도 하는 고성능 차량을 직접 구매해보았다. 나의 것이 되어 소유한 경험은 확실히 달랐다.

구매 과정에서 느낀 생각과 타면서 경험한 장점과 문제점 그리고 고성능 차량의 관리 방법까지 배울 수 있었다. 이제 경험이 생기니 특징을 느낌으로 전달할 수 있게 되었고 어떤 상담에서도 동등한 위치에서 도움을 주고 해결방법까지 도와줄 수 있게 되었다. 이제는 최고급 모델을 찾는 고객이 있으면 정말 잘 소통하면서 쉽게 신뢰를 얻을 수 있게 되었다. 만약 당신의 상황이 어렵다면 짧게라도 소유하기를 강력하게 추천한다.

진짜와 가짜는 티가 난다. 가짜 명품이 되려고 포장하지 마라. 진실로 말하고 진짜 경험을 전달한다면 당신의 세일즈는 빛이 날 것이다. 그리고 그런 경험을 계속 늘려가라. 어떤 경험을 할 수 있다면 그 기회를 잡아라. 그리고 경쟁사의 구매 경험도 함께해본다면 당신은 최고의 자리에 오를 것이다. 그리고 경험을 전달하라. 이것이 가장 쉽게 세일즈할 수 있는 방법이다.

06 세일즈는 모두에게 윈윈 행위다

| 서로 도움

세상 모든 것은 거래된다. 수요와 공급 필요에 따라 상품의 가치가 매겨진다. 일반적으로 세일즈나 영업이라고 하면 무언가를 강제적으로 팔려 한다고 생각한다. 아직까지 고객은 영업에 대한 이런 선입견이 있을 것이다. 그러므로 우리의 세일즈(영업)라는 정의를 다시 내려보자.

[영업 : 영리를 목적으로 하는 사업], operation, business, sales, do business, 이익을 목적으로 상업을 경영한다는 뜻이다.

[세일즈 : 값을 받고 상품 따위를 파는 일] 유의어는 판매다.

[판매 : 값을 받고 상품을 팖] sale, selling, bargain

사전상 정의다. 영업이란 나를 파는 것, 팔려 하지 않는 것, 진심을 전달하는 것 등으로 이야기하기도 한다. 하지만 정의 그대로 우리는 먼저 인지하고 기준을 잡아야 한다. 우리는 영리, 즉 돈을 버는 행위 사업을 해야 한다. 그리고 값을 받고 상품을 판매하는 것이 영업=세일즈이다. 그러니 돈을 못 벌면 영업을 못하는 것이다. 세일즈는 돈을 벌어야 하고 제품은 판매되어야 한다. 공짜로 도와주는것이 아니라 돈을 받고 수익을 창출해야 한다.

당당하게

첫 번째로 판매자는 당당해야 한다. 그것은 고객을 무시하라는 말이 아니며 기죽지 말고 분위기에 압도되지 말라는 말이다. 내가 판매하는 상품은 바로 나고, 최고이며 내가 일하는 이곳은 나의 홈경기장이다. 그러니 자신 있게 세일즈해야 한다. 그러기 위해 제품 공부는 기본이니 알아서 해라.

작은 목소리로 "이거 한번 보세요. 아. 네! 네! 고객님!" 하며 쩔쩔매는 직원을 손님은 마음속으로 평가한다. 서로를 탐색하며 상대방도 우리를 평가한다는 것이다. 자신 있는 목소리가 믿음을 준다. 새로운 고객을 만날 때마다 더 당당하게 자신 있게 상담을 해보자.

> **따라하기** 가격을 물어본다면 "가격이 중요하세요? 가치가 중요하세요?"라고 다시 질문해도 좋다. 가격이 중요하다고 하면 "제가 좋은 가격으로 도와드리겠다"라고 말하고 가격을 말해라. 가치가 중요하다고 말하면 "저희 제품은 많은 분들이 그 가치를 알고 선택해주십니다"라고 말해라. 항상 가격을 말할 때 자신 있게 말하라. 실전에 100% 사용 가능하니 메모장에 적어라.
> 그리고 "이 모델은 비싼 가격입니다. 비쌉니다. 가격이 높습니다"라고 말하지 말자. 부의 기준이 각자 다르기 때문에 고객의 기준에서 그 금액은

싸다고 생각할 수도 있고 비싸다고 생각할 수도 있다. 고객의 반응을 보라. 내 기준으로 판단해서 비싸다, 싸다를 말하지 말자. 비교를 처음부터 만들면 안 된다. 우리가 판매하는 제품 중 비싼 제품인 것이고, 고객 기준에는 다를 수 있다. 정 말해야 한다면 "저렴하진 않습니다" 또는 "낮은 가격은 아닙니다"라는 말을 써라.

원하는지 물어봐라

필요하지 않은 사람에게 구걸하고 애원하며 팔아달라고 하지 말자. 그리고 지인 영업은 하지 않기를 바란다. 신규 상담이든 전화 상담이든 관심이 있어서 왔는지 그냥 구경하러 왔는지 질문하라. 고객이 "그냥 보러 왔어요"하는 것을 잘 캐치해야 한다. 그렇게 말하고 꼼꼼하게 보는 것 같다면 영업사원이 판매를 강요할까 봐 소극적으로 뒤로 물러서 있는 상황이다. 이런 경우 조금씩 벽을 없애라. 먼저 뒤에서 지켜보다 살짝 인사를 건넨다. 그리고 궁금한 질문은 한다면 도움을 줘라. 그리고 나를 소개하고 제품을 경험하게 하라. 그다음 "정말 필요하시면 제가 확실하게 도와드릴게요!"라고 말하고 구체적인 상담을 준비한다. 고객은 필요해야 산다. 그러면 필요하게 만들어라.

처음은 가볍게 천천히

천천히 살펴보면 고객이 원하는 것이 보이고 사고 싶어 하는지를 판단할 수 있다. 가끔 빠르게 결정하는 고객도 있다. 이럴 때는 과거의 경험을 살짝 물어본다.

"사용하시는 ○○○는 어떻게 결정하시게 되었나요?", "처음 사용해보시나요?"

비슷한 제품을 구입해본 경험이 많다면 고객이 자랑하듯 정보를 줄 것이다. 이런 고객은 빠르게 결정한다. 그러니 답을 듣고 진행 속도를 맞춰가야 한다.

하지만 경험이 없는 고객은 마음이 먼저인 경우가 많다. 얼마예요? 할인은요? 프로모션은요? 서비스는 뭐가 있나요? 등등 한꺼번에 많은 질문을 한다. 이런 반응이라면 오히려 천천히 설명을 하면서 질문을 따라 반복하고 설명을 느리게 답을 해보자.

제품의 특징과 가치를 느낄 수 있는 시간을 주는 것이다. 천천히 경험하게 도와줘라. 기대치가 올라가면 가격이 높을 거라고 생각하게 된다. 특징을 보면 사고 싶다는 구매 욕구를 만들어낸다. 그리고 실제로 가치가 높은 모델을 먼저 보여주는 것이 좋다. 그래야 하위 비교가 되어 세일즈가 편해진다.

시간과 신뢰도는 비례할 수 있다. 그러기 위해서는 정말 상담을 잘한다는 전제조건이 붙는다. 당신이 노력하는 만큼 당신에게 구매할 확률이 늘어난다는 말이다. 마지막 상담 부분에서는 임팩트 있게 가장 큰 장점들을 마지막에 이야기해라. 노래의 클라이맥스(Climax)처럼 상품의 가장 좋은 기능을 마지막에 알려라. 이렇게 가치를 높인 다음 제품 가격을 협상해라.

계약하시겠어요? 묻지 마라

고객은 원하면 산다고 말한다. 클로징을 할 때는 이미 그전에 알고 있어야 한다. 계약은 느낌이 오기 때문에 먼저 클로징을 요청하지 마라. 보통 고객이 먼저 말하는 경우가 더 많다.

"여보, 이걸로 하자" 또는 "당신 어떤 컬러가 좋아?"처럼 상황에 맞춰 클로징을 해라. 윈윈하기 위해서 가장 중요한 점은 우리가 프로가 되어 있어야 고객을 이끌 수 있다.

가격 협상에서도 자신 있게 가격과 서비스를 제시하라. 그리고 미리 걱정하는 부분을 먼저 말로 꺼내면 좋다. 당신의 상담에서 가장 많이 받는 질문을 연구하라. 나는 걱정하는 부분에 대한 자료를 미리 준비해놓는다. 고객이 말하기 부담스러운 질문들을 정리해서 자신만의 해답을 만들어 봐라.

나의 경우는 가장 많이 듣고 궁금해하는 질문 중 출고 서비스에 대해서 미리 준비한다. 먼저 일어날 수 있는 감정 소비에 대해 설명하고 자료를 보여드리며 "저는 이렇게 준비해 드립니다"라고 몇 가지 종류와 선택권을 안내한다. 대충 "좋은 것으로 해드립니다"라고 말하지 않는다. 프로가 되려면 자주 듣는 질문에 연구가 필요하다.

축하합니다

'감사합니다' 말보다는 "축하합니다", "좋은 기회를 잡으셨습니다"라고 말하라. 계약 후 "감사합니다"라는 말을 들으면 고객이 영업사원을 도와줬다고 생각할 수도 있다. 다르게 축하해줘라. 그리고 고객을 위해 도와준 내용을 다시 한번 강조하라! 마지막 클로징에는 고객에게 도움을 준 사람이라고 느끼게 만들자. 그러면 당신에게 감사하다고 말할 것이다. 이 말을 듣도록 노력하라. 그럼 당신을 성공 세일즈에 많이 가까워질 것이다.

그리고 정말 실적이 좋아졌다면 나에게 메일을 보내주시면 좋겠다. 후기 메일을 받는다면 특별한 노하우를 도와주겠다. 당신의 발전하는 모습을 나는 확인하고 싶다. 그러면 나 역시 뿌듯하고 행복해질 것이다.

홍보를 요구하라

영업을 하다 보면 월 타깃이나 분기 목표를 위해 힘들게 세일즈가 된 경우들도 있을 것이다. 이런 어쩔 수 없는 상황에서는 계약을 받되 이런 경우에는 조건을 달아야 한다. 윈윈할 수 있게 이렇게 당신을 도와주니 당신도 이렇게 도와줘야 한다고 조건을 만들자.

고객도 분명히 알고 있다. 당신이 도와준 것을 잘 알 것이다. 그렇다면 당당하게 요구해보자. 어떤 것이든 당신에게 필요한 것을 요구하고 도움되는 어떤 것을 받아내라. 그것이 지인 소개나, 추천 글, 구매 후기 등 당신의 영업에 플러스가 될 것을 요구해야 한다. 그래야 서로가 윈윈이다.

세일즈맨은 위대하다

절대로 당신의 능력을 과소평가하지 말아라. 당신은 고객들의 시간과 에너지를 엄청나게 절약해주고 정확한 정보를 전달해주고 유리한 조건으로 제품을 구매할 수 있도록 도와주는 사람이다. 고객은 세일즈맨을 통해 구매하게 되었고 제품을 사용하면서 편안한 삶으로 변하게 도와주었다.

과거보다 더 발전하고 고객은 새로운 경험을 한 것이다. 그러니 자신 있게 판매하라. 우리의 몸값은 비싸다. 그리고 당신은 대단한 사람이다. 고객은 팔지 않는 이상 계속 사용하며 행복해할 것이다. 그리고 우리가 세일즈함으로써 회사는 이윤을 만들고 그로 인해 톱니바퀴처럼 경제가 돌아간다. 모든 것은 판매되어야 한다. 그래야 서로 발전하는 나비효과로 다시 되돌아온다.

MEMO

07 나만의 강한 신념과 철학을 만들어라
| 한계 뛰어넘기

스스로 나 자신을 판단한다면 강하다고 생각하는가? 아니면 쉽게 흔들리고 영향을 많이 받는가? 어떤 때는 강한데 어떤 때는 유리멘탈인 경우도 있을 것이다. 만약 흔들리지 않고 강한 사람이 된다면 얼마나 좋을까? 우리 한 번 사는 인생 기준을 잡고 멋지게 살아보자.

사회는 서로 약속한 법과 규율이 있다. 눈에 보이지는 않지만 어긴다면 벌금이나 처벌을 받고 상응하는 제재를 당한다. 또한 회사에서는 회사 규율과 보안사항도 있을 것이고 모든 창작물에는 저작권 등 판매되는 판권 등 여러 기준과 법들이 존재한다.

이런 것들이 왜 있을까? 목적은 행복하게 살기 위함이 아닐까? 다른 이에게 피해를 주거나 불편하게 하면 안 된다고 알려주는 것 같다. 그리고 살인 또는 범죄를 우리는 하지 말아야 한다고 교육받으며 자라왔다. 만약 우리나라에 법이 없다면 어떨지 상상해보자. 마음대로 돌아다닐 수도 없고 위험한 치안은 불안과 폭력을 만들어낼 것이다.

우리의 삶에도 이런 사회의 법규처럼 내 생각과 몸, 내 자아를 지켜줄 기준이 필요하다. 나의 신념과 철학을 만들면 내가 살아가는 이유와 방향을 찾을 것이고 분명히 내가 어떤 사람인지 어떤 사람이 되어야 할지 정의할 수 있을 것이다. 그리고 나의 정의에 따라 내가 원하는 그곳으로 이동하게 될 것이다.

정치도 그들이 바라는 신념대로 공약을 하고 국민들에게 투표를 받는다. 신념과 철학에 따라 삶을 살아가는 방식이 달라지고 다양해진다. 보통 신념과 철학은 긍정과 발전을 위한 목적이 크고 그것이 있으면 자신과의 약속을 지키기 위해 노력하게 된다. 때로는 힘든 일로 좌절하고 눈물 흘리고 힘들어하지만 신념은 우리를 다시 일어나게 한다. 세일즈맨에게 이것은 중요한 점이다. 견뎌낼 수 있는 강한 신념이 건강도 지킬 수 있다. 당신의 세일즈에 기준을 정하라. 그리고 가이드라인을 만들고 넘보지 못하게 하라.

당신의 이름이 있는 것처럼 내가 가장 중요하게 생각하는 신념을 적어라. 그리고 세부적인 삶의 방향과 기준을 정해보자.

신념의 사전적 의미는 '어떤 사상이나 생각을 굳게 믿으면 그것을 실현하려는 의지'고, 철학은 '인간이 살아가는 데 있어 중요한 인생관, 세계관 따위를 탐구하는 학문'이라는 뜻이다. 좌우명 같은, 좋아하는 문구, 자주 하는 생각 등을 자유롭게 적어라. 당신이 어떤 사람인지 정의할 수 있도록 당신의 방문 앞에 붙여라. 신념은 흔들리지 말고 쉽게 변경하지 않는 것으로 정해라.

> **따라 하기** 나만의 신념을 만들어보자. 예를 들어 이렇게 신념을 만들 수 있다. '서로 다름을 인정하라. 세상의 주인공은 나다. 신은 공평하다. 나만 알고 있는 나의 죄는 다른 방식으로 나에게 돌아온다. 상상하면 이루어진다. 좋은 일을 하고 알아주길 바라지 마라. 남을 욕할 때 내가 그럴 자격이 있는가 생각하라. 행복의 근원은 사랑이다. 교육으로 사람은 변한다. 에너지 불변의 법칙, 나를 아는 주변 사람에게 진정한 도움을 준다.'
> 이렇게 나만의 생각으로 흔들리지 않고 긍정적인 발전 가능성이 담긴 신념과 철학을 만들어보자. 좋은 자기계발서의 신념을 따라 해보는 것도 좋은 방법이다.

인내력이 생긴다

일을 하다 보면 잘못된 기준에 따라 실수를 하거나 누군가에게 상처를 주고 그리고 상처를 받는다. 누군가를 증오해서 관계를 망치거나 판단을 잘못 내려 중요한 기회를 놓치고 후회를 하기도 한다. 신념이 약하거나 잘못된 사람은 인간관계를 망치고 주변 사람을 힘들게 만든다.

그리고 중독에 빠지는 사람들이 많다. 놀음과 도박의 경우인데 지금까지 과거의 주변 사람들의 잘못된 케이스를 보면 이것이 원인이 되어 생긴 금전문제들이었다. 눈앞에 이익만 보고 한 어리석은 행동들이다. '고객을 속이고 돈을 받아 사기를 치거나. 대금을 먼저 받고 도박을 하고 다른 돈으로 돌려 막거나, 공금을 횡령하거나, 공문서를 위조해서 이득을 취한 경우 등이 있었다.

결혼 전 파주 쪽 레저타운을 운영하시는 대표님을 만나 계약을 하게 되었는데 차량 대금을 현금으로 쇼핑백에 넣어 건네받았다. 그런데 큰돈을 받다 보니 걱정이 앞섰다. 혹시나 누군가 이 돈을 훔쳐 가면 어쩌지? 잃어버리면 어쩌나 불안감에 가슴에 꼭 안고 몰래몰래 왔던 기억이 있다. 난 내 돈이 아니면 부담되어서 현금 받기가 좀 그렇다. 남의 돈은 돌같이 여기고 세일즈를 하는 우리는 돈 앞에서 깨끗해야만 한다. 우리 돈이 아닌 것에 쓸데없이 목숨 걸지 마라. 그리고 돈을 빌리지도 말고 빌려주지도 마라.

강하고 흔들리지 않는 신념이 있으면 인내력이 생긴다. 이해 능력이 좋아지고 덜 상처를 받는다. 그리고 판단력이 좋아져 일도 잘하게 된다. 일관된 방향으로 움직이면 오래 앞으로 나아가 성공과 가까워진다.

자신감이 습관을 만든다

나는 학창 시절에는 책을 별로 읽지 않았다. 책을 읽더라도 짧은 소설이나 연애 이야기를 봤다. 그러다 나를 변화시킨 책을 만났다. 군대에 있을 때 우연히 이 책을 만나 감동과 깨달음을 받고 변화가 시작되었다. 나폴레온 힐(Napoleon Hill)의 저서 《나의 꿈 나의 인생》이다. 이 책은 성공철학의 바이블과 같다.

힐은 1883년 미국 버지니아주 와이즈 카운티에서 출생해서 수많은 성공한 사람을 수십 년간 연구하고 사례를 모아 20년 만에 이 책을 완성했다. 출간한 지 70여 년 지 지난 오늘까지 최고의 책으로 평가되고 있다. 연구한 사람 중 우리가 알고 있는 유명한 위인들은 당시 최고의 성공자들과 함께했다.

　나는 이 책을 읽고 또 반복해서 계속 읽으며 그의 가르침을 배우려고 노력했다. 아직 읽지 않았다면 세일즈맨으로 꼭 읽어야 하는 필독서로 지정하겠다. 이외 유명한 자기계발서들을 접하면서 조금씩 변화했고 독서를 좋아하게 되었다. 이제는 여러 권의 책을 많이 구매한 후 골라서 본다. 그리고 난 내가 아끼는 사람이나 어린 조카들에게 도움이 될 만한 책을 선물해준다. 청소년에게는 나폴레온 힐의 책을 추천하고 인간관계와 리더쉽이 필요한 동료들에게는 앤드루 카네기(Andrew Carnegie) 책을 선물한다.

　힐은 책에서 이렇게 이야기한다. '마음의 움직임은 신념에 따른다. 신념이 사고와 결합할 때 잠재의식이 자극받아 의욕과 무한한 지정이 용솟음친다. 신념과 사랑, 성은 인간의 모든 감정 중에서도 가장 강력한 충동을 수반한다. 이 3가지가 동시에 작용해서 선명한 사고와 연결되면 잠재의식은 믿지 못할 정도의 힘을 발휘한다. 신념이란? 일종의 정신 상태다. 이것은 되풀이되는 자기암시를 통해 잠재의식 속에 전달되고 한 사람을 지탱하는 지침으로 자리 잡는다.'

　내 신념을 따른다는 건 나를 믿는다는 말이다. 내가 이룬 것을 칭찬하고 내 능력을 인정할 것이며 자신감이 생길 것이다. 그리고 나만의 가치를 만들어낼 것이다. 이제 겁나는 것은 아무것도 없다. 전 우주가 모두 내 편이 된다.

변하지 않는 신념은 그 생각을 자주 한다는 것이고 그 목적에 맞는 행동을 반복해서 습관이 만들어지고 습관이 모여 지금의 나를 만든다. 좋은 사람이 부자가 되기 위해서 부자의 신념과 부자의 철학을 많이 따라 해보자.

MEMO

PART 02

당신의 진심을
사게 하라

01 전문가로 보이게 하라
| 도움받고 싶다, 믿음

우리는 전문가로 보여야 한다. 그래야 신뢰가 만들어지기 때문이다. 그러기 위해서 우리가 무엇을 준비할지는 이미 마음속으로 알고 있을 것이다.

기본은 공부다. 내가 판매하는 상품과 서비스 등을 지속적으로 공부한다. 회사 자료를 확인해보고 다른 사람들의 평가 자료도 함께 공부해본다. 그리고 경쟁사 제품까지 함께 비교 분석하면서 공부해야 전문가가 될 수 있다. 경쟁사 제품을 직접 사용해보고 알게 된 장점과 단점을 찾아내야 한다. 그래야 우리 제품의 좋은 점을 더 강조할 수 있다.

고객과의 상담에서 다른 경쟁사 제품을 깎아 내리는 멘트를 사용할 때 조심해야 한다.

그 예로 "○○제품은 정말 최악입니다. 누가 사나요? 절대 사지 마세요! 구매하신 분들 지금 다 후회하고 AS도 엉망이고 부품도 없어서 수리하는 데 몇 달이나 걸립니다"라고 말했는데 어쩌면 고객이 사용하고 있는 제품일 수 있다. 이것은 고객의 선택은 잘못된 선택이고 어리석은 행동이었다고 말하는 것과 같다. 그리고 잘 알지도 못하면서 안 좋게 말하는 영업 사원의 신뢰는 없어지고 만다.

정말 단점을 말하기 위해서는 고객에게 어떤 제품을 사용했는지 질문을 먼저 한다. 그리고 사용해본 모델이나 내가 잘 알고 경험해본 것이라면 그것을 우리 제품과 잘 비교해서 신뢰를 얻어라.

처음에는 고객의 선택을 칭찬해보자. "좋은 제품 쓰셨네요." 다음으로 불편했던 당신의 경험을 이야기해보자. "저는 그 모델을 타면 이쪽 허리 부분이 엄청 아팠거든요. 여기 부분이요! 시트도 매번 민감하게 세팅해야 하고요." "아, 맞아요! 그거 어떻게 아세요? 불편해서 한 시간 이상 운전을 못해요." "제가 잘 압니다. 저도 몇 년 탔었거든요. 저는 자동차 전문가입니다. 여기 한번 앉아보세요! 편하시죠?"

무조건 상대 제품이 안 좋다고 이유 없이 깎아내리기보다는 고객도 함께 알고 있는 단점을 이야기한다면 공감대를 형성할 수 있고 좀 더 가까워진다. 이것 역시 많은 경쟁사 제품을 공부하고 우리 제품의 차이를 명확하게 찾아 고객에게 전달할 수 있으면 좋다.

우리 역시 의사나 변호사처럼 어떤 직종에 전문가를 찾아가서 진단이나 상담을 받기 위해 비용을 지불한다. 그들은 전문가의 자리에 앉아 있다. 그리고 지위를 나타내는 옷이 구분되거나 배지나 명찰, 가운을 입고 상담실에는 명패와 자격증 및 경력과 수상 업적을 찾아볼 수도 있다. 우리는 전문가 앞에서는 그들의 조언을 듣고 따른다. 즉 말을 잘 듣는다.

<우리 아이가 달라졌어요>의 오은영 박사님처럼 특정 분야 최고의 전문가는 상담료만 해도 매우 높다고 한다. 우리도 세일즈에서만큼은 최고의 전문가가 되기 위해 노력해보자.

PT 자료 전문가

내 상품의 지식을 어떻게 설명할까? 모든 정보를 다 외우면 좋겠지만 나 같은 경우는 자료 정리를 잘해 놓는다. 그래야 필요한 순간에 빠르게 찾아서 바로 안내가 가능하다. 중요한 정보는 외우고 중요도가 낮은 정보는 쉽게 찾을 수 있도록 준비하라. 말로 설명하는 것보다 미리 준비한 뉴스나 자료를 보여주면서 상담하면 더 전문가다워 신뢰를 얻을 수 있다.

정리한 자료를 보여주는 방법도 전문가처럼 보여야 한다. 화면 미러링을 이용해서 큰 화면으로 자료를 보여준다면 보는 사람도 편하다. 작은 휴대폰 화면으로 보여주면 안 된다. 태블릿PC보다도 큰 화면을 이용해야 보기 좋다. 작은 글씨는 보기 힘들다. 그래서 큰 화면일수록 좋다. 내 경우는 큰 화면의 아이맥을 기준으로 윈도우 노트북과 아이패드를 연결해서 상담 자료를 보여준다.

하나의 멀티마우스를 이용해서 윈도우와 맥을 연결해서 자료를 이동할 수 있다. 퀵타임을 이용해서 내가 보는 아이패드 화면을 아이맥에 미러링해서 큰 화면으로 보면 그만큼 집중력이 좋아진다. 아이패드를 돌려서 보여주는 것도 안 한다.

보여지는 전문가

보이는 부분을 신경 써야 한다. 보이고 싶은 이미지처럼 헤어 스타일, 염색이나 컬러링도 중요하다. 너무 밝은 색보다는 차분한 컬러를 추천한다. 그리고 남자의 경우 메이크업을 잘 안 하는데 나의 추천은 선블록 크림을 꼭 챙겨 발라라. 선블록 크림은 피부 노화를 막아주니 좋고 피부 톤도 한 톤 밝게 올려준다. 유분기가 적은 것으로 내 피부에 맞는 제품을 골라서 써보자.

전문가처럼 보이기 위해 컬러 렌즈는 착용하지 않는 것이 좋겠다. 왜냐하면 세일즈는 사람의 눈을 보고 이야기하는 것이기 때문이다. 눈으로 진심을 전달해야 하는데 컬러 렌즈가 벽을 만들면 진심을 전하기가 어려워질 것이다. 또한 액세서리 안경도 잘 어울린다면 활용해도 좋다. 자신의 눈매가 조금 날카롭거나 한다면 부드럽게 보일 수 있는 안경으로 보완하고 더 많이 웃어보자.

리드하는 전문가

상담 시 아마추어는 고객에게 끌려다닌다. 상담 준비가 잘 되어 있다면 원하는 시점에 인사와 멘트를 하고나서 이동 동선을 어느 정도 만들고 상담 순서를 조절한다. 상담 가능한 시간에 따라 단계를 조정할 수 있지만 자신만의 상담 순서와 장소 등을 정하면 좋다. 여기서 중요한 점은 첫 만남과 작은 질문들이 잘 이루어져야만 리드가 계속 이어간다는 것을 기억하자. 고객을 이끌어야 당신을 따라올 것이다.

나를 소개하라

소개할 때 짧게 이름만 말하면 당신이 누구인지 금세 잊어버린다. 다음에 다시 찾아와도 당신을 기억할 수 있게 만들자. 당신의 소개를 스토리로 만들어보자.

> **따라 하기** 1. 우리가 보통 다른 사람을 만날 때 궁금해하는 것, 일반적인 것부터 소개한다.
>
> 2. 짧은 나만의 스토리로 이야기한다.
>
> 3. 업적이나 자랑거리를 보여주고 나를 홍보한다.
>
> 4. 고객님을 더 많이 도와줄 수 있는 사람이라고 어필한다.
>
> 5. 이렇게 만난 것은 특별한 인연이며 오늘의 만남이 소중하다고 전한다.

이렇게 처음 시작을 전문가로 소개해야 신뢰를 빨리 만들 수 있다. 짧은 나만의 스토리는 이렇다. "제 유치원 때 꿈이 뭐였는지 아세요? 바로 버스 운전기사였어요! 엄마랑 같이 버스 타고 세계 일주를 한다고 했어요. 저는 어릴 때부터 차를 정말 좋아했거든요. 그렇게 차를 계속 좋아하다 보니 이곳에서 이렇게 소중한 두 분을 만났습니다!"그리고 나이 대가 비슷한 고객이라면 공감대를 느낄 수 있는 내용으로 질문을 한다. 내 가족 소개를 하면 친근하게 생각하고 웃으신다. "제 아이는 둘이고 첫째는 딸인데 이제 9살입니다. 혹시 가족 구성은 어떻게 되세요?"

나는 좋아하는 일을 하며 고객을 진심으로 도와드리고 있다. 먼저 내가 부담 없는 사람이면서 전문가라는 인상을 줘야 한다. 자신만의 짧은 세일즈 소개서를 글로 만들어 연습하라! 위트가 넘치는 스토리와 수상 라이선스, 수료증, 인증 사원, 영상의 모습 등 자랑거리들로 나를 홍보하라.

남들은 내가 말하지 않으면 모른다. 당연히 알아주겠지 생각해도, 나중에 알아주겠지 해도 절대 모른다. 이제는 자기 PR 시대니 자신 있게 자랑하고 나를 알려라. 이것이 시작이다. 전문가로 보이게 하는 가장 쉬운 방법은 진짜 전문가가 되면 된다.

전문가로 보이면 좋은 점은 영업이 밥을 먹여 준다는 것이다. 그리고 일반적인 사업과 달리 회사에 소속되면 개인 투자비용이 낮다. 재고 부담이나 임대료 걱정도 없다. 잘하면 잘하는 대로 투자 대비 이익이 커진다. 세일즈를 잘한다면 일반 회사보다 정년이 길어진다. 오로지 능력제이기 때문이다. 하는 만큼 버니 더 열심히 하게 되는 동기부여가 된다.

만약 당신이 전문가로 업그레이드된다면 매년 안정적인 소득이 유지되고 소득은 점점 늘어날 것이다. 장점은 오래 잘할수록 소개 판매는 늘어나고 다른 파이프라인들로 생겨나 높은 곳으로 올라가게 된다. 영업은 아직 도전해볼 만하다.

02 첫인상이 90%다
| 호감을 높이는 옷차림, 눈인사

새로운 사람을 만나면 인사를 먼저 한다. 그리고 그 사람을 단 몇 초 만에 스캔할 것이다 그리고 우리의 과거 경험을 바탕으로 판단한다. 이런 개인이 느끼는 첫인상 느낌은 매우 다양할 것이다. 하지만 이것을 크게 2가지로 분류해보겠다.

첫인상이 좋다 vs 첫인상이 좋지 않다

첫 만남에서 첫인상을 안 좋게 만들었다면, 그것을 복구하는 데 정말 많은 시간과 노력이 필요하다. 그래서 첫 만남의 3초가 무엇보다 중요하다. 반면 첫인상이 좋게 만들어졌다면 다음도 수월하게 풀린다. 우리는 외적으로 선입견이 없어야 한다고 배웠지만, 남들은 우리의 외적인 모습을 먼저 볼 것이고, 각자의 방식대로 판단할 것이다.

얼굴은 그 사람의 과거를 조금 엿볼 수 있다. 그 사람의 가치관에 따라 자주 느끼는 감정이 있을 것이고 그 감정을 담은 말과 표정이 얼굴에 드러날 것이다. 자주 하는 그 표정이 그 얼굴을 만들어낼 것이다. 화낼 때의 주름과 웃을 때의 주름이 다른 것처럼 말이다. 첫인상이 그만큼 중요하다. 거울도 자주 보고 좋은 얼굴과 좋은 표정 만들기를 실천해보자.

사랑의 힘

우리는 사랑을 하면 무적이 된다. 피곤하지도 않고 생각도 잘되고 힘도 나고 얼굴에 미소가 이어지고 행복해진다. 도파민 호르몬이 나온다고 하는데, 지금 연애하고 있는 중이라면 세일즈하기 아주 좋은 타이밍이다. 또한 사랑하는 사람에게 잘 보이기 위해 당신은 더 열심히 일하게 될 게 분명하다. 내 경험으로는 세일즈를 잘하는 사람이 연애도 잘한다.

일에만 노력하지 말고 사랑에도 꼭 공부하고 노력해야 진정으로 행복해질 수 있다. 자격증 시험이나 영업을 잘하기 위해 공부하는 것처럼 사랑도 공부를 해보자. 사랑은 성공에 큰 영향을 미친다. 드라마나 영화를 보면 대사 중에 "너, 연애하니? 얼굴 좋아졌다"라는 말이 나온다. 사랑받으면 행복해지고 얼굴색이 좋아진다. 그러니 빨리 사랑을 찾아라.

이미 결혼을 했다면 더 많이 사랑을 표현하자. "사랑해"라고 많이 말해보자. 많이 말할수록 말한 대로 이루어진다. 아이들에게도 사랑한다고 더 표현하고 스킨십을 해줘라. 가족이 화목하면 연애하는 것보다 더 안정적이고 마음이 편해진다. 가족이 주는 시너지는 상상 이상이다. 지금 내가 일하는 이유도 우리 가족을 사랑하기 때문이다.

대상이 없더라도 나를 아껴주고 사랑하면 된다. 반려동물, 식물, 물건도 괜찮다. 대상에 구애받지 말고 당신을 행복하게 만드는 것을 사랑하자. 사랑의 힘은 우리를 영업의 천재로 만들어줄 것이다.

옷이 날개다

2010년 EBS 방송 프로그램에서 '인간의 두 얼굴'이라는 주제로 첫 인상 실험을 했다. 33세 남성이 평소에 입는 옷을 입고 쇼윈도(Show Window) 앞에 서있다. 그는 청바지에 셔츠를 입고 있다. 한 진행자는 지나가는 여성들에게 남자의 첫인상에 대해 인터뷰를 합니다.

"10초 동안 잘 살펴보세요. 저분의 첫인상에 대해 말씀해 주세요!" 질문은 직업과 연봉 그리고 매력도 이에 관한 내용이었다.

"어떤 일을 하는 분 같아요?"
"공장에서 기계 수리하는 분 같아요."
"음식점 하실 거 같아요. 만두가게?"
"연수입은 얼마 정도 될까요?"
"연수입은 월 100만 원씩 1,200만 원 정도 될 것 같아요."
"남자로의 매력을 0점에서 10점 중 몇 점을 주고 싶으세요?"
"2점이요. 그래도 남자니까요."
이렇게 첫 번째 반응은 처참했다.

다음날 실험 전 여성들에게 남자를 볼 때 무엇을 보냐는 질문을 먼저 시작했다. 다수의 여성은 이해심이 많은 사람, 외모보다는 성격, 자상한 사람이 좋다고 말했다.

그리고 두 번째 실험을 시작했다. 그는 완벽하게 변신하고 동일한 쇼윈도에 다시 섰다. 머리부터 발끝까지 싹 바꾸고 깨끗한 구두와 정장을 입고 그린색 넥타이를 매고 있다. 겉모습을 바꾼 지금 어떻게 달라지는지 실험이 시작되었다. 대답은 놀라웠다.

"직업은 어떨 것 같나요?"

"변호사나 의사요, 말씀 잘하시고 논리적이실 것 같아요."

"갑부집 아들, 부티나 보여요, 지적으로 보이고 대기업에 다니는 그런 이미지예요."

"연봉은 얼마나 될까요?"

"많이 버실 것 같은데 억대 정도. 제가 변호사 급여를 잘 몰라서…"

"돈이 좀 있으실 것 같아요! 집안이 빵빵할 것 같아요. 월 1,000만 원씩 1억 2,000만 원이요."

"매력 지수는 0점에서 10점 중 몇 점을 주시겠어요?"

"9.5점이요, 9.7점이요, 10점이요."

"성격은 어떨 것 같나요?"

"활달하고 명랑하고 유쾌하고, 자신감 있고 유머도 있고 자상할 것 같아요."

겉모습이 화려해지니 성격까지 좋게 본다. 이것이 우리 인간의 본능이다. 우리는 말과는 달리 겉모습으로 판단하는 선입견 혹은 편견을 가지고 있다. 그러니 멋지게 입어야 멋진 사람으로 본다. 실험을 반대로 여성으로 해도 그 결과는 동일할 것이다.

남자의 경우는 슈트가 좋다. 너무 타이트하지 않은 클래식 정장을 입고 원단을 보고 선택하는 것이 좋다. 가능하면 맞춤 정장이 개인의 체형을 보완할 수 있어 추천하고 싶다. 그리고 정장을 입을 때 신경 써야 할 것은 바로 주름 관리다. 오래 앉아있으면 보기 싫은 주름이 많이 생기고 차를 탈 때 상의를 입고 타면 벨트에도 손상되고 옷이 많이 구겨져 버린다. 상의는 벗고 타고 적게 입을수록 좋다. 옷을 자주 세탁을 하면 옷이 빨리 망가지게 된다. 최대한 깨끗하게 입고 세탁을 적게 하자. 관리는 스팀 다리미나 스타일러를 사용하라.

헤어 스타일과 메이크업

헤어 스타일도 한 달에 1번 이상은 정기적인 관리가 필요하다. 펌을 하면 헤어 스타일 손질이 빨라져 아침 준비 시간이 절약된다. 남성도 피부 관리를 하는 시대다. 필요하다면 약간의 메이크업을 추천한다. 단, 티가 안 나게 하는 것이 중요하다. 나는 주로 화이트 선블록 크림을 사용한다. 칙칙한 얼굴이 살짝 밝아진다. 여름에는 기름종이, 가을과 겨울에는 립밤이나 핸드크림, 미스트 등도 사용하라. 보이는 작은 부분도 최고의 모습이기를 바란다. 그리고 책상에 탁상용 거울을 두어라. 거울을 자주 보는 습관을 만들어라.

눈썹을 올려 인사하기

밝은 표정으로 인사하고 아이 콘택트가 좋은 첫인상을 만든다. 옷도 멋지게 입고 머리도 멋지게 하고 나서 표정을 어둡게 인사한다면 어떻게 생각할까? 겉만 번지르르한 사람으로 판단할 것이다. 꼭 눈을 맞추며 당당하게 조금 큰 목소리로 반겨라. 반려견을 키운다면 느낄 것이다. 집에 돌아왔을 때 강아지가 진짜 반갑게 우리를 반기면 기분이 어떤가?

우리는 아름다운 것을 보고나 정말 좋은 사람을 만날 때 우리의 표정이 어떤가? 눈이 놀란 것처럼 동공이 커지고 눈썹도 같이 올라간다. 나는 아기들을 처음 만날 때 귀여워서 이런 표정을 많이 짓는다. 바로 이것이 포인트다.

 거울을 보며 눈썹을 올리고 인사를 연습해보자. 자연스럽게 눈이 커진다. 그때 함께 웃으면서 "안녕하세요" 하고 말해보자. 정말 좋은 첫인상을 만들 수 있을 것이다.

향기의 옷을 입어라

향기 또한 첫인상 플러스 효과를 만든다. 매년 계절이 바뀔 때 계절마다의 향기를 느끼면서 그때의 과거가 생각날 때가 있지 않은가? 나는 가을 낙엽 냄새가 가장 좋다. 이런 후각이 가장 오래 기억에 남는다고 한다. 좋아하는 사람에게 났던 비누나 샴푸 향기마저도 추억으로 오래 기억된다. 그러니 우리는 좋은 향기를 풍겨야 한다. 너무 많이 뿌리거나 강한 향수는 마이너스가 되니, 아무거나 사지 말고 은은하고 기분이 좋은 향수를 써보자.

반대로 안 좋은 향기는 영업사원에게서 벗어나고 싶은 기억을 남길 것이다. 흡연자여서 담배 냄새가 난다면 꼭 금연에 성공했으면 한다. 나도 흡연자였는데 4년 전에 끊었다. 담배를 피우고 나면 아무리 양치를 하고 냄새를 없애려 노력해도 호흡할 때 담배 냄새가 난다. 그리고 옷에도 냄새가 배기 때문에 상담 전에는 흡연을 하면 안 된다. 그리고 점심시간에 부대찌개나 김치찌개 등 식당에 다녀오면 음식 냄새를 체크해라. 아니면 식사할 때 입고 가는 외투를 따로 쓰면 도움이 된다. 섬유 탈취제도 꼭 준비해둬라.

　당당한 첫인상이 90%다. 열심히 상담하는 것도 좋지만 처음을 잘해야 그다음 순서로 순조롭게 진행된다. 밝은 표정으로 눈썹을 올려 아이 콘택트를 하고 인사 멘트를 연습하자. 신뢰를 얻을 수 있는 깔끔하고 단정한 옷을 입고 당당한 최고의 첫인상을 만들자. 마치 결혼식장에 신랑 신부처럼. 그리고 나에게 찾아오는 손님은 특별하고 좋은 분이라고 상상하고 나에게 최면을 걸어라. 그러면 좋은 고객이 올 것이다. 그리고 고객의 옷차림을 보고 판단하지 않길 바란다. 그래서 좋은 기회를 놓치는 경우를 정말 많이 보았다. 재력가들은 복장에 신경 안 쓰는 사람도 많다는 것을 기억하라.

03 세일즈는 사전 준비와 디테일이 강해야 한다
| 연습, 준비성

만약 우리가 음식점을 한다면 가게만 있으면 준비가 끝나는 것이 아닐 것이다. 사전에 필요한 것들을 사고 배우고 준비해야 한다. 요리하는 방법은 기본이며, 어디서 재료를 받아야 하는지, 조리기구부터 가격표와 간판, 전화, 보안장치까지 준비할 것들이 아주 많다. 영업도 준비해야 될 것들이 있다. 특히 자료의 정리와 제품 정보를 공부하는 것이 먼저고, 내가 알고 있는 그 정보를 효율적으로 잘 전달할 수 있는 도구들을 준비해야 한다.

그리고 내 경험과 생각을 종합해서 고객에게 클로징을 만들어낼 주인공인 '나'를 준비해야 한다. 가게의 업종이 바뀔 때 깔끔하게 인테리어 공사를 한다. 우리가 세일즈를 하고 있거나 시작한다면 이번을 통해 자신을 리모델링해보자. 돈이 없다며 나중에 하겠다고 미루지 말고 자신을 위해 투자해야 한다. 없는 것에 집중하지 말고 가진 것에 집중해야 돈이 들어온다. 이제 소개할 준비물들은 기본적인 것이니 장바구니에 바로 담아라.

시간이 돈이다

시간이 돈이라는 개념에 동의하는가? 우리는 돈을 벌기 위해 시간을 사용한다. 보통 월요일에서 금요일까지 우리는 일을 한다. 누구에게나 시간은 공평하게 주어진다. 부자이든 가난한 사람이든 시간은 24시간이다. 이렇게 시간은 공평하게 주어지고 뒤로만 흘러간다. 기업이나 성공한 사람들은 다른 사람을 대신 일하게 하고 그 사람들의 노동력으로 부를 축적하고 있다.

또는 시간과 장소에 상관없이 돈이 만들어지는 시스템을 만들고 돈을 버는 사람들도 있다. 이런 성공자들은 그 시간에 자신이 하고 싶은 일을 할 수 있다. 그들은 시간이 돈보다 더 중요하다는 것을 알고 있다. 그래서 우리에게 돈을 주고 대신 일하게 해서 시간을 산다. 지금 우리가 먼저 해야 할 것은 시간이 더 중요하다는 생각이다.

우리는 시간을 아껴서 부를 늘려야 한다. 그리고 투자를 해서 단기간에 부를 축적해야 한다. 같은 일이라도 짧은 시간 안에 많은 일을 하면 효율성이 늘어나고 수입도 늘게 된다. 그러니 중요한 일을 먼저 처리하는 우선순위가 있어야 한다. 그리고 성공의 궤도에 오르기 전까지는 여유라는 시간이 없었으면 좋겠다. 지금은 주 5일제가 보편적이기는 하지만 남들과 똑같이 일하고 똑같이 쉬면 절대로 성공할 수 없다.

남들보다 더 뛰어야 그들을 앞서갈 수 있다. 사전 준비는 우리를 멀티플레이어로 만들어준다. 하루 한 건의 계약을 하는 사람이 되겠는가?

아니면 하루에 열 건의 계약도 가능한 세일즈맨이 되겠는가?

총과 총알

세일즈맨의 전쟁터는 총과 총알이 있어야 한다. 총만 가지고 총알 없이 전쟁에서 이길 수 없다. 설명하는 내가 '총'이라면 상품의 지식과 자료와 기술 등은 '총알'이다. 우선 나라는 총을 잘 만들어야 한다. 조준하면 정확하게 멀리 나가야 한다. 좋은 총은 빠른 연사가 되는 기관총이 된다. 총알도 크기와 종류가 모두 다르다. 내 총에 맞는 총알을 만들어야 한다.

첫 번째는 총알이 되는 정보 수집 단계다. 최대한 많은 양의 정보를 모으고 폴더를 만들어 분류해야 한다. 상세 상품정보나 회사의 가격 정책 그리고 판매 기준과 가이드라인 등 회사와 관련된 정보를 세부적으로 분류한다. 제품과 서비스관리까지 폴더를 만들어 책의 목차를 만들 듯 분류를 해보자. 그리고 클라우드 계정을 만들어 컴퓨터와 휴대전화 모든 모바일 기기에서도 동일하게 동화되는 저장소를 만들면 나만의 세일즈 서버가 완성된다.

> **따라 하기** 나의 세일즈 서버를 구축하라. 클라우드 기반으로 다른 사람과의 파일 공유와 파일 저장이 가능하다. 내가 사용하는 서비스는 원 드라이브와 구글 드라이브다. 2가지 중 자신에게 맞는 클라우드를 사용하라. 나는 제품 자료는 원 드라이브, 고객에게 발송하는 자료는 구글 드라이브로 나누어 2가지를 사용한다. 원 드라이브의 특징은 윈도우에 내장된 프로그램이라 연동이 편하고 사용이 직관적이다. 그리고 원 드

라이브 내 원 노트를 연동해서 고객 관리에 최적화되어 있다. 이 점은 나중에 다시 설명하겠다. 이 클라우드 서비스에 가입하고 폴더를 만들어 분류하면 어디서든 자료를 확인할 수 있다. 동기화가 되어 있으면 시간이 절약되고 빨리 찾을 수 있다. 이메일 확인 시에 첨부된 파일을 내가 분류한 폴더로 바로 이동시키면 된다.

디테일 사전 준비물

1. 나만을 위한 펜

하나는 내가 메모하기 좋은 펜과 또 하나는 중요한 사인을 받는 펜이다. 난 메모하기 좋은 펜으로 얇은 펜을 사용한다. 그래야 빠르게 좁은 공간에 작은 글씨로 많은 정보를 기록할 수 있어 좋다. 0.7mm 이하를 추천한다.

두 번째 펜은 상담 시에 사용하는 펜이다. 고객 정보를 받거나 계약서를 작성할 때 사용한다. 구매 과정 중 서명을 하는 건 즐거운 경험이 된다. 사인은 소중한 인연의 시작을 말한다. 그러니 꼭 '좋은 펜'을 하나 구입하자.

2. 작은 메모장

크기는 손바닥만 한 것이 좋다. 중요한 것만 메모하고 필요에 따라 옷에 넣을 수 있으면 좋다. 메모는 놓치는 정보를 줄여주고 시간이 지나 다시 보면 정말 많은 도움을 준다. 내가 쓰는 메모장은 겉표지에는 가죽 등으로 외부가 감싸져 있고 뒤에는 명함이 들어간다. 그리고 속지를 교환할 수 있는 메모장이다. 나의 메모장은 OROM 제품을 사용한다. 앞에는 이니셜이 있어 쉽게 찾을 수 있다.

메모장의 목적은 상담 중 기록하는 모습은 고객에게 신뢰를 보여주고 이야기를 경청하게 도와준다. 그리고 주의할 것은 신뢰가 생기기 전 개인 정보를 취조하듯 물어보며 메모하는 건 피하라. 특별한 정보가 필요한 상황에서는 메모 전 고객에게 "잠시 메모 좀 하겠습니다"라고 양해를 구하는 것이 좋다.

3. 노트북

최신형 노트북 구입을 권장한다. 교육과 나를 위한 투자에는 아끼지 말자. 노트북은 좋은 제품을 사는 것이 오래 사용하고 비용을 절약하는 방법이다. 화면의 크기는 작은 것보다 큰 사이즈 15인치를 권장한다. 생각보다 노트북 앞에서 일하는 시간이 많을 것이다. 그리고 상담 시 견적을 직접 뽑거나 한다면 꼭 오른쪽에 숫자판이 포함되어 있는 노트북을 추천한다. 그래야 빠르게 숫자를 입력하고 계산과 견적이 가능하기 때문이다.

만약 화면이 작고 키패드가 없으면 블루투스 키보드와 듀얼 모니터 사용하는 것을 권장한다. 그리고 여유가 있다면 2개의 컴퓨터를 사용하자. 사무실에서 사용하는 것과 이동 시에 사용하는 가벼운 노트북으로 나누어 쓰면 활용도가 높아진다.

4. 태블릿PC

태블릿PC는 삼성 제품도 있지만 아직까지 사용하기에는 아이패드가 가장 좋은 것 같다. 10인치 프로 제품 사용을 권장한다. 아이패드는 수많은 종이와 정보를 쉽게 저장하고 보여줄 수 있다. 아이패드의 사용이 어려울 수 있으나 디테일한 사용방법은 차차 이야기하겠다. 우선 구형이라도 좋으니 아이패드가 있어야 할 것이다. 아이패드는 쉽게 영상 정보 전달이 가능해서 좋다.

5. 계산기

계산기는 기본적인 필수품이다. 작은 것보다는 적당한 크기와 오래 쓸 수 있는 좋은 계산기를 추천한다. 계산기로 % 계산을 연습해야 한다. 가격의 몇 %면 어떻게 하는지 알아야 상담이 원활하다.

> **따라 하기** 8,000만 원에서 2%를 할인할 때 8000×2%를 누르면 160만 원이 바로 나온다. 8,000-160=7,840만 원이 된다. 또는 8,000×98%를 바로 계산해도 된다. 부가세가 있는 경우 제외한 금액의 %로 계산할 때 8,000/1.1×2%를 하면 145만 원이 나온다. 할인에 대한 계산은 정확하고 빠르게 할 수 있을 때까지 편한 방법으로 연습해라.

6. 서류가방

서류와 컴퓨터 등 외부 영업 시 필요한 것이 들어가는 사이즈로 구입한다. 무거운 가죽보다 가벼운 제품을 찾아야 한다. 그래야 편하다.

7. 그 외 상황에 대비한 준비물

휴대전화 충전 케이블, 충전 어댑터, 외장 배터리, 명함 지갑, 명함, 비상용 지갑과 5만 원 정도의 현금, 마스크, 볼펜, 물티슈, 책을 준비하면 특수한 상황에 빛을 발한다.

의복 준비

의복은 과거부터 계급을 나타내는 양식이었다. 지금도 물론이다. 영업과 세일즈를 한다면 가장 좋은 것이 필요하다. 능력에 맞게 조금씩 올려가면서 준비하는 것을 추천한다. 첫 번째 클래식한 맞춤 정장이다. 나에게 맞는 나만을 위한 정장을 맞춰 입는다면 자신감이 생길 것이다. 원단이 좋을 것을 추천한다. 상의를 입고 차를 운전하지 않는다. 정장 주머니는 상의 안쪽만 사용하는 것이 좋다.

그리고 셔츠는 맞춤 셔츠로 준비한다. 화이트, 블루 위주로 준비하면 좋다. 주머니는 하나 정도 있으면 좋다. 셔츠는 목둘레의 깃이 두껍고 약간 높게 맞추는 것을 추천한다. 다음은 넥타이다. 넥타이는 폭이 넓은 것을 준비하며 클래식한 것이 좋다. 실크, 솔리드 컬러, 도트 무늬 등이 좋고 기본적으로 네이비 및 블루 계열을 먼저 준비한다.

벨트는 블랙을 먼저 구입하고 여유가 생기면 브라운도 구입하기를 바란다. 브라운 벨트는 브라운 구두와의 조합 시에 필요하다. 구두는 끈이 있는 것을 추천하며 바닥이 가죽인 것을 추천한다. 가죽 밑창은 관리가 필요하므로 바닥에 미끄럼방지 처리를 하고 신어야 오래간다. 그리고 구두를 두 켤레로 준비해서 외부에서 신는 구두와 상담 시 실내에서 신는 구두로 나누어 신으면 항상 새것 같은 구두의 모습을 유지할 수 있다.

완벽한 첫인상을 만드는 것처럼 완벽한 상담을 위한 디테일한 준비물과 정보관리는 매우 중요하다. 이제 우리는 움직이는 제품의 카탈로그가 되어야 한다. 고객이 하는 질문에 무엇이든지 빠르게 찾아 해답을 줄 수 있다면 준비가 된 것이다.

04 나만의 로고를 만들어보자
| 명품 브랜드의 신뢰

PART 01에서 나를 브랜드화해야 한다는 주제를 다뤘다. 이번에는 나를 브랜드화하기 위한 실전 연습을 해보자. 우리가 신뢰하는 브랜드가 있다. 제품을 보면 브랜드와 브랜드 로고가 있다. 눈에 자주 보이면 신뢰도가 높아지기 때문에 많은 회사에서 브랜드 마케팅에 큰 비용을 투자하고 있다. 소비자가 브랜드를 선택하는 것은 가치를 믿기 때문이다. 그래서 모든 회사는 브랜드 인지도를 올리기 위해 노력한다. 그래야 지속적인 판매로 이윤을 만들어낼 수 있기 때문이다.

작은 브랜드가 명품이 된다는 각오로 나를 브랜드화해보자. 그리고 나만의 브랜드 철학을 만들고 지켜가야 한다. 나만의 브랜드 철학과 비전을 글로 적어보자. 당신의 브랜드가 무엇을 제공하는지 브랜드 이름을 정해보고 설정할 차례다.

브랜드를 만들기 위해 나를 먼저 생각하고 나를 표현할 수 있는 심볼을 글자와 이미지 등을 활용해서 만들어보자. 초보가 가장 하기 쉬운 방법은 텍스트 로고다. 영어를 기반으로 심플하게 만들면 시간이 지나도 유행을 타지 않는다. 폰트에도 저작권이 있으니 잘 확인해보고 사용이 오픈되어 있는 것을 쓴다. 그리고 글씨로 브랜드명을 만들면 나중에 컬러를 변경해서 사용할 수 있어 활용도가 높아진다.

우리 주위에 여러 브랜드 로고를 보고 벤치마킹해보는 것도 좋은 방법이다. 어떤 로고는 글자로만 단순하게 만들어진 것, 필기체, 그림, 사진, 형상 등 로고의 모양은 정말 다양하다. 나 자신을 먼저 생각해서 나를 표현하는 주제를 정하고 만들자.

나는 세례명 '파울로'를 브랜드 이름으로 정했다. 그리고 내 서명을 아이패드에 쓰고 그것을 이미지 본떠서 만들었다. 아래에는 회사 브랜드명과 내 브랜드명을 같이 넣어서 완성했다 요즘은 좋은 앱들이 많아서 쉽고 간단하게 만들 수 있다. 유튜브에서 '로고 만들기', '브랜드 만들기'로 검색해보면 다양한 방법이 있으니 꼭 따라 해보자. 이 부분에서 어떤 사람은 실천하고 어떤 사람은 안 할 것이다. 성공은 실천에 따라 달라지니 바로 실천하자.

따라하기 나만의 로고 디자인을 만든다. 돈을 써서 디자인하든 다른 브랜드의 로고를 변형하든, 텍스트로 만들든 하나를 완성하자. 그다음 그것을 바탕으로 로고의 종류를 몇 가지 더 늘린다. 먼저 컬러는 흑백, 그레이, 화이트 3가지로 준비해야 이미지 컬러에 따라 넣을 수 있다. 블랙 이미지에는 블랙 로고가 안 보이니 최소 3가지를 더 만든다면 레드와 블루를 추가하면 좋다. 로고 모양에 따라 세로형과 가로형도 함께 만들면 좋다. 그리고 글자만 보이는 로고와 테두리가 있는 로고를 추가한다. 원형, 사각형 등이 좋다. 당신의 회사 로고 디자인을 보며 비슷하게 종류를 만들면 좋다.

나는 아이패드로 로고를 손으로 그리고 포토샵을 사용했다. 이미지 파일의 종류를 JPEG와 투명 파일인 PNG 파일도 꼭 함께 만들어야 한다. PNG 파일은 배경이 없어서 이미지광고나 영상광고에도 잘 활용할 수 있어 좋다. 투명 파일 만드는 법도 유튜브를 보면서 도전해보자. 내가 사진을 편집할 때 쓰는 앱은 아이폰용이며 'Pixlr'를 가장 많이 쓴다. 사진에 간단한 텍스트와 만들어 놓은 로고를 넣거나 모자이크 등 간단하게 편집이 된다. 'iWatermark' 이미지에 저장한 여러 가지 워터마크를 쉽게 넣을 수 있다.

이렇게 만들어진 로고가 있다면 로고 아래쪽에는 당신이 판매하는 회사 브랜드명과 당신의 브랜드명을 함께 넣는다. 그래야 무슨 일을 하는지 알 수 있다. 나는 '○○ PAULO.'라는 이름을 사용한다. 나만의 로고가 완성이 되었다면 세일즈하는 모든 활동에 로고를 넣어라. 프로필, 인스타, 유튜브, 홍보용 전단 등에 자신 있게 넣어라.

식당에 가면 휴지부터, 수저와 젓가락이 종이에 포장되어 있고 예쁜 로고가 찍혀있는 것을 많이 봤을 것이다. 비용은 들겠지만 위생적으로도 깨끗하고 신뢰가 간다. 이것처럼 당신이 하는 세일즈 활동 하나하나에 나의 브랜드를 넣어 차별화하자.

로고 스탬프 만들기

로고를 만들었다면 최대한 활용해보자. 스탬프 제작은 보통 도장 또는 광고 인쇄소에서 만들 수 있다. 인터넷에 '스탬프 만들기'로 검색하면 된다. 나만의 브랜드 로고로 사각형 또는 원형으로 주문하고 하나는 명함처럼 회사명, 이름, 주소, 전화번호가 함께 나오게 제작한다. 사용 용도는 로고 스탬프는 무지 쇼핑백이나 종이에 사용해보자. 또는 택배를 보낼 때 택배 상자도 가능하다. 두 번째 명함 정보 스탬프는 DM 우편을 보낼 때 보내는 주소란에 찍을 수 있다. 스탬프를 만들어 놓으면 여러 장 보낼 때 시간을 아낄 수 있다.

로고 스티커 주문하기

로고를 스티커로 주문해보자. 그리고 명함 스티커도 함께 주문한다. 인터넷으로 쉽게 주문 이 가능하다. 크기와 재질 등을 고르고 주문한다, 도착한 로고 스티커는 다양한 곳에 사용된다. 스티커는 컬러이기 때문에 비닐이나 편지 봉투의 중간, 쇼핑백 등에 코팅된 부분에 잘 붙기 때문에 어디든 사용할 수 있다. 그리고 선물 포장할 때 사용하면 매우 좋다.

나는 차량 등록증 케이스에 명함 스티커와 로고 스티커를 붙여 놓는다. 그리고 사은품과 선물을 줄 때나 편지를 보낼 때도 내 로고를 붙여 전달한다.

유튜브 영상에 로고 넣기

유튜브에 채널을 만들어 홍보를 해보자. 간단하게 하는 방법을 소개하자면 영상은 휴대폰으로만 찍는다. 편집 앱도 많으나 처음에는 그냥 올리자. 세일즈에 도움이 되는 소재로 고객이 자주 질문하는 궁금한 점에 대한 답변을 짧게 올려보자. 1분 정도 영상이면 좋다. 정말 멋지게 편집할 필요는 없다. 질문에 대한 답이면 된다. 고객이 궁금한 점은 다른 사람도 비슷하게 궁금해한다.

이렇게 질문에 대한 답을 영상으로 올렸다면 다음에 똑같은 질문을 한 고객에게는 유튜브 영상 링크를 보내줘라. 질문과 사용법 등을 모아 재생목록에 정리하면 방문한 고객이 필요한 다른 정보도 쉽게 찾을 수 있을 것이다. 그리고 유튜브 프로필 사진과 이름을 로고와 브랜드명으로 바꾼다. 그리고 유튜브 설정에 영상에 로고를 넣는 기능을 활용하면 만든 영상 오른쪽 아래에 로고가 자동으로 넣어진다.

영상편집을 직접 할 수 있다면 PNG 파일을 추가해서 넣으면 방송국 로고처럼 깔끔하게 나온다. 작은 부분이지만 당신의 전문성에 신뢰가 높아진다. 이렇게 영상을 업로드하면 고객 상담할 때 영상을 하나씩 보여줘라. 사용법이나 궁금하신 점들 영상으로 도와드리고 있다고 말해라. 그러면 당신에 대한 호감도가 더 높아질 것이다.

나만의 굿즈 제작

브랜드 로고와 개인 로고를 함께 콜라보한 판촉물도 만들어 볼 수 있다. 세일즈하는 상품마다 판촉물이 다르다 보니 기존에 만들어 봤던 판촉물에 로고를 넣어서 만들어 볼 수도 있을 것이다. 티셔츠나 모자를 슬리퍼, 머그컵 같은 나만의 굿즈를 만들어봐도 좋다.

나는 상담할 때 내 로고를 많이 노출한다. 컴퓨터와 아이패드에서 뒤에는 로고 스티커가 붙어있다. 그리고 상담 시에 고객에게 제공하는 프린트된 자료에도 로고가 들어가 있다. 내가 보여주는 영상 설명에도 로고가 들어간다. 상담하면 나를 먼저 소개하고 내 브랜드에 대해서 이렇게 설명을 한다.

"○○은 최고의 브랜드입니다. 저 역시 최고의 고객님께 최고의 영업사원으로서 도움을 드립니다. ○○이 브랜드이듯이 ○○ 파울로는 저만의 서비스 브랜드입니다. 제가 드리는 서비스와 모든 자료는 직접 만들고 저의 시그니처가 들어갑니다. 믿음과 신뢰를 약속드리며 확실하게 도와드립니다"라고 나를 소개한다.

모두가 열심히 일한다고 말한다. 하지만 과정에서 아주 작은 차이가 결과적으로 큰 차이를 만드는 것처럼 이 책을 읽는 독자분들은 조금 더 차이를 만들어보자. 나의 세일즈를 명품으로 만들자. 내 브랜드 로고를 만들어 많은 곳에 보이게 하자. 나를 알리고 진짜 내 브랜드 가치에 맞게 행동하고 실천하고 보여줘라. 실천이 최고의 힘이다.

05 고객의 재정능력을
마음대로 과소평가하지 마라
| 주의사항

    어느 날 전시장 앞으로 오래된 트럭 한 대가 들어왔다. 허름한 작업복 옷차림에 나이가 좀 있는 고객이 들어오셨다. 나는 정성을 다해 상담을 도와드렸다. 고객은 다른 브랜드 전시장을 다녀왔는데 안 살 것처럼 보여서 그런지 응대가 불쾌해서 그냥 나왔다고 말하셨다. 여기는 친절하게 상담해주니 고맙다고 하며 바로 계약하고 가셨다. 알고 보니 그 고객님은 식자재 유통업을 하는 대표님이었다.

    영업사원은 고객을 만나면 본능적으로 외적인 모습을 보고 마음대로 판단을 한다. 마음속으로 저분은 안 살 사람이라고 단정짓는 것이다. 내가 알려주고 싶은 것은 당연히 외적인 것도 영향이 있겠지만 고객의 생각을 먼저 봐야 한다는 것이다. 대화해보면 그분의 자신감을 표정과 목소리로 알 수 있고 질문을 하면 구체적인 정보를 준다. 이것을 바탕으로 구매력을 예측해야 한다. 만약 이 상황이 전화 상담이었다면 이전에 고객이 방문한 매장에서도 아마 기회를 잡을 수도 있었을 것이다.

모든 사람이 옷을 깨끗하게 잘 입고 다니지 않는다. 옷에 관심이 없는 현금 부자들도 많고, 일하다 방문하는 분들도 있다. 건설업에 종사하는 분들도 작업 중에 들러주시는 경우도 있고 시골에서 오신 땅 부자 고객들도 있다. 그리고 내가 만나왔던 계약하신 고객은 평균적으로 평범한 옷차림을 하고 있다. 반대로 화려한 옷차림의 고객들과 계약될 확률은 그보다 적었다.

그리고 정말 좋은 명품으로 입고 오시는 분들은 이미 많은 경쟁자들이 주변에 있는 경우가 많았다. 이런 경우에는 당신의 특별함을 보여야 기회를 잡을 수 있을 것이다.

어느 날 부부 고객이 바쁘게 전시장을 찾아주셨다. 무엇을 원하는지 모를 정도로 빠른 속도로 질문을 주셨다. 성격도 급하시고 궁금하신 것도 많았다. 질문의 양과 말의 속도가 빠르다는 것은 좋은 의미다. 모델의 가격을 이야기하면 고객은 이렇게 말했다. "돈이 없어요", "너무 비싸요", "우리는 돈이 없으니 비싼 거 말고 가장 싼 거 보여주세요"라고 말했다. 그러면서 더 좋은 모델을 권하면 관심을 보였다. 고객은 상당히 유쾌하셨다. 돈이 없다는 고객의 말은 나에게 농담처럼 들렸다. 그리고 빠르게 계약을 하고 가셨다.

이번 상담은 고객의 말만 듣고 고객을 판단하면 안 되는 경우다. 고객은 사고 싶어서 방문한 것이다. 돈이 없다고 한 이유는 돈이 있다는 반대의 신호였다. 고객의 눈을 봐라. 눈이 어디를 향하는지를 보면 된다. 그리고 좋은 제품을 보여줘라. 판단은 고객이 하는 것이다.

그분은 고성능 모델을 계약하셨는데 지금 전원주택을 짓고 있어 돈이 없는 상황이라고 하셨다. 맞다. 지금은 돈이 없다. 하지만 곧 준공후 세입자가 입주하면 큰돈이 들어온다고 했다.

어떤 고객에게 직업을 물었을 때, "백수요", "대리운전해요"라고 농담처럼 답을 한다면 능력이 있다는 신호다. 낮에 방문한다면 시간의 여유까지 있다는 것이다. 낮에 전화가 잘 되는 것도 여유가 있다고 보면 좋다. 시간이 많은 고객 중 임대업을 하시는 분들이 많았다. 이렇게 없다고 말하면 반대로 생각해도 좋다. 그리고 많이 있다고 포장하거나 자랑을 한다면 진짜인지 가짜인지 느낌으로 판단해라.

오히려 돈이 많다고 자랑하는 경우 오히려 반대의 상황이 많았다. 자랑하기 위해 포장을 하듯 친척, 친구 이야기를 꺼내며 자신을 동일시 하는 경우나 가격을 말했을 때 간단하게 "가격이 괜찮네" 하고 넘어가는 경우는 빠르게 판단해서 시간을 절약하는 것이 좋다.

몸이 조금 불편하신 고객과의 상담 사례다. 우리는 장애를 갖고 있는 사람을 보면 어떤 판단을 하는지 생각해보자. 능력을 낮게 평가하는 선입견이 있을 수도 있다. 그날 만난 고객은 한쪽 다리가 걷기에 불편하셨는데 가족과 함께 와서 상담을 받았다. 처음엔 일반 모델을 보다가 좋은 모델을 권해드렸는데 최종 결정은 높은 플래그십 모델로 결정했다. 알고 보니 경제적으로 이미 크게 성공한 분이셨다.

아직까지 무슨 일을 하시는지 정확하게 잘 모르지만 불편함을 극복하고 노력해서 높은 자리에 계셨고 직함은 대표님이었다. 옷을 화려하게 입거나 자랑하지 않으셨다. 하지만 대단히 집중력이 높으셨고 내 눈을 많이 보셨던 기억이 난다. 나중에 다시 만났을 때는 다른 차에 운전기사까지 있으셨다.

내가 알게 된 대표님의 장점은 사람을 판단하는 능력이 정말 뛰어나다는 것이다. 그래서 주변에 좋은 사람들이 많았다. 자신의 한계를 뛰어넘는 인생을 보여주었기에 그분이 더 존경스러웠다. 이렇게 외면보다 내면이 더 아름다운 경우를 많이 봤다.

우리는 프로 세일즈맨이 되어야 한다. 그러므로 먼저 마음과 생각을 보는 상담을 하자. 모든 고객은 세일즈하는 우리를 판단하고 있다. 우리보다 나이가 더 많다면 우리를 더 빠르게 판단할 수도 있다. 그러니 우리는 언제나 진심으로 고객을 맞이해야 한다.

가치를 보고 구매한다

고객은 가치를 보고 구매 결정을 한다. 가격이 싸면 살 것이라는 생각으로 접근하면 안 된다. 가격은 높은 상품이나 서비스에서 가격이 아닌 가치를 보고 판단하는 사람은 여유가 있는 사람이다. 그러니 가치를 보는지 가격을 보는지 우리는 빠르게 알아내야 한다. 가치를 보는 고객에게는 좋은 것을 먼저 권해야 한다. 그리고 그 가치를 충분히 설명해야 한다. 가치를 보기 때문에 불필요한 것에는 돈을 쓰지 않을 것이고, 필요하다면 가격에 상관없이 구입할 것이다.

처음의 가격보다 2배나 높은 상품을 구입하는 경우도 많다. 그러니 자신의 기준으로 먼저 판단하면 안 된다. 그리고 꼭 좋은 제품도 보여쥐라. 이런 제품도 있다고 소개해보자. 그렇게 조율하다 보면 고객이 원하는 가치와 비교되어 선택이 빨라진다. 가격만을 보는 고객을 만난다면 할인 혜택을 먼저 말하지 말고 가치를 충분히 설명한 후에 가격을 나중에 제시해보자. 그만큼 기대감이 올라가 좋은 결과를 만든다.

고객의 경험이 중요하다

고객이 결정을 못 하는 경우가 있다. 그건 확신이 없기 때문일 것이다. 정보가 부족한 경우거나 이해가 안 되었을 수도 있고 결정이 느린 성향일 수도 있다. 또 자신이 어떤 것을 좋아하는지 잘 모르는 경우도 많다. 이럴 때는 우리가 전문가로서 도와줘야 한다. 과거의 구매 경험에 대해 질문하라. 그렇게 얻은 정보를 바탕으로 상담해보자.

재정능력이 없어서 결정을 못 한다고 판단하지 말자. 아직 잘 모르고 처음이기 때문에 이런 경우는 속도를 맞춰 상담하고 과거 경험 대비 조금 올라간 가격대의 상품을 소개하는 게 좋다. 과거의 구매 경험과 차이가 크다면 부담으로 다가온다. 구매 경험이 많은 고객이라면 상담 속도를 올리고 고객에게 즐거움을 줄 수 있는 더 좋은 제품을 권해라. 우리의 고객은 마음만 먹으면 살 수 있다.

구매 한도 확인

직장인 고객의 경우는 가격 한도를 정해놓는 경우도 있다. 이런 경우는 꼭 질문을 해서 최대로 어느 정도의 예산을 생각하는지 물어보자. 그래야 시간을 아낀다. 이것저것 다 보여주다 상담 시간이 길어지고 집중력이 떨어진다. 구매 한도 질문은 소개 인사 후 신뢰가 조금 만들어진 다음에 하자. 그래야 정확한 진심을 말해준다. 갑자기 질문한다면 잘못된 정보를 주기도 한다.

"혹시 구매 시기나 한도는 어느 정도 보시나요?"라고 묻고 고객이 말한 한도보다 한두 단계 높여 모델을 권하고 나서 그 가격대 하위 모델까지 설명해라. 한도가 전혀 상관없다고 말하는 고객은 한번 확인해 보는 것이 좋다. 반면 구체적인 정보를 준다면 서로 신뢰가 생겼다고 생각하고 원하는 가격대 상품 중 3가지 정도를 권한다.

세일즈맨은 많은 상담을 해야 경험이 쌓인다. 그래야 진실을 보는 눈이 좋아진다. 시간은 오래 걸릴 것이다. 내가 말한 내용을 당신에 세일즈에 적용한다면 효율적인 상담과 시간과 에너지를 아끼는 데 도움이 될 것이다. 시간이 돈이라고 강조한 것처럼 우리는 시간을 효율적으로 써야 한다. 그러기에 상담 시에도 고객을 빠르고 정확하게 판단해야 한다.

그것을 외적인 요소에 기준을 두지 말고 대화를 하고 이야기를 나누면서 그 사람의 생각과 경험을 질문으로 알아내자. 질문에 답이 있으며 우리는 그것을 바탕으로 좋은 제품을 소개하고 가치를 알려야 한다. 우리는 고객에서 시간을 절약해주고 좋은 제품을 쓸 수 있도록 도와주는 세일즈맨이다.

우리 마음속에 내가 만나는 고객은 최고의 고객이라고 생각하고 상상하자. 상상의 힘은 우리에게 우리가 원하는 고객을 만나게 해줄 것이다. 마음속으로 저 사람은 돈이 없어 보이니 안 살 거라고 판단한다면 당신의 상상이 그런 고객을 만나게 해줄 것이다.

우리가 만나는 고객을 과소평가하지 말자. 돈은 없어서가 아니라 가치를 모르기 때문에 결정을 안 하는 것뿐이다. 우리가 가치를 알리고 최고의 상품임을 보여줘라.

MEMO

06 신뢰가 형성된 후 진심으로 영업하라
| 마음의 연결

　길을 걷다 보면 전단지로 홍보하는 사람을 종종 만난다. 새롭게 오픈한 식당이나 개인 피트니스센터 등이다. 보통 지하철역이나 건널목에서 많이 나누어주는데 전단지를 받는 사람도 있고 나 같이 안 받는 사람도 있다. 나에게 주면 그것은 바로 쓰레기통으로 가기 때문에 안 받는다. 필요 없는 것을 일방적으로 주면 피하게 된다. 광고 전화도 마찬가지다. 중요한 내용처럼 설명한 다음 알고 보면 필요 없는 전화인 경우나 전화 받자마자 자신이 상품만 계속 설명하는 경우가 그렇다.

　우리가 영업할 때도 너무 자주 전화하거나 일방적으로 계속 연락하면 스팸으로 분류되니 조심하자. 먼저 고객에게 우리 상품에 관심이 있는지부터 파악하고 영업을 해야 한다. 자동차나 물건처럼 직접 볼 수 있는 상품을 판매한다면 관심 있는 고객이 찾아오거나 연락을 할 것이다. 이렇게 관심이 있는 고객에게 먼저 세일즈를 해야 한다. 눈에 보이지 않는 서비스라면 질문하거나 관심 있는 고객이 나를 찾을 수 있도록 홍보활동을 해야 한다.

처음 전화나 내방 상담을 하게 되었을 때 고객과 나는 처음 보는 관계가 된다. 서로에 대해서도 모르고 제품도 모르니 처음부터 마음을 여는 고객은 많지 않다. 이런 상황에서 영업사원은 제품에 대해 설명을 하고 고객에게 구매 여부를 물어보게 된다. 이것이 보통 세일즈의 과정일 것이다.

일반적인 세일즈 순서는 이렇다. [고객 맞이 → 명함 인사 → 니즈 파악 → 상품설명 → 특장점 설명 → 시승 → 견적 안내 → 배웅] 이런 과정으로 영업을 배웠다. 나도 영업을 시작한 지 몇 년간은 제품 위주의 설명을 추구했다. 이런 나의 열정 때문에 계약한 고객도 많았다. 그런데 제품 정보를 잘 몰라도 계약을 잘하는 영원사원도 분명히 있다. 이처럼 세일즈에는 정답은 없다. 저마다 상품을 판매하는 자신만의 방법과 장점을 잘 살려야 한다.

내가 잘하는 것이 있다면 못하는 것도 연습해야 한다. 분명한 사실은 제품 정보도 잘 알고 신뢰 형성도 잘한다면 최고의 세일즈맨으로 거듭날 수 있다. 고객의 첫인사와 첫 만남에서 최고의 모습을 만들고 자기소개를 해보자. 상담의 시작은 유쾌할수록 유리하다. 그리고 간단히 "네"라는 대답을 많이 나오게 질문하며 상담을 시작해야 한다. 첫인사 과정에서 빠르게 고객을 파악해보고, 적극적인지 소극적인지에 따라 속도를 조절해보자.

천천히 편안하게 둘러보고 싶은 고객도 있을 것이다. 이런 고객에게는 여유를 주고 뒤로 물러서라. 고객마다 속도가 모두 다르기 때문에 지켜보자. 꼼꼼하게 보는 사람도 있고 빨리 결정하는 고객까지 다양하다. 신뢰가 튼튼하게 만들어지기 전까지는 고객과 속도를 맞추어 설명하는 것이 중요하다.

　나는 TV를 구입하기 위해 매장을 방문해서 제품을 비교했다. 질문도 하고 설명도 듣고 했는데 거기서 구매하진 않았다. 너무 일반적인 응대였고 정보를 찾는 데도 시간이 오래 걸렸다. 나는 돌아와서 인터넷으로 모델을 찾아보고 다른 곳에서 구입했다. 상품 설명만 듣고는 여기서 꼭 사야 한다는 생각이 들지 않았다. 나 역시 서로의 신뢰가 생기는 상담이어야 구매로 이어진다.

　우리의 세일즈에서도 이런 경우가 많을 것이다. 무엇인가 고객과 연결되지 않는 느낌으로 서로 어색하기만 상황들 말이다. 내 말을 잘 안 들어주는 고객, 소극적이고 상담한 지 얼마 안 되어 빨리 나가려는 고객을 만나면 힘이 빠진다. 이것은 서로에게 시간 낭비일 뿐이다. 반대로 정말 열정적으로 상담을 하고 계약이 되는 경우도 있다. 이렇게 나와 맞는 고객들이 있다. 신뢰도 빨리 생기고 마음도 잘 통하는 고객을 만나게 되면 판매가 쉽다.

　하지만 매번 나와 맞는 고객을 만난다는 보장이 없다. 안 맞는 고객을 만나게 되면 기회가 줄어든다. 어떻게 하면 이런 고객들까지 내 고객으로 만들 수 있을까? 만약 모든 고객에게 신뢰를 얻을 수 있다면 세일즈 능력은 두 배가 될 것이다.

신뢰 형성 전

인사를 하고 가볍고 편안하게 다가간다. 가벼운 인사로는 날씨 이야기가 좋다. 눈에 보는 질문으로 시작하라. "오늘 날씨가 좋네요! 두 분이 오셨네요?"처럼 편안한 질문이 좋다. 고객은 처음 방문인 경우 심리적으로 부담을 느낀다고 한다. 영업사원 대한 경계심도 있을 수 있을 것이다. 나도 혼자 살펴보고 싶은데 영업사원이 너무 가까이 있으면 부담된다.

고객에 따라 상황은 다르겠지만 질문으로 상담을 바로 시작할지 둘러본 후 할지를 정하자. 적극적이고 유쾌한 고객이라면 편안하게 리드해도 좋다. 자기소개도 하고 어떤 것을 원하는지 조금씩 질문을 늘려가도 좋다. 고객이 먼저 질문하도록 기다리는 것도 좋다. 처음부터 많은 정보를 주기보다 동선을 이동해가며 중요한 이야기를 나눌 때까지 서로가 가까워지도록 노력해야 한다.

그런 후 "자세하게 상담을 도와드릴게요" 하면서 자리를 이동해서 본격적인 '신뢰 만들기'를 시작한다. 상담실이나 테이블 자리에 앉아서 자신을 소개하는 시간을 가져라. "저를 먼저 소개해 드리겠습니다"라고 말한 후 이름과 나이, 일하고 있는 이유와 목적을 알린다. 어떤 도움을 줄 수 있는지도 상세히 알려야 한다. 이렇게 자신만의 신뢰를 만들 수 있는 인사를 해야 한다. 말이 아닌 자료와 사진을 함께 보여가며 소개해야 신뢰가 빨리 만들어진다.

어떤 것이라도 자신을 알릴 수 있는 자료를 모아라. 그리고 명찰은 꼭 착용해야 한다. 내 소개를 지루하지 않게 스토리까지 넣어서 한다면 처음 만났어도 오래 알고 지낸 것처럼 친근하게 느낄 수 있다.

그리고 조금은 조용하고 소극적인 고객이라면 편하게 둘러보게 한 후 어느 정도 시간이 되면 "자세하게 상담을 도와드릴까요?"라고 물어본다. 그다음 본격적인 상담을 준비하면 된다. 그리고 자기소개 신뢰 만들기 시간을 갖는다. 자기소개를 안 하고 상담을 하는 것과 그냥 하는 것은 차이가 크다. 제품을 알게 되는 것은 하나이지만 사람인 나를 알리는 것은 상품이 아닌 '인연'이라고 느끼기 때문이다.

제품 위주로만 상담을 한다면 길게 하던 짧게 하던 상담이 끝나고 돌아가면 영업사원을 오래 기억하지 못한다. 이렇게 되면 에너지도 낭비, 시간도 낭비다. 열심히 설명하며 고생했지만 결국 다른 데서 구입하는 경우가 많다. 그 이유는 신뢰를 만들어 놓지 않았기 때문이다.

신뢰 형성 후

상담을 하다 보면 나를 믿고 있다는 고객의 반응을 느낄 수 있다. 내가 전문가라는 것을 인지하고 내 말에 귀를 기울인다. 내가 작게 이야기하면 더 가까이 온다. 그리고 눈을 똑바로 쳐다본다. 나에게 집중되어 있는 것을 느낌으로 알 수 있다. 나를 믿고 신뢰한다면 그때부터 자신 있게 자유롭게 당신의 이야기를 하면 된다. 원하는 상품을 추천해도 좋고 이것을 선택하라고 조언해도 된다. 그리고 고객의 입장에서 최대한 도와라. 이것이 전부다.

신뢰가 만들어지면 고객이 자신의 이야기를 알아서 해준다. 이때는 질문을 많이 해오니 최대한 많은 정보를 얻고 도움을 주면 된다. 어떤 일을 하시는지도 좋고 성공스토리를 물어봐도 좋다. 고객이 이야기를 많이 말할수록 신뢰는 더 커진다. 서로의 신뢰가 쌓이면서 서로 도울 수 있는 상황이 된다. 세일즈맨은 솔직히 안내하고 최대한의 노력으로 도움을 주고 클로징을 만들어내야 한다. 클로징을 만들지 않으면 그것도 서로에게 낭비다.

처음의 NO는 설명이 더 필요하다는 뜻으로 생각해야 한다. 부족한 설명이 있는지 질문하고 다시 한번 도와드리고 권유하라. 당일 클로징이 안 되더라도 신뢰가 만들어진 고객은 다시 연락이 오고 구매를 결정한다.

영업을 하다 보면 몇 년 뒤에 다시 나를 찾는 경우도 있고, 기존 구매하신 고객이 지인을 소개해주시기도 한다. 이런 경우는 소개자의 신뢰가 이미 형성되어 있기 때문에 상담과 결정이 빠르게 진행된다. 그래서 소개 판매가 가장 매력적이다.

우리 가족이나 친구가 구매를 한다면 어떤가? 이미 신뢰가 있기 때문에 서로 돕고 좋은 결과를 만든다. 하지만 지인이라는 관계를 갖고 구매를 강요하거나 사달라고 부탁하는 건 신뢰를 깨는 행동이므로 하지 않길 바란다. 지인은 필요하면 당신을 도와줄 것이다. 그러니 지인 영업에 비중을 두지 마라. 고객의 신뢰가 형성된 후에는 당신의 말을 잘 들어줄 것이다. 최선을 다해 많은 정보를 주고, 준비한 것을 보여주며 꼼꼼하게 세일즈해라.

그리고 이렇게 리드해라. 하나하나 도와주는 것을 세부적으로 나누어 설명하라. 도움의 수가 많을수록 고객은 도움을 받고 있다고 믿는다. 당신이 하는 행동 모두가 고객을 돕고 있다고 인식시켜라. 이것이 핵심이다. 기본으로 당연히 받는 서비스와 추가 더 챙겨주는 서비스는 다르게 느낀다. 이렇게 연속적인 도움은 당신을 더 완벽히 믿고 신뢰를 튼튼하게 한다.

신뢰 만들기는 내 책에서 가장 중요한 장이다. 우리에게 신뢰 없이 상품을 강요하면 고객은 튕겨 나간다. 제품이 좋아도 영업사원이 마음에 들지 않으면 사지 않는다. 반면 제품은 조금 부족한데 영업사원이 정말 믿음직스럽고 많은 도움을 받았고 신뢰가 가면 사는 경우가 있다. 제품보다 당신을 먼저 알리고 신뢰를 얻어내라. 그리고 진심으로 영업하라.

MEMO

07 고객은 마지막을 기억한다
| 마지막 질문 각인

지금까지 본 영화의 줄거리를 기억하는가? 기억한다면 영화 한 편을 정하고 스토리가 어떤지 생각해보자. 내가 본 영화를 생각해보면 해피엔딩이나 새드엔딩 아니면 다음 편을 예고하는 장면이 기억이 난다. 이렇게 우리의 뇌는 마지막을 가장 많이 기억한다고 한다.

<올드보이>라는 영화 마지막 장면이 기억나는가? 최민식이 자신의 혀를 자르는 연기와 마지막 반전을 기억할 것이다. 이렇게 우리의 기억은 경험한 것들 중 마지막 순간의 기억을 오래 간직한다고 한다. 나는 오래 못 본 친구를 생각하면 마지막 모습과 그때의 감정이 생각난다. 그리고 오랜만에 다시 만나면 '마지막으로 본 게 그때였지?'라고 기억을 한다.

그렇다면 우리의 영업에서도 어떻게 적용하면 좋을까? 당신을 만난 고객들의 마지막 기억을 좋게 만들면 된다. 세일즈의 모든 과정이 안

중요한 게 없겠지만 좋은 기억을 남길 수 있는 질문과 대화로 변화를 만들어보자.

어느 상담에서 분위기도 좋고 대화도 잘 이어졌다. 그러나 그때 마침 기존 고객이 찾아와 상담이 끝나길 기다리게 되었다. 조급해진 영업사원은 상담을 빨리 마무리하고 배웅이나 인사를 못한 상황이다. 이런 경우 내가 고객이라고 생각해본다면 '나보다 더 중요한 고객이 찾아온 건가?' 그래도 너무 성의 없이 갔다고 생각했을 것이다. 이렇게 마지막을 만든다면 그전까지 열심히 설명한 것을 하나도 기억하지 못한다. 모두 잊히게 된다.

이런 경우에는 시간이 없다 하더라도 지금 고객을 우선하는 것이 좋다. 만약 미리 약속된 상담이 있다면 상담 전에 미리 양해를 구한다. "제가 몇 시부터는 약속된 일정이 있는데 그때까지 최선을 다해 상담을 도와드리겠습니다. 괜찮으시겠어요?" 하며 안내하면 된다. 마지막은 처음보다 오래 기억된다.

마지막 질문

한 달 전 상담한 고객이 다시 찾아왔다. 그때 상담은 약 한 시간 정도 상품에 대해 열심히 상담을 도와드렸는데 다시 만나면 똑같이 질문을 한다. 과연 고객은 무엇을 기억할까? 우리가 한 시간 상담했다면 그중 50%만 기억한다면 정말 잘한 것이다. 우리가 수업을 듣는다 해도 모두 기억하기는 힘들다. 그리고 시간이 지나면 지날수록 기억력은 낮아진다. 그렇기 때문에 기억에 남기 위해 노력해야 한다.

상담을 많은 경험으로 만들면 좋다. 체험하고 만지고 듣고 타보고

먹어보게 해야 한다. 그리고 마지막에는 상담을 도와준 당신에 대한 느낌을 기억해줄 것이다. 데이터나 수치는 기억하기 힘들지만 당신의 마지막 모습을 기억한다.

따라하기 자리에서 일어나기 전의 마무리 멘트를 준비한다. "오늘 상담은 이렇게 마무리하겠습니다. 궁금하신 점 더 있으신가요?" 마지막까지 놓치고 있는 것은 없는지 확인하고 고객과 함께 일어나면서 하는 대화다. "도움이 되셨나요?"라고 질문하라. 보통 "네. 정말 도움이 많이 되었어요. 감사합니다"라는 말을 듣게 될 것이다. 고객의 마지막 기억에 내가 많은 도움을 주었다고 기억하게 해야 한다. 이렇게 만들고 노력하는 게 이번 장의 핵심 포인트다. "어떤 점이 도움이 되었나요?", "어떤 점이 좋으셨나요?"라고 추가 질문으로 도움받은 좋은 점을 스스로 이야기하게 만들어보자. 본인이 말한 것은 더 많이 기억하게 된다.

매장 문을 열고 나갈 때는 "저를 만난 고객님들은 모두 저를 기억하고 나중에도 다시 찾아오십니다. 제 이름은 ○○○입니다. 제 이름을 기억해주세요!"라고 부탁한다. 그리고 "문자 하나 보내 드릴게요. 번호 꼭 저장해주세요"라고 요청한다. 이렇게 끝난 상담은 고객의 머릿속에 이렇게 기억될 것이다. [도움을 받았다 → 이런 점이 좋았다 → ○○○ 이름이었고 → 번호를 저장한다] 나를 만난 모든 고객의 마지막 기억을 좋게 만들어라. 감사하다는 말보다 도와준 것을 더 이야기하라. 그것을 기억해야 다시 찾아올 확률이 높아진다.

마지막 암시

오늘 계약은 안 되었지만, 며칠 이내 결정할 것 같은 고객에게는 암시적인 멘트를 해두면 좋다. 또한 재고가 없어서 상품을 기다려야 하는 상황이라면 아주 좋다. 문을 열고 함께 나가면서 하는 멘트다. 헤어지기 직전의 암시 멘트를 준비해보자. 별 것 아닌 것 같지만 상담 후 집에 돌아가서 자기 전에 사람은 오늘의 경험과 상품에 대해서 많은 생각을 하게 된다고 한다. 그때를 대비한 암시 멘트를 만들어보자. 도널드 J. 모인(Donald J. Moine)과 케너스 L. 로이드(Kenneth L. Lloyd)가 공저한 책 《최면 세일즈》에서 나온 예시를 인용했다.

 "고객님은 ○○하게 될 거예요, ○○ 생각이 나실 거예요"라고 '○○할 것이다'라는 미래형 암시를 하자.

"오늘 밤 침대에 누우시면 고객님은 ○○을 타고 사랑하는 사람들과 함께 드라이브를 즐기는 자신의 모습을 보시게 될 것입니다."

"침대에 누우시면 계속 생각나실 거예요."

"○○ 꿈꾸실 거예요."

"이 사운드를 잊을 수 없을 겁니다."

"생각만 해도 심장이 빨리 뛰게 될 것입니다."

"신나게 드라이브하는 고객님을 그려보게 될 것입니다."

"하루종일 이것을 생각하게 될 것입니다."

"오늘 이 경험은 마음속에 잊히지 않을 것입니다."

당신만의 상품과 연결해서 만들 수 있는 미래형 암시 멘트를 몇 개 만들어서 연습하라. 휴대전화 메모장에 저장해서 일하는 업종에 맞게 수정해보자.

나는 "오늘 밤 침대에 누우시면… ○○ 꿈꾸실 거예요"를 많이 사용한다. 유머 있게 말하면 좋다. 그래야 침대에 누워 자기 전에 당신의 상품을 생각할 것이다.

마지막 인사

고객에게 허리를 굽혀 배꼽 인사는 하지 말자. 고객은 가볍게 웃으면서 인사를 반복하는 자연스러운 모습을 더 좋아한다. 그리고 악수를 청한다면 받아준다. 악수는 좋은 의미로 생각하고 더 잘 챙겨드리면 된다. 차를 타고 나갈 때까지 봐준다면 정말 좋다. 아마 백미러로 배웅해주는 당신을 볼 것이다. 그리고 고객의 차가 지나갈 때 목례와 함께 양손을 흔들어라!

유쾌하게 웃으면서 손 인사를 하자! 마지막이 즐겁게 기억되려면 이 방법이 아주 좋다. 아이가 있다면 같이 더 많이 흔들어라! 밝게 인사한다고 당신을 싫어할 고객은 없기 때문이다.

마지막 문자

고객 정보를 받았다면 우리는 상담이 끝난 직후 바로 문자를 발송해야 한다. 번호를 저장하면서 주소록 아래 메모에는 고객 상담 내용을 꼭 기록해야 한다. 우리의 기억도 일주일만 지나면 잊어버린다. 고객 번호를 저장하는 방법과 메모 방법은 PART 04에서 자세하게 다룰 예정이다. 번호 저장 후 미리 준비해놓은 문자를 발송한다.

**따라
하기** 여기서 중요한 것은 '번호 저장 요청'이다. 그냥 이름과 명함
만 남기면 저장을 안 한다. 저장을 안 하고 시간이 지나면 당신
과 다시 연결되기가 힘들다. 예를 든다면 한번 저장된 대리운전 번호이다.
보통 한번 저장하면 특별하지 않으면 삭제를 잘 안 하게 된다. 만약 한 번
의 상담으로 우리의 번호를 저장한다면 시간이 지나 관심이 생겼을 때 다
시 찾아줄 수 있기에 중요한 내용이다. 문자 예시는 다음과 같다.

1줄. 안녕하세요. 도움이 되셨나요? (도움을 기억하게 하고)

2줄. 번호 저장 꼭 한번 부탁드릴게요 ^^ (다음 직접적인 행동을 요청한다.)

3줄. ○○브랜드 ○○전시장 이름 직함 (영업점과 이름의 정보를 쓰고)

4줄. 010-XXXX-XXXX (클릭 한 번에 저장할 수 있도록 번호를 넣는다.)

5줄. 주소를 쓰고 신주소(구주소), 큰 건물 옆 (구주소와 옆 건물까지 상세히 안내한다.)

6줄. 명함 사진을 함께 첨부해서 보낸다.

그리고 문자를 하나 보냈으면 카카오톡을 이어서 발송한다. 2가지
를 모두 사용하기 때문에 양쪽 모두 함께 보내야 좋다. 대신 내용은 조
금 변경한다. 카카오톡은 자료와 이미지를 강조할 수 있다. 미리 정리
한 상품정보, 링크 등의 자료와 함께 명함 대신 본인을 알리는 사진을
첨부한다. 시간이 지나면 당신의 얼굴을 잊어버릴 수 있다. 잊지 않도
록 사진을 한 장 보내놓아라. 자주 보면 정드는 것처럼 나의 모습을 드
러내라. 그런 모습은 고객에게 믿음을 주는 요소다.

1줄. 관심을 보인 상품정보와 사진 첨부

2줄. 회사 주소와 이름

3줄. 준비한 멘트

멘트 예시

좋은 인연의 향기는 사람을 매우 기분 좋게 만드는 것 같습니다. 고맙습니다.
I like you. 오늘 방문 감사합니다. 행복한 상담 시간이었습니다.

자신의 스타일에 맞게 좋은 문구들을 저장해서 사용하라.

고객은 마지막을 기억한다. 당신을 마지막을 멋지게 만들어라. 진심
으로 도와주고 고객의 기억 속에 '도움을 받았다'라고 남기는 것이 가
장 중요하다. 그리고 말한 대로 진정으로 도와야 한다. 당신에게 진심
으로 도움을 받았다면 당신을 다시 찾아온다.

08 어떻게 신뢰를
이끌어낼 것인가?
| 신뢰 : 믿고 의지함

앞에서 신뢰 형성 후에 자유로운 상담이 가능해진다고 설명했다. 그렇다면 신뢰가 우선되어야 하는데 어떻게 신뢰를 이끌어낼 것인가?

신뢰는 사전적으로 믿고 의지하는 것이다. 다른 사람이 하려는 모든 행동이 나에게 피해를 주지 않을 것이고 나를 도와줄 것이라는 기대와 믿음을 '신뢰'라고 한다. 우리가 가장 믿고 신뢰하는 사람은 바로 가족일 것이다. 하지만 가족이라고 해도 마음대로 행동을 하고 일방적으로 피해를 준다면 언젠가는 신뢰가 깨지고 만다. 서로 도와주고 협력하고 사랑해야 그 관계가 유지된다. 그리고 가족에게는 신뢰보다는 믿음과 사랑이 더 잘 어울리는 표현이다.

모두에게 좋게만 보이고 믿음을 주는 것은 불가능하다. 노력으로 신뢰가 쌓이는 경우도 많지만, 노력으로 안 되는 인간관계도 있다. 그러니 모두의 마음에 들기 위해 너무 애쓸 필요는 없다. 알아주기를 바라기보다는 나를 좋아하는 사람들을 위주로 더 챙기는 것을 권한다.

내가 생각하는 신뢰는 오랜 기간 서로를 도와주고 그 사람을 생각해준 기억들이 쌓여서 자연스럽게 만들어진 '믿음의 탑'이라고 생각한다. 높이도 다르고 모양도 다르지만, 그 기본은 "당신이 있어 행복합니다! 당신을 믿습니다! 당신의 편입니다! 당신이 좋습니다!"라고 말해주는 것 같다.

신뢰 관계는 하나의 행동으로 쉽게 깨지기도 한다. 특히 가족이 아닌 이상 학교 친구, 직장동료, 이성 친구 등 하나의 문제로 갈등이 생긴다면 서로가 다시 가까워지기는 힘들 수도 있다. 신뢰 관계가 한번 깨지면 믿음이 없어진다.

내가 28살 때 친한 형이 밀린 카드대금 때문에 급하다고 돈을 빌려 갔다. 그 당시 빨리 갚는다고 했지만, 아직까지 못 받았다. 시간이 지나 친구 결혼식에서 다시 만났을 때도 빌린 돈에 대해서는 아무 말 없이 자기 자랑만 하다 갔다. 함께한 추억이 많다 보니 돈보다 신뢰가 깨진 것이 안타까웠다. 나 말고도 다른 사람들 돈도 안 갚고 있다고 들었다.

이렇게 신뢰가 깨지면 관계 회복이 불가능하다. 나 역시 학교생활부터 지금까지를 돌아보면 인간관계에서 갈등이 있었던 적이 있다. 하지만 갈등이 있기 전의 과거로는 돌아갈 수 없다. 그건 사랑하는 사이에도 마찬가지일 것이다. 서로의 신뢰가 깨진 순간 그 믿음을 다시 돌리거나 관계를 극복하려면 엄청난 시간과 노력과 희생이 있어야만 가능할 것이다.

신뢰를 깨지 말자

신뢰를 깨면 되돌리기 힘들다. 그러니 신뢰를 깨지 말자. 고객에게 는 지킬 수 있는 말만 하면 된다. 지키지 못하는 말과 과장된 표현이 신뢰를 깬다. 계약 전에는 다해줄 것처럼 하다가 막상 구매 후에 돌아 서고 연락도 안 되는 세일즈맨이 되면 안 된다. 고객과 신뢰를 지키는 것은 단순하다. 솔직하고 지킬 수 있는 말로 설명하면 된다. 진심으로 돕고 정확한 정보를 전달하고 약속한 것은 꼭 지켜라.

중요 정보를 안내하라

예를 들어 보증에 대한 고객의 질문에 "보증은 ○년 또는 주행거리 는 ○○만 km이고 보증은 타이어를 제외한 전 부품이 보증 처리됩니 다"라고 안내했다. 소비자의 대부분은 본인에게 유리한 쪽으로 생각 하는 경향이 있기 때문에 항상 조심해야 한다. 그리고 질문한 것 외에 중요한 추가 정보를 함께 줘야 한다. 이 경우 소모품에 대해서도 안내 해야 한다. 중요 정보다. "이 차량은 소모품 패키지를 구입하셔야 합니 다. 다행히 지금 소모품 행사 기간이라 좋은 가격으로 도와드릴 수 있 습니다." 만약 이렇게 안내를 안 했을 경우 고객에게 출고 후 불만이 접수된다. "소모품이 포함이 안 된다는 것을 왜 설명 안했나요? 그것 을 알았다면 그때 선택했을 텐데…" 하면서 세일즈맨을 원망하는 상 황이 발생한다. 구입 후 알아야 할 중요한 정보가 있다면 안내해야 한 다. 그것이 세일즈맨의 윤리다. 질문하지 않았다고 해서 중요한 정보 를 말하지 않는다면 거짓말한 것과 같다.

돈거래를 하지 말자

남에게 돈을 빌리지 말자. 만약 작은 돈이라도 빌리게 되면 빨리 갚아라. 내가 보았던 신뢰를 깨는 사람은 대부분 돈과 관련해서였다. 그리고 고객과 돈으로 거래한다면 신뢰보다는 당신을 이용하게 된다. 고객을 사칭해서 시승을 하다가 OTP 카드를 두고 왔다고 급하니 100만 원을 넣어달라고 하거나, 음식점에서 만나는데 지갑을 두고 왔다고 밥값을 지불하게 하거나, 계약하자고 비싼 술집으로 부른다거나 하는 것은 모두 조심해야 한다. 고객에게 돈을 빌려주지 마라. 그런 고객은 다 사기꾼이다.

무시하지 말자

모든 인간관계의 미움과 갈등은 무시당했다는 생각에서 생겨난다. 대화를 하다 보면 어떤 말과 생각을 표현하는 과정에서 상대방의 기분을 나쁘게 할 수 있다. 의도가 아니었는데 상대가 기분을 나빠한다면 우선 사과를 먼저 하고 자신이 감정을 전달하라. 그리고 서로가 다름을 인정하자. 가치관과 기준이 다르기 때문에 의견도 다를 수 있다. 이럴 때 감정적으로 나서지 말기를 충고한다. 감정적으로 행동한 것을 돌이켜보면 떠오르는 것은 후회뿐이다. 상처를 주지도 말고 받지도 말자. 이게 가장 좋은 방법이다.

신뢰 만들기

내가 생각하는 신뢰 만들기의 첫 번째는 나를 사랑하는 것이 우선이다. 두 번째는 가족이다. 가족이 화목해야 일도 즐겁게 할 수 있다.

가장 가까운 사람부터 챙겨야 한다고 생각한다. 하지만 가족이라는 타이틀로 조건 없이 우리를 이해한다고 마음대로 해도 되는 관계가 아니다. 부모에게 잘하는 사람이 신뢰를 만든다. 배우자와 아이들에게 잘하는 사람이 신뢰를 만든다. 분명한 것은 가장 가까운 사람에게 신뢰를 줄 수 없다면 그 사람의 영향력은 하루하루 줄어들 것이다. 지금 당장은 괜찮더라도 점점 꺼져가는 촛불이 된다.

내 정보를 먼저 주기

세일즈맨은 고객을 만나면 고객 정보를 얻기 위해 이것저것 많이 질문을 한다. 또는 방명록을 내밀며 여러 가지를 적어달라고 한다. 대부분 대답을 해주지만 안 해주는 분들도 있다. 내가 추천하는 방법은 고객에게 질문하기 전에 나는 이런 사람이라고 먼저 소개하는 것이다. 고객의 정보를 얻고 싶다면 당신의 정보를 먼저 말해라.

신뢰 암시하기

상담 전엔 작은 암시를 해보자. 상담을 시작할 때는 "지금은 처음 만났지만 상담이 끝날 때쯤엔 오래 만난 친구처럼 가까워질 거예요"라거나 "제가 도와드릴 것을 알게 되면 저를 믿게 되실 거예요"라고 말해보자. "제 설명을 들으면 돌아가실 땐 ○○의 모든 것을 알게 되실 거예요" 또는 "저희 상품이 최고라고 믿게 되실 거예요" 하고 믿음과 긍정의 말씨를 뿌리면 암시한 대로 될 것이다.

공통점 찾기

소개팅에서 새로운 이성을 만나 많이 하는 게 좋아하는 공통점 찾기다. 고객을 만났을 때도 공통점을 찾아보자. 예를 들자면 여행이나 경험을 찾는 것도 좋다. 사는 곳에 관한 공통점을 이야기한다거나 자녀에 대해 물어보며 공통점을 찾아봐도 좋다. 패션 아이템이나, 타고 있는 자동차, 직업 등 함께 이야기할 수 있으면 좋다. 같은 이름이나 성도 좋다. "멋진 성을 갖고 계시네요!" 하고 말하라. 공통점은 유대감을 만들어낸다.

사례를 전달하라

다른 고객에게 이렇게 도와줬고 이렇게 지내고 있으며 이렇게 한 부분이 반응이 좋고 나는 이것을 잘한다는 구체적인 사례를 보여줘라. 아이패드에 정리해서 보여주면 좋다. 상담 내용을 캡처하거나 상품을 판매한 사진이나 고객의 칭찬 글, 최근의 계약 상황, 수상 이력 등 모두 좋다. 인터넷에서 물건을 살 때도 구매 후기를 보는 것처럼 당신이 최근 판매한 내용을 실제 사례로 전달해라. 그리고 많은 고객을 도와주고 있다는 것을 보여주고 증명하자. 좋은 후기는 신뢰를 얻을 수 있기에 소개 효과가 있다.

복사하고 붙여넣기

이것이 가장 어려울 수 있는데 고객을 따라 하라는 내용이다. 인간은 비슷한 사람에 끌리고 편안하게 느낀다고 한다. 먼저 행동을 복사하고 나에게 붙여넣어라. 서 있는 자세가 될 수도 있고, 앉아있는 모습이나 팔의 모양을 복사해서 따라 해보자. 두 번째는 말투다. 모두 자신만의 말하는 방식이 있다. 자주 사용하는 단어나 고객이 자주 쓰는 감탄사를 따라 해보자. 답변을 반복해서 따라 하자.

예를 들어 "주말에만 거의 사용할 것 같아요"라고 한다면, "아! 주말에만 사용하는군요" 하며 행동과 말투를 따라 한다면 본능적으로 편안함을 느끼고 빨리 신뢰를 만드는 데 도움이 된다. 그리고 "맞아요! 저도 그렇게 생각해요! 저도 동의합니다"라는 말로 고객의 말을 동의하자.

함께 걷기

세일즈맨이 시간에 쫓기는 경우 빨리 설명하고 다음 단계로 넘어가려고 한다. 이런 경우 신뢰 만들기가 느려진다. 사람마다 이해 속도가 다르므로 고객의 이해도에 따라 속도를 다르게 말한다. 그리고 말이 느린 고객에게는 같이 말을 느리게 하면 좋다. 반대로 말을 빨리하는 고객인 경우는 내 경험상 말을 끊으면 안 된다. 우선 들어야 한다. 말이 자주 충돌하는 상담이 있다면 당신과 매우 비슷한 성격이니 한 박자 늦춰서 기다려주자.

경제적 도움 주기

어찌 보면 모든 거래는 돈으로 가치를 교환하게 된다. 세일즈하는 거래에 대해서 투명하게 먼저 오픈해서 이야기해라. 걱정할 것 같은 질문에 먼저 답을 해주는 것이다. 가격에 대한 정책과 프로모션 등은 견적을 안내할 때 자세히 전달한다. 그 외적인 비용도 어떻게 추가되는지 미리 전달하라. 그리고 고객의 상황에 맞는 견적을 권해야 한다.

도움이 되지 않는 상품을 강요해서 판매했다면 나중에 시간이 지나면 나쁜 사람으로 남는다. 바로 앞만 보지 말고 진정으로 도와야 신뢰를 얻는다. 견적 또한 고객이 받을 수 있는 혜택을 모두 알려서 도와라. 작은 금액이라도 아낄 수 있는 방법이 있다면 귀찮더라도 도와줘야 한다. 당신이 해줄 수 있는 좋은 가격과 좋은 서비스를 제공하라.

처음 만난 고객에게 믿음과 탄탄한 신뢰를 이끌어내면 세일즈는 성공한다. 자신만의 신뢰 만들기 방법을 더 추가해보자. 자신의 경험을 더해서 더 완벽하고 강하게 당신의 세일즈 파워를 업그레이드해야 한다. 믿음과 신뢰의 기준도 고객마다 다르기 때문에 세일즈에는 완벽함이란 없다. 그러나 고객과 '신뢰'를 만드는 방법을 터득한다면 세금 제외하고 평균 2억~5억 원대 억대 연봉을 받는 세일즈맨이 될 것이라고 믿는다. 통장에 가득한 잔고를 상상해라. 신뢰만 있다면 세일즈의 성공은 보장된다.

PART 03

역대 연봉 세일즈맨의
8가지 화법

01 처음부터 Yes라고
대답하는 질문으로 시작한다
| 쉬운 질문

  고객이 처음에 "네"라고 대답하고, "아니오"라고 말하지 않도록 한다. 처음부터 "아니오"라고 말하면 그것을 계속 고집하게 된다. 먼저 말한 "아니오"라는 생각을 바꾸기 위해 많은 노력이 필요하다. 즉, 처음 질문에 "네"라고 말하게 하는 것이 중요하다. 그리고 고객 역시 "아니오"란 말보다 "네"라는 말을 하고 싶어 한다. 첫 질문으로 "세단을 좋아하시나요?"라고 질문했을 때 "아니오"라는 대답이 나올 확률은 50%다. 그렇다면 SUV로 안내해야 한다. 하지만 판매할 수 있는 확률이 시작부터 낮아진 것이다. 만약 "네"라는 대답이 나왔다면 다른 제품도 함께 소개해서 선택의 폭을 넓힐 수 있고 필요성을 느끼게 할 수도 있다. "네"라는 대답이 먼저여야 여러 가지를 소개해도 긍정적으로 받아들이게 된다. 첫 질문으로 "좋은 차를 찾으시죠?"라고 한다면 "네"라는 대답이 나올 것이다.

한 세일즈맨이 고객과 처음 상담을 하고 있다. 서로 인사를 한 후 고객은 매장을 둘러보고 있으며 영업사원은 고객 주위를 맴돌며 어떤 게 필요한지 질문한다. "찾으시는 모델이 있으신가요?" 보편적으로 이런 질문을 가장 많이 한다. 고객은 특정 모델을 보고 싶다고 하거나 우선 둘러보겠다고 하는 경우가 많을 것이다. 이런 패턴으로 상담이 시작된 경우는 세일즈맨의 질문 → 고객의 대답 → 세일즈맨의 설명 순으로 계속 이어진다. 설명만 하다 상담은 종료될 가능성이 크다.

이런 경우 영업사원은 고객의 한정적인 정보만 알게 되고 고객은 상품의 단순 정보만 알게 된다. 그렇게 되면 구매 의욕을 잃거나 구매 기회를 잃을 수도 있다. 우리의 세일즈는 이렇게 시간을 잡아먹는 타임 킬러가 되면 안 된다. 투자한 노력과 시간은 정확하게 복리의 시스템으로 차곡차곡 통장에 쌓이게 해야 한다. 하나의 판매가 두세 개가 되어 나에게 돌아오게 해야 한다.

첫 번째 Yes 질문 만들기

만약 우리가 고객의 시간과 움직임을 통제할 수 있다면 어떤 세일즈가 될까? 그 방법을 찾아보자. 첫 질문의 시작을 어떻게 하는지에 따라 그 뒤의 상황이 나비효과처럼 돌아온다. 간단한 동의와 수락은 두 번째 동의를 만들고 그렇게 반복된 동의는 더 큰 동의를 이끌어낼 수 있다. 16년간 수많은 상담의 패턴과 실전 경험에서 깨달은 것은 첫 질문에 따라 분위기가 정말 달라지는 것을 알게 되었다. 고객을 웃게 할 수도 있고 무겁게 만들 수도 있다. 하지만 우리의 목적은 세일즈이므로 목적에 집중하는 것이 좋다.

영업 초기에는 인사한 후 니즈 파악을 위해 5가지 질문을 했다. 그 이유는 매뉴얼 있었기 때문이다. 회사마다 차이가 있겠지만 상담 전 과정에 점수를 매기는 '미스터리 쇼퍼(Mystery Shopper)'가 있었다. 고객으로 가장해서 영업사원이 가이드라인을 잘 지키는지 평가한다. 상담을 단계별로 나누어 점수를 준다. 상담 순서를 지켰는지, 질문을 몇 개 했는지, 안내해야 할 정보를 모두 전달했는지 등을 체크하고 하나라도 빠지면 감점했다.

이런 평가 제도가 좋은 점도 있겠지만 개인적으로 좋아하진 않았다. 실제 상황에서 너무 딱딱하게 분위기가 흘러가는 것이 싫었다. 우리는 사람인데 로봇이 설명하는 것처럼 하니 답답하다. 니즈 파악이라는 질문은 상담 스타일을 단순화한다고 생각한다. 만약 어쩔 수 없이 회사의 가이드라인을 지켜야 한다면 질문의 위치를 처음이 아닌 신뢰 형성 후로 이동시켜라.

첫인상이 중요하고 첫 질문도 중요하다. Yes의 힘은 질문이 쌓이고 대답이 쌓여 고객을 리드하는 힘으로 커진다. 질문하는 방법은 질문에 고객이 '네'라고 대답하면 된다. 의식하지 않고 쉽게 하는 질문과 답으로 "네"라는 대답이 세 번 정도는 나오도록 쉬운 질문을 하자. 이런 질문은 부담 없이 대답한다. 그렇게 여러 번 '네'라고 계속 대답했다면 고객에게 필요한 것을 요청할 때 그것을 수락할 가능성이 아주 높아진다.

우리가 흔히 직장에서 누구에게 "네. 알겠습니다!"라고 하는가? 대부분 상사에게 많이 하는 대답일 것이다. 같은 대답을 얼마나 했는지 한번 세어봐라. 하기 싫었을 때도 앞에서는 "네"를 하고 있는 당신을 봤을 것이다. 이렇게 '네'는 강력한 효과를 만들어낼 수 있다.

처음부터 Yes라는 대답을 만들 쉬운 질문을 만들어보자. 아주 당연한 것부터 찾아보자. 꼭 질문이 아니어도 되고 고객이 동의하면 된다. 고개를 끄덕여도 좋고 질문에 대답을 안 해도 상관없다. 아주 당연한 말을 해보자.

"날씨가 참 좋네요, 춥네요(덥네요), 바람이 많이 불죠?, 오늘 날씨 좋죠?" 등 날씨와 관련 질문을 만들어보자. 부담 없이 '네'를 만들기에 아주 좋다.

"세단을 보고 계시는군요, 가족분들께서 함께 오셨네요, 땀이 나시네요, 혼자 오셨네요" 등 그 사람이 쳐다보는 것이나 그 사람에게 보이는 것을 질문해보자.

"저기 사고가 났나 봐요, 저기 그림이 있네요, 오늘 사람들이 많네요, 차가 막히네요"등 눈앞에 보이는 것들에 대해 이야기할 수도 있다. 자신의 싱담 공간에서 질문할 것을 찾아보자.

"좋은 상품을 원하시죠?, 가족이 소중하시죠?, 안전하면 좋겠죠?, 가격이 좋아야 하죠?" 등은 누구나 원하는 것들에 대한 질문이다. 좋은 것을 원하는 욕구를 파악하는 질문들이다.

"제가 고객님을 도와드리면 좋겠죠?, 원하는 가질 수 있다면 얼마나 좋을까요?" 등 세일즈에서 고객이 얻고 싶은 정보를 질문해도 좋다. 내가 도와줄 수 있는 것에 대한 질문도 좋다.

우리가 근무하는 공간, 판매하는 상품과 서비스를 고려해서 고객을 만났을 때 고객이 '네'라고 대답할 수 있는 질문을 만들어본다. 한 다섯 번정도 나오게 유도하면 좋다. "날씨가 참 좋네요"라고 말했을 때 "네"라는 대답과 동의를 잘한다면 그대로 질문과 이야기를 나누며 이어가면 된다.

하지만 반응이나 동의가 없다면, 질문의 뒤만 살짝 바꾼다.

"날씨가 참 좋네요! 그렇지 않나요?", "가족이 타는 차라면 안전해야 합니다. 그렇지 않습니까?" 이런 식으로 질문은 하면 무조건 "네"라는 대답을 만들 수 있게 된다. 쉽고 당연한 가벼운 질문부터 시작해 뒤로 갈수록 점점 무거운 질문으로 이어지게 만들어야 한다. 그래서 처음을 아주 쉽게 다가가야 한다. 그리고 첫 질문의 시작은 고객보다 영업사원이 먼저 해야 리드하기 편해진다.

고객을 리드하는 힘이 생긴다

Yes를 만들어내야 하는 이유는 우리가 만들어 놓은 시나리오대로 상담의 순서를 이끌 수 있기 때문이다. 상품이 진열되어 있거나 넓은 공간이 있으면 고객은 먼저 보고 싶은 것을 보게 된다. 일반적으로 고객의 동선을 따라다니며 도와주고 설명하는 상담은 큰 힘을 발휘하기 힘들다. 그래서 우린 'Yes'라는 대답을 만들어야 한다.

계속된 동의는 세일즈맨의 권유를 계속 따르게 만든다 그것은 정해진 동선을 만들고 상담의 순서대로 고객을 리드하는 힘을 만든다. 그리고 상담의 모든 과정을 순서대로 이끈다는 것은 시간을 조절해서 클로징 가능성을 극대화할 수 있기 때문이다.

따라 하기 Yes 질문이 잘 만들어졌다면 다음 동선으로 이동하기 위해 이 질문을 할 수 있다.

"이쪽으로 오시죠! 자세한 상담을 위해 룸으로 이동하겠습니다." 이것은 다음 단계로 넘어간다는 뜻이며 "따라오세요"라는 말이다. 첫 번째 자리 이동이 가장 중요하다.

"3층으로 컬러를 확인하러 이동하겠습니다. 이쪽으로 가시죠!" 고객은 우리가 만들어놓은 동선으로 이동해서 설명을 듣게 된다. 나의 시나리오를 만들 수 있다.

"자, 다음 시승을 준비했습니다. 무조건 타보셔야 합니다. 밖으로 나가겠습니다." 마치 여행 가이드처럼 이동을 편하게 리드하면 상담의 집중도가 계속 올라간다.

"다음은 재고 상황과 프로모션 안내를 위해 컴퓨터 있는 자리로 이동하겠습니다." 이렇게 계획한 동선으로 이동이 가능하다.

이렇게 된다면 내가 원하는 방향대로 상담을 이끌어가게 된다. 그리고 상담 전에는 고객의 다음 일정이 있는지 꼭 물어보고 상담 소요시간을 미리 안내한다. 바쁜 고객인 경우 시간이 없어 언제까지 가야 한다면 소요시간을 안내하고 빠르게 상담을 시작한다. 이런 경우는 몇 가지를 삭제하고 중요한 점만 소개하며 나중에 추가 자료를 전달한다. "15분면 충분합니다. 중요한 점만 말씀드릴 테니 집중해주세요." 이렇게 하면 말이 빨라도 최대한의 정보를 듣기 위해 집중하고 노력한다. 소요시간의 안내에 따라 고객도 집중력이 달라진다.

작은 동의와 '네'를 만들면 세일즈가 편해질 것이다. 작은 동의가 큰 동의로 커지는 것처럼 우리의 세일즈도 자라게 해야 한다. 나만의 동선을 만들고 고객을 리드하게 되면 좋은 점이 또 하나 있다. 상담 시간을 컨트롤할 수 있게 된다. 이것은 고객에게 상담받은 시간만큼 도움을 받았다고 느끼게 한다.

예를 들어 서로 다른 영업사원에게 상담을 받았는데 첫 번째 영업사원과 30분 상담을 하고 다른 영업사원하고 두 시간을 상담받았다고 가정해보자. 같은 가격이라면 우리의 마음이 어디로 가겠는가? 아마 두 번째 더 도와준 영업사원에게 구매할 가능성이 높다. 고객에게 다음 일정이 없다면 시간을 조정해서 도움을 주고 최적의 타이밍에 클로징을 만들어라. 그리고 "여기에 사인하시면 됩니다" 하면 다음은 "Yes"라는 답을 듣게 될 것이다.

MEMO

02 상품보다 나를 먼저 자신감 있게 소개한다
| 신뢰의 멘트

첫인상은 3초 안에 만들어진다. '성공하고 싶다면 옷부터 바꿔 입어라!'는 말이 있다. 외적인 모습이 멋지게 준비되었다면 다음 단계인 나를 알리는 '자기소개'의 시간이다. 내가 알려주는 세일즈의 자기소개의 과정은 세 단계로 나누어져 있다.

일반적인 자기소개를 한 경험을 한번 돌이켜보자. 이력서에 넣은 자기소개서나 인터넷 공간에서 썼던 소개 글, 어떤 모임이나 단체에서 처음 만나 돌아가며 자기소개를 한 경험 등이 있을 것이다. 그리고 영업사원과 고객으로 만나는 자기소개는 짧은 시간에 좋은 이미지와 기억에 남는 자기소개를 만드는 것이 무엇보다 중요하다. 상품의 거래나 서비스의 계약이 이루어지는 과정이기 때문에 일반적인 자기소개보다 임팩트가 있어야 한다.

어느 유치원 학부모들의 첫 모임을 커피숍에서 가졌다. 각자 돌아가며 자기소개로 시작된 상황이다 "저는 ○○엄마입니다. 첫째는 7살이고 둘째는 아들인데 5살이에요…" 이렇게 같은 소속이 되었거나 친목모임 같은 만남에서는 보편적인 정보를 나누는 자기소개를 한다. 이 모임의 목적은 아이들을 위한 정보교류와 교육 방법 등이 주를 이룰 것이다.

회사 면접에서 하는 자기소개 상황을 살펴보자. 응시자는 면접관 앞에서 자신을 소개하고 나를 뽑아달라고 어필한다. "저는 과거 ○○회사에서 마케팅 업무를 3년간 했습니다. … 저는 귀사에 필요한 인재입니다." 이런 자기소개는 면접관에게 점수를 따기 위해 소개 방법이다. 취직이 목적이기에 자신의 할 수 있는 능력과 과거의 경험들을 말해야 한다.

자기소개는 그룹이 가지고 있는 모임의 목적에 따라 달라져야 한다. 그렇다면 세일즈맨이 고객에서 하는 자기소개는 무엇이고 어떻게 하는 것인지 알아보자. 상담 후 어떻게 기억되어야 할까? 고객에게 좋은 사람으로 보이는 것이 첫 번째 목표다. 친근함과 신뢰를 만들어야 하기에 단어의 선택과 소개 과정의 내용이 중요하다.

세일즈 첫 번째 자기소개는 인사다

따라하기   안녕하세요, 안녕하십니까, 환영합니다, 반갑습니다 등의 인삿말이 있다. 먼저 얼굴을 가리고 연습을 해보자. 처음은 평소에 하던 대로 인사를 해보자. 그다음엔 **표정**을 확 살려서 인사를 해보자. 어떻게 좋은가? 아마 표정을 더한 인사가 더 느낌이 좋다. 고객과 첫인사에서는 표정을 잘 살려 하면 매력적인 인상이 된다.

그 다음은 **눈빛**이다. 아이 콘택트를 해야 한다. 눈은 마음의 창문이라고 한다. 우리 아이들이 뭔가를 잘못하거나 혼날 때는 내 눈을 피한다. 가르쳐주지 않아도 아는 인간의 본능인 것 같다. 반면 연애 매칭 프로그램에서는 사랑에 빠졌다면 그 표정과 눈빛만 봐도 꿀 떨어지는 장면을 많이 봤을 것이다. 마음속에 최면을 걸어 사랑 가득한 눈빛으로 인사해야 한다. 아이 콘택트를 하고 사랑의 눈빛을 담아 미소의 표정을 더하고 인사를 하는 것이다.

정말 반갑게 활짝 웃으며 인사를 해보자. 거울을 앞에 두고 연습하고 영상으로 찍어서 보면 더 좋다. "안녕하세요! 반갑습니다. 저는 ○○○입니다."

그리고 가장 중요한 것은 바로 **자세**다. 어떤 자세로 고객에게 보였는가기 중요하다. 마음의 지세가 아닌 우리의 몸의 자세를 말한다. 배에도 힘을 좀 주고 허리를 쭉 펴고 가슴을 열고 바른 자세로 인사하는 것을 말한다. 일반적인 인사와 고객을 만났을 때의 인사는 달라야 한다. 침대에 누워서 통화를 한다면 그것도 느낌으로 전달되고 고객도 느낀다. 그러니 전화 상담을 할 때도 바른 자세로 해야 호감도와 실적이 올라간다. 바른 자세가 자신감을 만든다.

강아지는 꼬리를 갖고 있다. 그리고 기분이나 감정을 꼬리로 표현한다. 기분 좋을 때 주인에게 살랑살랑 꼬리를 흔들고 두렵거나 겁먹으면 꼬리를 내리고 감춘다. 어릴 때는 시골에 살았는데 동네 개들끼리 서열이 있고 싸움도 있었다. 어릴 때 키운 강아지를 보면서 개들은 꼬리로 감정과 자신감까지 표현한다는 것을 알게 되었다. 두려움이 없는 진돗개는 꼬리를 위로 올리고 공격할 때는 앞으로 엎드린다. 반대로 약한 개들은 강한 상대 앞에서 꼬리를 내리고 엉덩이를 땅 쪽으로 내린다.

용맹한 강아지는 꼬리만 봐도 알 수가 있다. 그 자세가 있기 때문이다. 이렇게 우리 사람에게 꼬리는 없지만, 비유를 하자면 허리를 펴고 배에 힘을 주고 가슴에 공기 넣고 어깨를 펴고 목과 머리를 당겨서 바른 자세를 만드는 것은 자신감 있어 보이도록 만든다. 그리고 실제 바른 자세를 하면 목소리부터 힘이 생기고 자신감도 나온다.

반대로 전신 거울 앞에서 힘을 빼고 배는 앞으로 나오게 하고 어깨는 처지고 목은 거북목처럼 하고 인사를 해보자. 완전히 다르지 않은가? 이것이 자세가 만드는 힘이다. 공부를 할 때도 바른 자세로 해야 바르게 머릿속으로 바르게 입력된다고 한다. 바른 자세는 원하는 것을 하기 전에 가장 먼저 해야 하는 것이다.

바른 자세로 인사를 하고 명함을 건넨다. 다음으로는 Yes를 만드는 질문으로 이어가면 된다. 자세를 만들고 사랑의 눈빛을 더해서 표정을 만들고 입으로 인사를 한다. 이것이 첫 번째 소개다.

두 번째 자기소개는 자리에 앉아서 한다

세일즈맨이 만들어놓은 동선으로 이동한 뒤 테이블이나 상담실에서 하는 마주 보며 하는 자기소개를 말한다. 고객이 질문을 하더라도 상품을 먼저 소개하지는 말자. Yes가 잘 되었다면 고객에게 이렇게 이야기한다.

"고객님께 진정한 도움을 드리려고 합니다. 상품 설명을 드리기 전에 저를 먼저 소개하겠습니다. 저는 신뢰가 무엇보다 중요하다고 생각합니다…." 이렇게 고객에게 나를 알리는 자기소개를 해야 한다. 단 중요한 것은 1분을 넘기면 안 된다. 시간이 너무 길어지면 자기 자랑이 되어버리고 그것은 안 좋은 효과를 만든다. 그렇게 되면 고객은 속으로 '자기만 아는 이기적인 사람'이라고 생각할 것이다. 소개의 목적은 나는 '착한 사람'이고 '전문가'라는 것을 인지시키는 것이다. 1분 자기소개를 만들어보자.

1. 1분 자기소개 만들기

"저는 최근용입니다. 제가 16년 동안 수많은 고객님과 상담을 하면서 많은 것을 배웠습니다. 저는 고객님이 원하는 모델을 정확하게 찾아드리고 있습니다. 유치원 때 꿈이 버스 운전사였거든요. 자동차를 정말 좋아했습니다. 제 일을 좋아하고 사랑하다 보니 고객님과 이렇게 만났습니다. 여기를 보시면 저는 회사에서 인정받고 있는 직원입니다. (홍보자료 함께 보여주며) 고객님께 조금이라도 더 도움을 드릴 수 있습니다."

"저희 상품이 최고의 상품인 건 알고 계시죠? ○○는 최고의 브랜드입니다. 저 또한 고객님을 위한 저만의 서비스 브랜드가 있습니다. 여기를 보세요(나의 브랜드 로고 및 자료). 보고 계신 모든 자료는 제가 직접 만들며 제 시그니처가 들어갑니다. 저는 전문가로서 빠른 선택을 도와드리고 시간을 절약해드릴 수 있습니다. 이 짧은 상담으로 저를 다 보여드릴 수는 없지만 이렇게 믿음을 먼저 보여드리고 싶었습니다." 이렇게 자기소개를 만들자.

2. 프레젠테이션 소개자료 준비

자기소개는 짧은 시간이지만 기대감과 신뢰를 만들기 위해 말과 함께 자료를 함께 사용해야 한다. 모든 프레젠테이션도 뒤에 영상과 함께 소개된다. 우리의 자기소개도 말로 말하는 방식이 아닌 영상과 사진 수상 이력 인증 사원 등을 정해진 순서에 맞게 연출해야 한다. 하지만 모든 것은 진실이어야 한다. 그러기 위해서 자신만의 1분 소개를 만들고 연습해야 한다. 홍보하고 어필할 수 있는 것이 함께여야 설득력 생긴다. 말만으로는 부족하다.

3. 고객 정보 요청하기

1분 자기소개 후에 "소중한 인연의 시작을 위해 여기 방명록 한번 부탁드릴게요! (방명록을 받고 이름을 확인하며 ○○○고객님 반갑습니다. 그리고 고객님을 도와드리기 위해서는 많은 정보를 알려주실수록 좋습니다. 함께 도와주시면 최고의 결과를 만들어드립니다" 하고 고객의 니즈 파악을 이때 하면 된다.

그리고 신뢰를 만들기 위한 단계로 진입한다.

세 번째 마지막 신념과 가치관 소개하기

모든 상담을 끝내고 정리하며 일어나는 과정에 한다. 함께 서 있는 상태에서 눈을 보고 나의 신념과 가치관 등을 관한 것을 소개하는 것이다.

"저는 고객님께 진정한 도움을 드리고 있습니다. 저는 상상의 힘을 믿습니다. 그래서 저와 고객님이 이렇게 만났습니다. 저와 함께하면 원하는 것이 빨리 만들어집니다. 제가 도와드릴 수 있습니다. 저와 인연을 만들어주신 고객님은 더 잘 되어서 다시 찾아오십니다. ○○를 사신다면 '최고'에게 구입하셔야 합니다. 그래야 고객님은 '최고의 고객'이 됩니다."

- 그리고 마지막 질문 각인을 시작하고 마무리 인사를 하기 바란다.

'세일즈 파울로'의 목표는 진정한 도움이다. 진정한 도움이란 바로 '돈'이다. 과거 대비 더 많은 수익을 만들어주는 것이다. 독자분들이 돈을 더 벌 수 있도록 돕는 것이 이 책을 쓰는 나의 사명이다. 그래서 따라 하기를 잘 실천해야 한다. 당신의 인생에서 이 책을 만나기 전과 만난 후의 인생을 비교해보기 바란다. 당신이 상상의 힘을 믿는다면 모든 것은 현실로 창조된다.

안 좋은 것이 눈앞에 있다면 그것 또한 자신의 상상과 생각 속에 만들어낸 결과일 뿐이다. 안 좋은 일도 좋은 일이 생기기 위한 깨달음의 과정이라고 생각하자. 상품보다 나를 먼저 알리고 자신감 있게 소개해야 한다. 자신감의 시작은 곧 자세부터 시작하고 나의 소개는 임팩트 있게 홍보와 전문성으로 솔직함을 전달해야 한다.

03 기능을
혜택으로 설명한다
| 쉬운 설명

우리의 직업과 회사에 따라 각기 사용하는 업무 용어들이 있을 것이다. 회사마다 사용하는 소프트웨어 이름이나 회사의 제도나 시스템의 단축어들도 다를 것이다. 이것은 보통 줄임말로 많이 쓴다. 생활하다 보면 직원들만 아는 모르는 말을 나도 모르게 사용하는 경우가 있을 것이다. 새로운 회사에 첫 출근을 했다면 시스템 이름부터 배우게 될 것이다. 그래야 의사소통이 편해진다.

실제 상담에서 영업사원이 고객에게 이렇게 말한다.

"고객님 내일 ABC 연결을 위해 연락을 드릴게요." 아마 두 번째 구매한 고객은 알 수도 있겠지만 직원이 아니면 모를 수밖에 없다. 모르는 **줄임말이나 모르는 단어**는 사용하지 않도록 하자. 고객은 몰라도 "그건 뭔가요?"하고 물어보지 않는 고객도 있을 것이다. 대화는 생각의 전달이 목적이다. 그러기 위해서는 서로가 **정의와 뜻을 동일**하게 알고 있어야 한다. 단어의 뜻이 서로 다르게 인지하고 있다면 커뮤니케이션에 문제가 발생된다. 그리고 같은 단어라도 어떻게 설명하느냐에 다르게 이해되는 경우도 있으니 상품 설명의 대화는 정말 중요하다.

최근 자동차 모델에는 '반자율 주행'이라는 자동으로 앞차를 따라가면서 차선을 유지해 주는 보조 기능이 있다. 편한 기능이다 보니 이 기능이 있는지 물어보는 고객이 많다. 예를 들어 만약 고객이 '100% 자율주행'이라고 이해하고 운전대를 잡지 않고 운전을 하다가 사고가 날 수 있다. 이렇게 되면 고객과 힘든 시간을 보내야 한다.

자동으로 멈춘다고 설명했는데 왜 사고가 났냐며 영업사원과 회사에 따질 것이다. 이 기능은 아직은 보조 기능으로 운전자는 항상 우전대를 잡고 있어야 한다. 그리고 영업사원이 '반자율 주행'이라고 잘 설명해도 고객은 '자율주행'으로 인식하는 경우도 있다. 특히 안전 기능 설명은 오해가 없도록 자세히 설명하는 것이 원칙이다. 좋다고 다할 수 있는 것처럼 과장하면 그것이 신뢰를 떨어뜨리는 일이 된다.

나는 이런 것을 예방하기 위해서 출고 설명을 할 때 '반자율 주행' 기능이 작동하지 않는 상황을 미리 안내한다. 안전기능은 정확하게 알고 안전하게 사용해야 한다. 제대로 모르고 사용하다 큰 사고로 이어져 피해를 만들 수 있기 때문이다.

다음은 브랜드마다 상품의 기능을 지칭하는 용어가 모두 다르다. 이럴 때는 기준을 세워 고객들이 보편적으로 가장 많이 알고 있는 기능의 이름을 통일하고 세부적 기능은 풀어서 설명해야 한다. 보통 영어로 되어 있는 옵션이나 기능이 대부분일 것이다. 우선 이런 기능들의 이름부터 풀어서 변경한 단어를 각자 판매하는 상품으로 연습해보자.

예를 들어 "○○ 세이프 사이드가 있어서 안전합니다"라고 설명했다면 이게 뭐 하는 기능인지 어떤 도움을 주는지 쉽게 알 수 없다. 영어는 한글화한다. 한글화하기 어렵다면 조금 긴 말로 설명하다.

"측면 사고 시에 발생하는 충격을 줄여주는 기능인데요. 옆문은 운전자와 가깝잖아요. 그래서 측면 사고는 공간이 중요합니다. 이 기능은 의자 시트 옆쪽에서 공기주머니가 터지면서 운전자를 옆으로 밀어줍니다. 사고 반대 방향으로 멀어지게 도와주는 기능으로 정말 안전한 기능입니다"라고 쉽게 풀어주는 설명이 필요하다.

'오토파크 어시스트'는 자동 주차라고 설명하면 된다. 이렇게 변경된 언어로 옵션표나 자료를 만들면 가장 이상적이다.

기능을 혜택으로 설명한다

우리가 판매하는 상품이 가진 장점과 특징을 설명하는 방법도 좋다. 옵션은 자료를 전달해서 나중에 필요할 때 고객이 꼼꼼히 확인하도록 자료를 챙겨주고 상품 상세 안내를 시작한다. 하지만 기능 안내는 고객이 요청한 경우만 하는 것을 추천한다. 상품의 기능 나열보다 더 중요한 상담 과정이 있으니 단순 기능 정보는 고객의 수준에 맞게 필요한 것들만 안내하도록 하자.

상품이 가진 기능으로 고객이 누릴 수 있는 혜택 위주로 설명을 해야 한다. 예를 들어 "이 모델은 플러그인 하이브리드 모델로 한번 충전하면 전기로만 ○○○km를 주행할 수 있습니다"라고 설명할 수도 있다. 하지만 여기에 추가 혜택을 더한다면 이렇게 된다.

"고객님이 하루 출퇴근 거리가 왕복 ○○km라면 한 달에 한 번도 주유소를 안 가서도 됩니다. 그리고 한 달 유류비로 40만 원을 쓰셨다면 이 모델을 타시면 한 달 20만 원이 절약됩니다"라고 혜택을 전달한다면 더 좋은 설명이 된다.

카테고리를 묶어서 설명한다

이런 설명에서는 큰 카테고리를 만들어 설명하는 것이 더 효과적이다. 그래야 혜택을 더 일목요연하게 설명할 수 있다. 예를 들어 '안전'이면 고객이 좋아할 만한 중요한 기능들을 여러 가지 **모아서 설명**한다. 쉬운 단어로 어떻게 작동하는지 풀어서 설명한다. 안전기능을 말로 설명하려면 시간이 많이 소요되는데 나의 경우는 꼭 영상을 함께 보여드리며 혜택을 설명한다. 눈으로 보고 혜택을 말하면 이해가 빨라지고 긴 설명이 필요하지 않아서 좋다.

예를 들어 안전에 관한 주제로 설명을 한다면 이렇다. "차는 안전해야 합니다. 그렇지 않나요? 세상에서 가장 소중한 게 가족 아닌가요? 이 영상을 보면서 어떤 안전 기능이 있는지 설명드릴게요. 갑자기 나오는 자전거나 전동 킥보드 정말 많죠? 이렇게 회전할 때 갑자기 나오는 자전거까지 인식해서 스스로 멈춰 사고를 예방합니다. 그리고 이렇게 신호 위반하는 자동차나 배달 오토바이 정말 많잖아요! 이것을 다 잡아냅니다. 그리고 갑자기 골목길에서 뛰어나오는 아이들이나 휴대전화를 하면서 걸어가는 사람들까지 안전하게 지켜줍니다. 사고 나면 정말 위험합니다. 이 영상 끝까지 보시려면 20분이나 보셔야 해요! 이런 모든 안전기능이 정말 많습니다. 딱 정리하자면 ○○는 가장 안전합니다. 사랑하는 우리 가족을 지켜드리고 슬픈 일이 없도록 만들어드립니다. ○○를 타시면 됩니다. 그것은 우리 이웃을 지키는 일이기도 합니다."

경제성에 대해서 설명할 때는 기능이 주는 경제성과 상품이 가지고 있는 가치의 경제성 그리고 영업사원이 도와주는 경제성까지 함께 묶어서 쉽게 설명해보자. 큰 주제 3가지로 분류하고 하위 3가지 특징을 혜택으로 설명하면 좋다. 모든 옵션을 100% 설명하지 않아도 된다. 기능을 주제별로 분류해서 고객에게 누릴 수 있는 혜택으로 설명한다. 설명은 생생하게 느낌이 전달되도록 정리해놓고 연습하라. 연극처럼 상담 **대본**을 만들 듯 연습해보면 도움이 된다.

주제에 따른 사진 사례

서서 설명을 많이 하게 된다면. 아이패드에 주제를 알리는 사진을 넣고 큐시트처럼 보여드리며 설명을 이어가도 좋다. 사진에 맞게 사례를 넣어가며 설명하면 순서를 지킬 수 있다. PPT를 사용해도 되고 사진을 옆으로 넘기는 것도 간단해서 좋다.

예를 들어보자. 큰 주제를 안전, 경제성, 행복이라고 정했다면 안전에서는 사진을 봐도 안전이 중요하고 느낄 수 있는 이미지를 준비한다.

주제 - 안전 : 크게 사고가 난 사진을 넣고 SAFETY라고 글씨는 넣는다. 그리고 안전에 관한 스토리를 설명한다. 사진은 안전의 필요성을 느끼게 만들고 해결 방안으로 하위 소주제로 설명한다.

1. 차체 프레임 사진 보여주고 튼튼함을 보여주는 사례 설명
2. 레이더 시스템 장비의 사진을 보여주고 예방이 최고의 안전이라고 설명
3. 가족사진을 넣어서 안전은 필수라는 인식을 전달

영상으로 설명하기

최근 내가 가장 많이 사용하고 있는 설명 방법이다. 말로 상상하게 만들려면 수많은 단어를 조합해야 한다. 하지만 5초의 영상이면 사고 장면이든 어떤 기능이든 쉽게 설명할 수 있다. 영상 설명자료를 모아라. 자신의 상품의 브랜드 유튜브를 보면 특징과 기능 설명의 영상이 분명히 있을 것이다. 영상은 하나하나 다운로드해서 아이패드에 정리할 수 있다. 유튜브의 영상을 다운로드하는 방법은 '4K Video Dowmloder'를 사용하면 쉽고 인터넷에 방법이 잘 나와있다.

다운로드한 영상은 'AVPlayer' 같은 동영상 플레이어에 넣어서 아이패드에서 보여줄 수 있다. 이 앱은 컴퓨터에서 아이패드로 http 전송이 되기 때문에 자료전송이 편하다. 또는 유튜브에서 자신의 유튜브 재생목록을 만들고 플레이리스트를 만들 듯이 정리해도 된다. 아니면 컴퓨터와 동기화를 해서 직접 아이패드에 넣을 수도 있고 에어드롭이나, 구글 드라이브, 원 드라이브를 이용해 동영상 서버를 구성하는 것도 추천한다. 각자 쓰기 편한 방법으로 동영상을 설명을 준비하자. 영

상은 상상을 빠르게 도와준다.

　이런 여러 가지 상담 방법을 자신의 세일즈와 맞는지 테스트하고 연습해보자. 실천이 없다면 변화도 없다. 설명은 딱딱하지 않게 해보자. 스토리나 사례 사진과 영상 등을 사용해서 쉽고 그리고 시간은 빠르게 안내하는 것이 좋은 상담이다. 기능을 혜택으로 쉽게 설명하자.

MEMO

04 고객의 질문을
관심으로 칭찬한다
| 쿠션 대답

질문은 관심의 표현이다. 그것이 좋은 질문이든 안 좋은 질문이든 고객의 질문에 대해서 세일즈맨은 기뻐해야 한다. 질문이 없는 세일즈는 클로징 없는 세일즈와 같다. 질문에는 간단한 정보를 물어보는 질문이 있고 상품의 단점이나 문제점, 여러 가지 고려사항 등이 궁금해서 하는 질문들로 나누어진다. 우선 상담에서 간단한 질문은 빠르게 답하는 것이 좋다.

"컬러는 어떤 것이 있나요?"라는 질문에는 "블랙, 화이트, 네이버, 그레이, 실버가 있습니다"라고 바로 답하면 된다. 이 질문에 "다양한 컬러가 나옵니다"라고 대답한다면 동일한 질문을 다시 할 수 있다. 두 번째 질문을 했다는 것은 답이 부족하다고 생각했기 때문이다. 이런 질문의 특징은 정보를 모르는 상태에서 하는 질문이기 때문에 친절하게 답을 해야 한다. 대답은 구체적으로 말하면 좋다. 그것도 모르냐는

식으로 답하거나 질문을 귀찮아하는 것으로 느껴진다면 세일즈의 기회는 없어지고 만다.

가격은 가치를 설명한 후에

상담에서 초반에서 가장 많이 받는 질문이 '가격' 또는 '할인'에 대한 질문이다. "이 모델의 가격은 얼마인가요? 프로모션은 얼마예요? 어떤 서비스가 있나요?" 고객은 궁금한 질문을 쏟아낸다. 가치를 말해야 하는 질문에는 바로 답하기보다 이렇게 응대해보자.

"가격에 관심 있으시다니 기쁩니다. 이 내용을 설명해드린 후에 가격 부분을 말씀드리면 가격을 보고 좋아하실 거예요" 또는 "모델의 경우 여러 가지 종류가 있고 컬러와 옵션 따라 가격이 달라지게 됩니다. 고객님께 맞는 모델을 찾아서 가격을 안내드릴게요" 또는 "가격 중요하죠! 벌써 가격을 보신다니 기분 좋습니다. 잠시 후에 그 점을 설명해드리겠습니다"라고 응대한다.

이렇게 가격에 관한 질문은 잠시 후로 미루고 상품의 기능을 혜택으로 먼저 설명하는 게 좋다. 왜냐하면 가격과 가치를 동일하게 맞춰야 하기 때문이다. 어떤 상품이나 서비스의 가치를 알기 전에 정보를 얻게 되면 가치 대비 가격이 비싸게 느껴질 수 있다. 설명을 듣고 경험을 해야 그 가치에 대해서 어떤 것이 도움이 되고 혜택을 받는지 알게된다. 이런 설명 없이 궁금증에 대한 답을 빨리 준다면 클로징의 확률은 낮아지게 된다.

만약 한 번 더 가격에 대한 질문을 하거나 성격이 급한 고객이라면 대략의 가격대로 설명하는 방법이 좋다. "1억~8,000만 원대 정도 합니다"라고 범위를 정해서 말해보자. 그리고 가격은 높은 금액부터 먼저 말하자.

가격이 인터넷상에 오픈되어 있고 정상 가격과 실제 판매되는 가격이 다른 경우는 정상 가격표를 먼저 전달해도 괜찮다. 대략 가격을 고객이 짐작할 수 있을 것이다. 이때 고객은 할인이나 프로모션 등 구매 조건에 대한 질문을 할 것이다. 이때도 마찬가지로 질문에 칭찬을 하고 잠시 후에 설명을 드릴 것이고 혜택을 알게 되면 만족하실 거라고 작은 암시까지 더해서 답을 한다. 판매 가격은 충분한 가치 설명이 이루어진 후에 설명하자.

쿠션 대답 따라하기

고객의 질문에 칭찬을 할 경우 이름을 함께 말하면 좋다.

"한번 충전하는데 시간은 얼마나 걸리나요?"

"○○○ 고객님 좋은 질문입니다. 시간이 돈입니다. 고속 충전일 경우는 ○○분입니다."

이렇게 질문에 이름을 말하면 존중과 관심을 표현하게 되어 신뢰 만들기에 도움을 준다.

다음으로 이의 질문인 상품에 대한 걱정이나 반대 의견을 질문하는 경우다. 이런 경우 주의해야 할 것은 때때로 언쟁이 될 수 있기 때문에 고객과 논쟁하거나 싸움할 생각을 하지 마라. 특히 아는 척을 하는 고객이 있다. 자신이 아는 정보가 많다고 자랑하는 경우다. "제가 잘 아는데 이것은 아직도 개선이 안 되었나요?", "정말요? 그런 것도 알고 계시나요? 잘 알고 계시네요. 지금은 개선된 상품이 출시되어 그런 걱정은 안 하셔도 됩니다"라고 말하며 고객의 정보력에 칭찬하라. 하지만 자랑이 계속되어 상담이 길어질 수도 있으니 그 점은 주의하자.

상담을 하면 정말 트집을 잡기 위해서 질문을 쏟아내는 고객도 있다. 이런 질문이 계속된다면 구체적인 질문에 칭찬한 후 구매 결정권자인지 질문을 한다.

"수입차는 유지 비용이 많이 든다고 하는데 어떤가요?"

"좋은 질문입니다. 많은 분들께서 하시는 질문입니다. 이렇게 많은 질문을 해주시니 제가 확실히 도와드리겠습니다. 한 가지 질문을 드리겠습니다. 만약 저희 제품을 구매하신다면 구매 결정은 고객님께서 직접 하시나요?" 이렇게 물어보자. 여러 명의 고객이 함께 온 경우 많은 질문을 하는 사람이 결정권자가 아닌 경우가 많으니 어디에 집중할지를 빠르게 파악하고 상담을 이어가야 한다.

브랜드의 문제점은 뉴스나 인터넷 기사를 보고 문제점에 대해서 질문하는 경우가 많다. 뉴스가 잘못된 기사라도 정보를 맹신하는 고객도 있다. 그런 경우 하나하나 설명할 수도 있겠지만 이런 식으로 해보자.

"뉴스에서 고장난 차때문에 항의하는 것을 봤어요. 고장이 많나요?"

"네. 저도 봤어요. 고객님께서 그런 뉴스를 보셨다면 부정적인 생각이 드실 거예요. 모든 기사에는 보이지 않는 목적도 있는 것 같아요. 정말 저희 제품에 문제가 많다면 이렇게 많이 판매할 수 없었을 거예요. 최근 3년간 판매된 판매 등록된 순위입니다(미리 준비한 자료를 보여주면서 하나하나 설명한다)."

"많은 소비자들께서 저희 상품을 구매해주셨고 그것도 TOP 5 안에 저희 제품의 70% 이상을 차지하고 있습니다. 요즘 소비자 분들이 얼마나 똑똑하신데요. 특히 한국 분들은 대단합니다. 고객님처럼 꼼꼼히 알아보시고 체크하는데 판매 1등을 계속하고 있다는 것은 이미 품질과 서비스가 좋다는 것을 증명한다고 생각합니다. 그렇지 않나요?"

이렇게 걱정을 장점으로 이동시켜보자.

질문이 판매와 관련된 중요한 점이라면 충분한 자료를 사용해서 답을 줘야 좋은 결과를 만들 수 있다. 말로만 한다면 고객은 영업사원이 하는 당연한 대답이라고 생각해버린다. 이때는 "대단하세요! 고객님께서 하신 질문이 정말 중요한 포인트입니다. 제가 지금 그것에 대해서 설명해드리려고 했거든요. 고객님과 잘 통하는 게 있네요!" 이렇게 쿠션으로 질문을 칭찬하고 질문 내용을 자료와 함께 설명하면 된다. 그리고 설명은 논리와 감정을 섞어가면서 설명하는데 고객의 질문이 틀렸다는 느낌이 들지 않게 조심한다.

때로는 영업사원이 대답할 수 없는 질문을 하는 경우도 있다. 잘 모르거나 답변이 어려운 경우는 모른다고 해야 한다. "고객님께서 중요한 질문을 주셨는데 지금 완벽한 답을 드리기는 어렵습니다. 본사와 확인해서 알아보고 다시 알려드리겠습니다." 모든 것에 완벽하게 답하는 것은 불가능하다. 대충하는 답보다 양해를 구하고 확인한 다음에 답변을 하는 것이 신뢰를 보여주는 좋은 세일즈맨이다.

고객의 질문을 환영해라

고객의 질문을 환영하라. 고객은 세일즈맨에게 배우려고 온 것이 아니기 때문이다. 질문은 좋은 신호다.

세일즈는 고객이 최고의 선택을 할 수 있도록 올바른 정보와 선택권을 준비하고 도와주는 것이다. 그러므로 쓰지 말아야 할 접속어나 문장으로는 "이해하셨나요?, 이해되시죠?"를 사용하지 않는 대신 "질문에 충분한 답이 되었나요?"라고 말하자.

그리고 '하지만, 그러나'를 고객의 질문에 대한 대답으로 사용하지 않고 모두 '그리고'로 바꿔준다. 그래도 말이 되고 어색하지 않다. 고객의 의견에 반대되는 접속어는 빼보자. 또한 가격이 '높다, 비싸요'라는 말 대신 '저렴하진 않다, 낮은 가격은 아닙니다'라고 바꿔보자.

"사고가 나서 수리를 하려고 하면 비용이 많이 나온다는데 어때요?"

"보통 사고가 나면 사고 부위에 따라 교환을 할지 복원할지 판단할 수 있습니다. 하지만(그리고) 간단한 주차 흠집이나 외부 도장비용은 국산차와 같다고 보시면 됩니다. 그렇지만(그리고) 자동차보험을 이용하기 때문에 결론적으로 ○○만 원 자기부담금만 내시면 됩니다. 큰 사고 시에는 수리비용이 좀 비쌉니다(저렴하진 않습니다)"라는 표현이 좋다.

고객의 질문을 관심으로 칭찬한다. "아닙니다", "그건 잘못된 정보입니다", "그렇지 않은데요"라고 답변하지 않는다. 이제 우리는 프로 세일즈맨이 되어야 한다. 질문의 내용을 보고 상품을 원하는 것인지 트집만 잡으려고 하는지 파악하는 것도 세일즈맨의 능력이다. 질문의 공이 나에게 던져질 때 스파이크 치듯 탁 내려치지 않고 공을 가슴에 푹신하게 받는 것처럼 안전하게 받고 감싼다. 그리고 천천히 고객에게 걸어가 공을 웃으며 전달해주면 된다. "잘 던지셨어요"라고 꼭 칭찬해 주자.

MEMO

05 모든 불만에 대해
해명할 필요는 없다
| 넘어가기

고객은 상품과 서비스를 구매하려고 할 때 문제나 걱정거리에 대해 질문을 한다. 때로는 좋은 질문도 있고 곤란한 질문도 있을 것이다. 하지만 모든 질문에 대답을 하거나 변호사처럼 모든 것을 완벽하게 이유와 근거를 찾아 변호할 필요는 없다. 상담의 초기 과정에서 이런 여러 가지 질문을 한다. 그렇게 답을 하다 상담의 방향이 이상하게 흘러가게 되는 경우가 많다. 고객은 여러 가지 질문을 하고 영업사원은 그것을 막기 위해 필사적으로 싸우고 있다.

"그게 아닙니다. 잘못 알고 계신 거예요"라는 식의 논쟁으로 이어지면 신뢰는 없어지고 감정만 서로 상하게 된다. 내 말이 틀리다고 말하는 세일즈맨을 도와줄 고객은 아마 없을 것이다.

그리고 어떤 불만은 상품 질문과는 조금 다르다. 혼잣말인 경우도 있고 말하는 고객도 정확하게 모르고 하는 말이 대부분이다. "가격이 너무 비싸요"라는 불만을 말한다면 어떻게 하겠는가? 가격이 안 비싸다고 해명해야 할까? 그럴 필요는 없다. 고객이 정말 원하는 숨은 뜻을 찾는 것이 중요하다. 고객이 상품을 구매하지 않는 이유는 신뢰가 없거나, 상품설명이 부족하거나, 필요가 없거나, 돈이 없을 수도 있다.

가격이 비싸요

고객이 비싸다고 말하는 진짜 이유는 이런 여러 가지 상황일 것이다. 이런 경우 가격이 비싼 게 품질이 좋은 경험 사례에 대해서 이야기하는 것이 가장 좋은 방법이다.

"고객님께서 가격을 중요하게 생각하시니 기분이 좋습니다. 저희 브랜드 특징을 보시면 가치를 보고 구매하시는 고객님들이 많습니다. 모든 상품에는 그만한 가치가 있습니다. 아마 저희 상품이 고객님을 위해 어떤 것을 할 수 있을지 알게 되신다면 정말 좋아하실 거예요! 고객님! 싼 부품으로 만든 저가형 상품보다 최고의 재료와 기술력으로 튼튼하게 만들어 오래 쓸 수 있는 상품을 사용하는 것이 고객님께 더 도움이 되실 것이라고 생각합니다. 정말 좋은 상품은 싸지 않습니다. 싼 상품치고 좋은 것이 없다는 것은 이미 잘 아시잖아요!"

100% 맞는 것은 없다

"제가 좋아하는 컬러는 그린인데 왜 안 나오나요? 따로 주문할 수는 없나요?" 개개인의 취향은 모두 다르다. 우리가 다루는 상품도 이런 모든 소비자의 요구에 100% 맞추기는 어렵다. 개인의 취향을 맞추려고 굳이 설명할 필요는 없다. 이렇게 안내하는 것이 좋다. "저희 모델은 가장 많은 사람들의 마음을 잡을 수 있도록 생산되었습니다. 그리고 가장 많이 판매되는 인기 모델은 이것입니다. 그리고 정말 원하는 컬러가 그린이라면 래핑 업체나 도색을 하는 방법도 있습니다만 추천은 드리고 싶지 않네요"라고 안내하고 기다려보자. 한두 가지 마음에 안 들더라고 대안이 없다면 보통 구매하는 경우가 많으니 불만 등을 해명하는 데 시간을 낭비하지 말자.

확신이 필요하다

어쩌면 고객이 불만을 이야기하는 것은 자신의 선택에 믿음을 확인하고 싶어서일지도 모른다. 여러 가지 불만과 부정적인 질문은 부정적인 생각을 만들게 된다. 프로 세일즈맨은 그것을 아주 가볍게 흘리고 긍정적으로 바꿔야 한다. 다음의 예를 보자.

"기능이 정말 많네요. 기능이 많으면 고장이 많지 않나요?"

"이 기능의 목적은 사람의 생명을 구하기 위해서입니다. 고장이 나서 피해를 주는 걱정보다는 이 기능을 사용함으로 얻는 혜택이 더 크실 거예요!" 이렇게 설명하면 걱정거리가 줄어든다. 세일즈맨은 고객에게 좋은 선택을 했다고 확신을 줘야 한다.

넘어가기

여러 가지 질문에는 정답의 없는 경우도 많다. "15년이 지나면 가격이 얼마가 될까요?" 그건 모르는 일이다. 그냥 한번 웃고 넘어가 보자. 꼭 답을 해야만 한다는 생각을 버리자. 평소 습관처럼 하는 질문일 수도 있다.

예로 시장에서 어떤 아주머니가 밤을 사고 있다. "여기 밤이 왜 이렇게 작아? 벌레 먹은 것도 있네. 가격은 얼마예요? 어머 가격은 왜 이렇게 비싸? 다른 데는 여기보다 더 싼데…" 이렇게 불평하면서 결국 밤을 산다. 주인은 그냥 평온히 "밤이 참 맛있어요"라고 말했을 뿐이다. 실제로 밤은 크고 맛있어 보였다. 우리의 상담에서도 이런 비슷한 경우가 있으니 참고하자.

상황별 대처 노하우

권위적인 손님도 있을 것이다. 자신의 생각만 맞는다고 고집하는 분이 있다면 절대로 의견 충돌을 만들지 마라. 정확한 데이터와 정보 경험으로 직접 선택하고 결정하게 해야 한다. 질문이나 불만에 대답하기보다는 증명할 수 있다면 직접 경험하게 하거나 자료를 보여주고 판단하게 한다.

전화 상담의 경우 불만이나 질문에 대해서 넘어가기 어려운 경우가 있을 것이다. 이런 경우는 고객의 질문이 맞는다고 인정을 하고 나서 다시 긍정적으로 변하는 설명을 이어가보자.

"차가 고장이 날까요? 수리하는 데 몇 달이 걸린다고 하는데 그런가요?"

"네. 고장이 납니다. 차는 기계이기 때문에 완벽할 수는 없습니다. 자동차는 수많은 부품으로 만들었기 때문에 고장이 날 수 있습니다. (그리고) 걱정 안 하셔도 되는 것이 고치지 못하는 고장은 없습니다. 그리고 전국에서 가장 크고 가장 많은 센터를 갖고 있습니다. 이렇게 많이 판매되고 있는 이유는 좋은 품질과 AS 때문입니다."

왜냐하면-예를 들어서-결론적으로

왜냐하면-예를 들어서-결론적으로 이 3가지 방법으로 설명하면 설득력이 높아진다. '왜냐하면'이라는 말이 붙으면 사람들은 그냥 합당한 이유가 있겠구나 하고 생각을 해버린다고 한다. 꼭 대답을 해야 하는 상황이라면 이렇게 해보자.

"왜 ○○ 기능이 빠졌나요? 기능을 사용 못 한다는 겁니까?"

"최근 출시하는 모델에 ○○ 기능이 빠져서 출고됩니다. 왜냐하면 전 세계적인 코로나와 반도체 이슈로 인해서 일부 부품이 생산이 어려운 상황입니다. 예를 들자면 코로나 때문에 변화된 여러 가지 우리 생활에 큰 변화가 있지 않습니까? 이렇게 마스크를 쓴 것도요. 결론적으로 지금은 ○○ 기능이 장착 안 되어 출고되지만 부품이 들어왔을 때 다시 사용할 수 있게 장착해드리겠습니다. 그리고 이에 대한 보상으로 ○○○를 추가 지원해드리고 있습니다." 설득을 높인 방법을 활용해서 불만과 걱정을 해소하고 클로징에 가까이 가보자.

우리의 세일즈는 고객을 행복하게 도와주다 보면 돈을 벌게 되어 있다. 행복하게 만들기 위해서 긍정 단어를 사용하고 생각과 상상을 이용해 행복을 만들어줘야 한다.

데일 카네기(Dale Carnegie)의 저서 《카네기 인간관계론》에서 많은 배움을 얻을 수 있었다. 세일즈맨이라면 필수 읽어야 할 도서다. 카네기는 이렇게 말했다.

논쟁에서 최선의 결과를 얻을 수 있는 유일한 방법은 그것을 피하는 것이다.

- 논쟁을 피하라. 반박하고 승리할 수 있지만, 그것은 공허한 승리다. 상대방에게 상처만 남기고 호의를 얻어내지 못한다.
- 화제를 바꾸어 상대를 칭찬하라.
- 서로의 의견이 다름을 인정하라. 모두가 똑같은 생각을 할 수는 없다.
- 경청하라. 상대에게 충분히 말할 수 있는 시간을 주고, 말을 끊거나 논쟁하지 말자.
- 잘못을 저질렀으면 즉시 분명한 태도로 그것을 인정하라.

걱정거리를 편안함으로 바꿔주는 것이 우리 세일즈맨의 역할이다. 고객의 질문, 불만, 걱정을 긍정과 확신으로 바꾸자. 우리가 만나는 고객은 좋은 고객이 더 많다. 질문은 좋은 것이고 불만은 확신을 받고 싶은 마음이다. 프로 세일즈맨은 고객의 입장에서 설명하고 언쟁이나 논쟁은 피한다. 고객의 불만을 긍정으로 만들어 우리의 세일즈를 멋지게 끌어올려 보자.

06 스토리로 말하라
| 비유하기, 악당 만들기

    세일즈맨에게 비유가 없다면 진정한 세일즈맨이 될 수 없다고 한다. 그만큼 중요한 부분이다. 상품이나 서비스를 설명한다면 우리는 재미있는 사례를 인용해서 고객에게 스토리로 전해야 한다. 직접 경험한 사례라면 가장 좋다. 아직 사례나 경험이 부족하다면 동료 선배나 책에서 배운 내용으로 사례를 만들어도 좋다. 이야기 속에는 즐거움이 있다. 직접적인 사실 정보를 전달하는 것보다 사례를 말하면 더 부드럽고 쉽게 설득이 된다.

    그리고 가치를 비교할 수 있는 상대가 있어야 정확하게 비교가 되니 좋은 점(착한 팀)과 안 좋은 점(나쁜 팀)을 만들어 대비해서 설명해야 한다. 그래야 세일즈맨과 고객은 같은 팀이 될 수 있다.

상상하게 하기

"한번 상상해보세요. 운전대를 잡고 있는 모습이 보이나요? 멋진 ○○○ 모델 자동차를 타고 거리를 달리고 있습니다. 고개를 돌리는 사람들의 시선도 느껴집니다. 차고에 들어오는 고객님을 보고 미소 짓는 아내의 얼굴이 보입니다. 차 문을 잠그며 돌아서는 고객님의 얼굴 표정이 보입니다. 오늘 하루를 감사하며 행복해하고 있는 모습이 보이시나요?" 소유했을 때의 행복을 상상을 통해서 전달하도록 하자. 그것이 줄 수 있는 혜택도 상상으로 설명할 수 있다.

"지금까지 자동차 정비는 어떻게 하고 계시나요? 직접 하신다면 이렇겠죠. 센터에 전화를 합니다. 그런데 전화 연결까지 7분이나 기다립니다. 그리고 전화 연결이 되면 어때요? 다시 고객님 일정과 센터의 가능 일정에 맞춰 조율해야 합니다. 평일만 가능한 일정 때문에 업무에 지장을 줄 때도 있지 않았나요?"

"그리고 당일 센터로 운전해서 들어가고 정비가 끝날 때까지 몇 시간 동안 잡지나 TV를 보면서 기다리셔야 하실 거예요! 하루가 다 없어집니다. 고객님의 수입을 시간으로 나눈다면 큰 손해 아닌가요?"

"저희 제품을 선택하시면 정기점검의 불편함이 사라집니다. 점검 시기가 되면 저에게 연락을 주세요. 일정을 대신 예약해드리고 계신 곳에서 차를 픽업하고 점검 후 다시 가져다드리는 '○○○' 서비스로 기다림의 시간 없이 편하게 방문 서비스를 받게 됩니다. 고객님은 키만 전달해주시고 계속 일에 집중하시면 됩니다. 고객님의 소중한 시간을 절약해드릴 수 있습니다." 이렇게 상상할 수 있도록 설명한다. 그리고 좋은 것과 안 좋은 것을 비교하니 대비가 된다.

비유하기

"매일매일 아침에 세수를 합니다. 저녁에도 샤워하면서 세수하죠. 생활하다 보면 얼굴에 기름도 끼고 먼지도 많이 묻습니다. 차도 운행을 하다 보면 요즘 미세먼지도 정말 많잖아요. 차에도 기름이나 유막 등 많은 이물질이 묻게 됩니다. 우리가 매일 세수하는 것처럼 차의 유리도 세수를 해줘야 해요. 적어도 일주일에 한 번 이상은 워셔액을 꼭 뿌려주셔야 합니다. 자주 할수록 좋습니다. 비 올 때만 사용하신다면 유막이 생겨있어 소음이 나실 수 있어요. 몇 달 동안 안 씻으면 때 밀어야 합니다. 이 경우는 유막 제거제를 사용해서 때를 밀어주실 수 있는데 센터에 오시면 무상으로 해드리고 있어요." 비유는 유머나 즐거움을 사용하는 것도 좋다.

"집이나 부동산을 살 때는 누구나 원하고 가고 싶은 곳, 살고 싶은 곳에 투자하는 것이 가장 안전하다고 합니다. 그렇지 않나요? 그런 곳은 가격도 안 떨어지고 세입자도 빨리 구해집니다. 위치가 좋고 상권도 크고 역세권이라면 가격이 높습니다. 만약 고객님이 투자를 한다면 어디에 투자하시겠어요? 브랜드도 누구나 갖고 싶고 좋은 것을 선택하시는 것이 맞는 투자 아닐까요?" 일상생활의 경험으로 누구나 공감하는 내용으로 설명을 만들어보자.

사례 이야기하기

"제가 타 브랜드 ○○을 타다가 저희 모델 신차로 차를 바꾸게 되었거든요. 그런데 보험을 가입을 하려고 결제하는데 깜짝 놀랐습니다. 돈을 내는 것이 아니라 반대로 보험료가 환급이 되지 뭐예요! 무려

○○만 원이나 환급을 받았어요. 이전 차는 3년 된 중고차인데 신차이고 더 비싼 모델의 보험료가 더 싸다니! 저희 브랜드 모델이 보험료가 가장 싸다는 것을 알게 되었습니다. 보험료는 판매량 대비 부품값 사고율에 비례합니다. 그만큼 많이 판매되었고 부품 가격도 낮고 사고가 적다는 증거입니다." 이렇게 직접 경험한 이야기도 매우 효과적이다. 그리고 모든 사례는 진실이어야 한다.

"겨울에 여성 고객님께서 갑자기 전화가 왔어요. 어디에서 사고가 났다고. 후방 사고였는데 고객님은 놀라서 저에게 도움을 청하셨죠. 저는 그곳으로 빨리 렌터카를 보내드렸고 고객님은 편하게 집으로 돌아오셨어요. 사고 차 입고를 도와드리고 수리 후 다시 자택으로 가져다 드렸을 때 고객님께서 이렇게 말씀하시더라고요."

"사고 났을 때 상대 쪽은 전화하고 계속 기다렸는데 우리는 몇 분만에 렌터카가 오고 사고처리도 직접 도와주셔서 정말 좋았다고 하시며 이래서 좋은 차 타는 거구나라고 느꼈고 저에게 감사하다고 칭찬해주시더라고요. 사고는 예상하지 못 하고 일어납니다. 사고처리 노하우를 가지고 있기에 고객님의 걱정거리도 제가 도와드릴 수 있습니다." 나를 홍보할 수 있는 내용도 사례로 이야기하면 거부감 없이 전달이 된다.

악당 만들기

"어떤 브랜드는 1,000만 원이나 할인을 하죠? 할인을 보고 선택을 하실 수도 있습니다. 그리고 여기서 하나, 고객님만 할인을 받은 건지 확인해야 합니다. 모든 사람이 동일한 할인금액으로 산다면 어떨까요? 이미 그 제품의 가격은 할인받은 가격이 됩니다. 중고차 가격은 거기에서 더 내려갑니다. 할인을 한다는 것은 그만큼 가치가 내려갔다고 보시면 됩니다."

"정상 가격을 올려놓고 할인을 해주는 거처럼 하는 거죠! 저희 브랜드는 정확한 가격과 최고의 가치를 유지하고 있습니다. 그래서 중고차 가격도 다른 브랜드보다 할인을 제외하고도 ○○% 더 높은 가격에 판매되고 있습니다. 여기 자료를 보세요."

"또 어떤 타 브랜드는 처음에는 할인을 안 하다가 몇 달 뒤 할인을 해서 미리 구매한 소비자를 바보로 만들기도 합니다. 저의 브랜드는 이런 부분에도 걱정이 안 하셔도 됩니다. 차량을 구입하실 때 할인 보다 '차량의 가치'를 보고 선택하시는 것이 가장 좋은 선택입니다." 좋은 이유를 확실하게 알리기 위해서는 대비 효과를 만들어야 한다.

 전체 상담의 흐름에서 사용하는 짧은 스토리를 만든다.

1. 세일즈맨과 고객의 관계는 계속된다.

"여기 문자(카카오톡) 보이세요? 이 분이 제가 처음 출고한 고객님이신데 최근에도 연락하고 계시거든요. 저와 한번 인연이 되시면 소중한 인연으로 이어갑니다." 실제 고객의 연락내용이나 계약 상황을 보여주면 신뢰에 도움이 된다.

2. 가족의 사랑과 안전이 무엇보다 중요하다.

"아이가 처음 태어났을 때 기억하시죠? 그 기쁨은 아직도 잊을 수가 없습니다. 세상에서 무엇과도 바꿀 수 없죠! 만약 우리 가족을 지켜주는 슈퍼맨이 있다면 어떨까요? 이 모델은 우리 가족을 지켜주는 슈퍼맨이 됩니다."

3. 불편함이 줄고 시간이 절약된다.

"작은 접촉사고 길에서 보신 적 있으시죠? 혹시 사고 나신 경험 있으신 가요? 작은 사고도 모두에게 손해죠? 수리해야 하고 물어줘야 하고 모든 게 낭비입니다. 예방하는 것이 최선의 방법입니다."

4. 돈이 절약된다.

"화장품 살 때 2+1이라고 광고하면 사게 됩니다. 그것들을 다 잘 쓸까요? 할인 때문에 구매했다가 한두 번 쓰고 안 쓰게 된다면 그것은 버려지는 돈입니다. 반대로 아이크림이나 에센스처럼 좋은 기능성 화장품은 만족하고 끝까지 다 사용하시겠죠. 구매하신 가장 좋은 것을 아직까지 잘 사용하는 것이 있나요? 그렇다면 그저 그런 제품을 사는 것보다 제대로 된 제품에 돈을 쓰는 게 절약하는 방법입니다. 그렇지 않나요?"

5. 경험은 더 높은 경험을 만든다.

"처음 자전거를 탔을 때를 기억하시나요? 그 기쁨은 우리는 새로운 것에 도전하고 이루어가며 새로운 경험을 하고 있습니다. 때로는 도전이 겁나고 무서울 때도 있지 않았나요? 높을 곳에서 점프를 해보기도 했지요. 첫 입학식의 떨림, 처음 타는 비행기, 첫사랑까지 고객님은 어떤 경험을 원하시나요? 새로운 경험은 인생의 원동력입니다. 지금보다 더 높은 경험을 하셔야 할 때입니다. 저희 제품은 고객님을 더 높은 곳으로 올려드립니다. 완벽할 때를 기다리기보다 지금의 선택을 완벽하게 만들도록 함께 도와드리겠습니다." 짜릿했던 경험을 상상으로 자극한다면 고민하고 있는 고객의 선택을 도와줄 수 있다.

어릴 때 할머니가 해주신 옛날이야기처럼 스토리를 담고 스토리의 감정이 고객에게 느껴지게 만들자. 머릿속에서는 동영상처럼 그것이 재생되게 만들고 불편한 상상에서는 정말 짜증이 느껴지게 공감되도록 전달해보자. 스토리로 말하는 가장 쉬운 방법은 내가 직접 경험한 사례를 말하는 것이다.

MEMO

07 몸과 제스쳐, 표정, 향기까지 대화다
| 미소, 향기

　대화는 말로만 하는 것이 아니다. 동일한 말이라도 표정과 몸짓을 더하면 다른 뜻으로 변한다. 이렇게 인간의 커뮤니케이션 능력은 말보다 몸으로 표현되는 것이 더 크다고 한다. 고객을 상담하며 우리가 함께 사용해야 하고 발전시켜야 하는 것이 바로 우리의 몸을 이용한 언어 전달 능력이다.

　"네. 좋습니다"라고 하면서 아주 기쁜 표정으로 웃으면 고개를 끄덕인다. 다음은 "네. 좋습니다"라고 하는데 말을 느리게 하고 표정은 어둡게 고개를 천천히 끄덕인다. 단어는 똑같은 말이지만 처음은 '동의'라는 표현이고, 두 번째 대답은 당신의 말에 동의하지 않는다는 '부정'의 뜻을 표현하고 있다. 말보다 표현하는 방법에 따라 감정 전달이 더 잘 된다. 그래서 상대의 눈으로 보고 눈빛과 표정, 말투, 목소리의 크기, 손동작, 떨림, 얼굴의 색, 쳐다보는 시선, 숨 쉬는 방법, 몸의 방향까지 다양한 대화 언어로 사용되고 있다.

거짓말을 찾아내는 방법을 알아보자. <내셔널지오그래픽 라이프 해킹> '거짓말은 단서를 남긴다'라는 주제였다. 뛰어난 심리 전문가는 세 명의 참가자가 하는 말을 듣고 진실과 거짓말하는 사람을 찾아낸다. 참가자들은 모두 자신이 코브라 심장을 먹었다고 주장하고 있다. 심리 전문가는 한 명씩 돌아가며 질문을 한 후 진실과 거짓을 말하는 사람을 찾아냈다.

미세한 표정 변화를 보고 구분할 수 있는 것은 얼굴에는 42개의 근육과 수천 가지의 표정이 있다고 한다. 그리고 무의식중에 나타나는 미세한 표정은 통제가 안 되고 너무 빠르게 일어나서 표정을 조절하기 전에 그 비밀이 드러난다고 한다.

첫 번째 거짓말하는 사람은 말하기 전에 침을 크게 삼켰다. 그리고 말하고 나서 코를 찡그렸고 진짜라는 것을 강조하기 위해 눈썹을 올렸다. 강한 인상을 남기려는 거짓 행동이라고 한다.

두 번째 거짓말하는 사람은 대답을 하고 나서 입을 다물기 전에 입을 다시 벌렸다. 벌린 입술은 두려움이고 그리고 다시 오므려서 아닌 척을 하는 것이다. 그리고 눈썹이 살짝 올라가고 침을 삼켰다. 이때 목젖이 움직이는 것이 보인다. 마지막에는 입술의 끝을 살짝 올렸는데 이것은 거짓말할 때 주로 나타난다고 한다.

마지막 진실을 말한 사람은 대답할 때 미소를 참으려고 하는 것이 보였다. 코브라 심장을 먹은 느낌에 대한 질문에는 위를 쳐다본 후 자연스럽게 대답했다. 이것은 기억을 떠올리고 진지하게 말한다는 표시라고 한다. 그리고 "대단했어요"라고 말하면서 고개를 함께 위아래로 끄덕였다. 사람들은 진실을 말할 때 즐거워한다. 즐거운 생각을 꺼낼 때는 대각선으로 눈을 올리고 생각한다는 것이다. 그리고 기분을 말할 때는 그때 기억을 떠올리며 고개를 끄덕인다고 한다.

표정 연기 만들기

상담할 때만큼은 표정의 연기자가 되어보자. 눈을 쳐다보면서 질문을 하고 대답을 들으면서는 메모를 하며 아래를 보고 다시 고객의 눈을 보고 번갈아가면서 눈 맞춤을 하자. 만약 고객이 일방적으로 나를 쳐다본다면 피하지 마라. 이럴 땐 웃으면 한 번 더 눈인사를 해보자. 그리고 무엇보다 가장 쉬운 방법은 진실만을 이야기하고 자신 있게 설명하면 표정은 당신의 목표를 위해 얼굴의 근육을 움직이게 할 것이다.

몸으로 말하기

몸의 자세는 꼿꼿하게 쭉 펴보자. 자신감 있게 보이고 실제로 자세는 자신감을 만든다. 목을 뒤로 당기면 몸이 일자로 펴진다. 서서 상담할 때는 가슴을 펴고 고객과의 거리를 유지한다. 너무 가까이 가면 고객이 물러날 것이다. 보이지 않는 거리감이 사람 관계에서 있다고 한다. 지금 옆 사람과 테스트해보자. 몇 미터 떨어져 있다가 함께 걸어오다가 어색하지 않은 곳에서 멈춘다.

그것이 당신과 상대의 '마음의 거리'다. 상대를 바꿔가며 테스트해보자. 신기하게 누군가 더 앞으로 가면 상대는 뒤로 물러날 것이다. 보이지 않는 방어막처럼 동그란 공간이 있으니 고객과의 거리 유지도 신경을 써야 한다.

앉아서 상담을 하는 경우 몸을 고객 쪽으로 너무 기울이지 않도록 하자. 앞으로 숙이면 약해보이고 너무 뒤로 누우면 자만해보인다. 중간을 유지해보자. 단, 고객이 우리 이야기로 들으려고 가까이 온다면 함께 가까이 숙여주는 것이 좋다. 상대가 나를 믿고 신뢰하는지도 몸의 기울기를 보면 알 수 있다.

상담 중 이동 시에 걸음걸이도 고객이 보기 때문에 신경 써야 하는 부분이다. 총총걸음으로 이리저리 빨리 뛰어다닌다면 어떻게 느껴질까? 반대로 적당한 속도로 걸어가는 사람 중 누구에게 신뢰를 느낄지 입장을 바꿔 본다면 알 수 있을 것이다. 급해 보이는 모습보다 여유 있는 모습을 보이자.

설명할 때는 손을 이용하라. 제품을 설명할 때는 모형을 준비하든 비슷한 모양의 사물을 이용해서 보여주며 설명해도 좋다. 그것이 없다면 손으로 함께 설명한다. 손은 최고의 이모티콘이다. '대단해요! 최고예요!'라고 양쪽 엄지를 올린다. 믿음과 신뢰는 주먹 쥔 한쪽 손을 올린다. 손을 편 상태로 이동 동선을 표시한다. 상황극처럼 손으로 운전하며 전화를 받는 모습을 행동으로 보여준다. 이렇게 설명하는 내용을 자유롭게 손을 사용해가며 말하면 말을 잘하지 못하더라도 전달력이 더 높아진다.

목소리 조절하기

목소리의 크기, 속도, 톤도 중요하다. 이것은 혼자 자신의 상담 목소리를 녹음해서 들어보면 정말 큰 도움이 된다. 자주 사용하는 필요 없는 접속어가 꽤 많을 것이다. 음, 아, 일단 등등 누구나 자주 쓰는 단어가 있을 것이다. 그리고 목소리가 너무 큰 경우도 있고 너무 작은 경우도 있다. 몇 달 전 가족과 여행을 갔는데, 설명해주는 직원이 목소리가 너무 작아 나와 와이프 둘 다 귀를 옆에 대고 들었던 기억이 있다.

반대로 너무 큰 경우는 시끄럽다. 듣는 사람도 부담되고 옆에 있는 다른 고객도 함께 듣게된다. 모두에게 피해를 줄 수 있으니 동료직원에게 체크할 겸 내가 말할 때 목소리가 큰지 작은지 물어보자. 나 역시 목소리가 크다는 소리를 듣고 조절하려고 노력한다. 집중하거나 설명에 빠지다 보면 나도 모르게 목소리가 커지기도 한다.

그리고 목소리 조절하는 강약 대화로 하면 집중과 포인트를 줄 수 있다. 신기하게도 오히려 작게 이야기할 때 고객은 상담에 더 집중한다. 말의 빠르기는 고객의 상담 시간 여유에 따라 달라진다. 하지만 평균적으로 빠르게 말하는 것보다 느리게 설명하는 것이 더 고객에게 여유가 있고 신뢰가 있게 느껴진다.

향기는 오래 기억된다

이미 향기의 기억이 가장 오래 기억된다고 말했다. 실적을 올리고 싶다면 세일즈맨은 반드시 좋은 향기가 있어야 한다. 좋은 향기와 자신에게 맞는 향수에 신경 쓰고 투자해야 한다. 아무 향기가 안 나는 사람, 담배 냄새나는 사람, 향기로운 사람 중 누구와 상담하고 싶은가? 세일즈맨의 향기 관리는 대화의 시작일 수도 있다. 만나자마자 담배 냄새가 난다면 아마 도망가고 싶을 것이다.

나는 렌터카를 고객에게 보내드릴 때도 꼭 담배 냄새가 안 나는 차로 보내달라고 요청한다. 그만큼 우리가 제공하는 서비스 공간의 향기도 신경을 써야 한다. 좋은 레스토랑이나 백화점에서는 화장실 향기도 신경 쓴다. 모든 매장은 디퓨저와 향기로 고객을 유혹한다. 이것은 향기가 매출에 영향을 미친다는 증거들이다. 그러므로 향기는 세일즈의 보지 않는 감정을 조정하는 언어라고 생각해야 한다.

입에서도 향기가 나게 해야 한다. 양치는 기본이며 가글을 하거나 물을 자주 마셔야 한다. 말을 많이 한다면 한 시간에 한 번씩은 물을 마셔야 한다. 마지막으로 여름철 땀 관리가 중요하다. 아무리 잘 씻고 향수를 뿌려도 더운 날씨에 땀까지 흘리면 안 좋은 냄새가 날 수 있다. 직설적으로 겨드랑이 땀 관리를 잘해야 한다. 세일즈맨들이 슈트를 입는 경우가 많다 보니 여름철 땀과 의상 관리가 중요하다.

관리 팁으로는 셔츠 안에 화이트 반팔 내의를 입으면 땀을 흡수한다. 여름에는 셔츠는 한 번만 입는다. 이곳에 땀이 많다면 데오도란트(땀 냄새 억제제)를 권장한다. 그리고 상의는 의류 관리 스타일러를 사용하거나 페브리즈(섬유탈취제) 사용해서 향기를 관리하자.

우리 몸의 모든 것이 대화의 언어다. 말로 혼자 한다면 힘들다. 향기와 몸과 목소리와 함께 힘을 합쳐 클로징을 만들어내야 한다. 그리고 더 높은 판매를 위해서는 **전화**로 연결된 고객을 **직접 만나서** 상담할 수 있도록 끌어당겨야 한다. 직접 만나서 대화해야 한다. 한 시간 통화하는 것보다 단 10분 만나는 것이 신뢰와 설득에 더 효과적이다. 이것은 시간이 지나도 변하지 않는 진리다.

08 고객에게 이미 판매가 된 것처럼 말하라
| 다음 단계

상상의 힘을 믿는가? 생각이 현실로 이루어진다는 말은 진실이다. 우리가 지금 보고 듣고 만지는 모든 것들은 한 사람의 상상 속에서 먼저 시작되었다는 점이다. 시간이 지나면서 생각과 기술이 축적되어 새로운 상상을 만들어내며, 지금도 하루가 다르게 새로운 상품, 예술, 첨단과학 등 신기술의 발견으로 인류 문명은 진화하고 있다.

이 생각에 동의한다면 상상의 힘을 이용한 세일즈도 효과가 있지 않을까? 내가 중학생 때 인터넷은 3.6K 통신모뎀으로 전화선에 연결되었다. 그 당시 속도를 비교하자면 사진 하나를 받는데 1분 정도는 소요되었던 것 같다. 유선으로만 가능했던 인터넷이 지금은 무선으로 연결되는 세상으로 변했다. 첫 시작은 빠른 인터넷을 원하는 생각이 그것을 만들었고, 선이 없이 이동하며 영상을 보고 싶다는 상상은 현실이 되어있다.

만약 개인의 생각속에 들어가 그것을 원하게 하고 지속적으로 상상하게 한다면 그것은 현실이 될 가능성이 높아진다. 당신이 이루어낸 모든 것은 이전 당신이 머릿속에 있었던 생각이 현실이 된 것이다. 좋은 것이든, 안 좋은 것이든 그것은 우리 안에 있던 생각이었다. 지금 가지고 있는 옷, 차, 여행까지 구입하고 경험한 모든 것은 먼저 필요함이 생기고 원하고 갖고 싶다는 생각으로 끌어당긴 결과물이다.

우리의 마음속에는 2가지 자아가 있다. 나는 이것을 '꿈꾸는 긍정의 자아'와 '걱정하는 부정의 자아'로 부르겠다. 둘 중 누가 더 강한가에 따라 당신의 삶과 수입이 달라져 있을 것이다. 우리는 이제부터 꿈꾸는 자아를 강하게 만들어야 한다. 요즘처럼 힘든 시기에는 걱정의 자아들이 우리의 마음 약하게 만들고 쉽게 포기하게 만들고 있다. 지금껏 살면서 삶이 나아지지 않는다는 것은 당신의 하루하루가 뒤로 밀리고 있다는 증거다.

이렇게 나이가 들어버린다면 '걱정의 자아'가 모든 것을 차지해버릴 것이다. 두려움은 미움을 낳고 고통과 질병까지 만들어낸다. 질병도 우리가 걱정하며 만든 상상의 힘이 만들지 않았을까? "내가 암에 걸리면 어떡하지? 내가 지금 담배를 피우고 있는데 폐암 걸리면 안 되는데…"라는 이런 상상이 암을 만들 수도 있고, "나는 완벽하고 건강하다. 내 몸은 매일 새로운 세포로 다시 태어난다"라고 믿고 말하며 암을 극복한 사례도 많이 들어봤을 것이다.

꿈꾸는 상상의 힘 전하기

세일즈맨은 고객의 꿈꾸는 상상의 힘을 이용하도록 원하는 것을 정해주고 도와야 한다. 고객에게 이미 판매가 된 것처럼 말이다. 마치 내 것으로 느끼게 만들어야 한다. 말은 쉽지만, 고객의 상상 속에는 이미 걱정의 자아가 일어나 두려움과 걱정거리를 만들고 있다. 가격을 따지고 편안함이 무너지는 경제적 두려움을 심어 결정을 느려지게 만들고 있다.

하지만 이것을 세일즈맨이 긍정의 자아로 가득 차게 만들어준다면 행복을 주는 선택을 할 수 있다. 새로운 경험은 발전의 토대가 되기에 긍정의 자아가 도전하는 쪽을 선택하도록 돕는다.

따라하기 처음 구매하려는 고객에게 시연을 하고 직접 만지고 사용하도록 돕는다. 자동차의 경우는 시승을 경험하는 단계로 볼 수 있다. 고객님께 차 키를 전하면서 이렇게 말한다.

"고객님 한 가지 부탁을 드리겠습니다. 저와 상담하는 동안은 이 차는 고객님 차다, 이 차는 내 차라고 상상해주세요!"라고 말하며 차 키를 전한다. 그리고 한 번 더 질문한다. "이 차 누구 차예요?" 그럼 "내 차예요!"라고 대답하며 웃을 것이다.

그리고 시승을 출고 날로 만들어보자. "오늘 ○○○ 고객님의 새로운 ○○이 출고되었습니다. 축하드립니다!" 짝짝짝! 박수를 쳐준다. 고객도 웃으며 좋아한다면, 잊지 못할 상담이 될 것이다. 그리고 직접 차 키를 꺼내게 하고 문을 열어서 차 안으로 탄다. 세일즈맨은 더 이상 세일즈맨이 아니다. 지인처럼 연기해보자. "인테리어가 너무 이쁘네요" 차를 칭찬해

라. 시승하면서 차량의 장점을 이야기해도 된다.

"운전을 정말 잘하시네요! 저는 옆자리만 타봐도 알거든요. 그래서 그
런지 승차감도 너무 좋습니다." 상품과 고객을 함께 칭찬해보자. "출고한
다면 제일 먼저 어디로 여행을 가고 싶으세요?" 이렇게 여행의 계획을 상
상할 수 있도록 질문해보자. 어린 자녀가 있다면 벚꽃놀이나 아름다운 풍
경에 관한 이야기를 꺼내며 창밖을 보는 것을 유도해보자. "하늘이 너무
예뻐요. 하늘 좀 보세요!"

걱정하는 상상의 힘 대비하기

세일즈맨이 판매하는 상품과 서비스를 고객이 선호한다고 느끼면
그것을 소유했다는 상상으로 생각하게 만들어야 한다. 긍정의 자아는
그것을 이루어지도록 도와줄 것이다. 그리고 부정의 자아가 언제쯤 온
다는 것도 미리 알려준다면 흔들림 없는 계약을 만들어줄 수 있다. 내
가 경험한 오랜 세일즈 과정에서 볼 때 판매하는 상품과 비슷한 가치
의 구매 경험이 많이 없었다면 긍정의 자아가 먼저 왔다가도 걱정의
자아가 바로 공격을 해온다.

그래서 계약한 다음 날에 취소가 많은 것이다. 할 수 있다고 생각했
다가도 "낭비야! 지금은 못해!"라고 하며 원하는 것을 포기하고 내려
놓는다. 긍정의 자아를 이용해서 계약을 받았지만 흔들림이 느껴진다
면 이렇게 해보자.

"고객님 누구나 시승도 하고 계약도 합니다. 고객님의 원하는 것을
막는 걱정이나 부담이 찾아올 수도 있습니다. 누구나 개인적으로 처음

하는 큰 결정은 부담이 따른다고 합니다. 저 역시도 그랬어요. 안 그런다면 다행이지만 혹시나 마음이 변화가 올 때는 저에게 연락을 주세요. 제가 도와드린 분들이 많습니다. 저와 함께하면 원하는 것이 눈앞에 나타납니다."

이런 방법을 쓰지 말아야 하는 고객도 있다. 이미 경험이 풍부한 고객에게는 또 다른 세일즈 방식으로 다가가야 한다. 지금까지 이루어내신 그분의 인생을 먼저 궁금해하고 도움을 요청해서 삶의 지혜를 최소 한 가지 이상 전수를 받아라. 그것이 쌓이면 정말 큰 재산이 된다. 최근 만난 VIP 고객께서 계약 후에 이런 말씀을 하셨다. 글씨 쓰기 연습을 해보라고 다 좋은데 글씨체만 더 깔끔하면 좋겠다고 조언을 주셨다.

지금까지 내 글씨는 원래 악필이지만 고칠 생각을 안했다. 그래서 바로 펜글씨를 프린트해서 따라 쓰기를 일주일 정도 연습했는데 신기하게 글씨체가 교정되었다. 글씨에도 마음을 닮을 수 있다는 것을 배웠다. 계약서 또는 고객 정보를 쓸 때 최대한 정성스럽게 써라. 이미 상상의 힘으로 성공한 분들에게 좋은 점을 보고 배워라.

상상의 힘으로 점프하기

따라하기 상담의 다음 단계를 미리 점프해서 질문한다.

1. 처음 인사하는 단계에서는 옆에 보이는 많은 계약서를 볼 수 있게 한다. 그것은 시각적으로 상상을 만든다. 그리고 한마디를 전한다. "오늘도 많은 분들이 계약을 하고 가셨어요. 저와 만난 분들은 결정을 빠

르게 하십니다."

2. 상담 중간에서는 이미 계약을 하실 거라고 믿게 만들어야 한다. 구매의 상상은 견적서를 준비한 후에 시작된다. "만약 하신다면 결제는 어떻게 하실 건가요?" 만약이라는 단어를 넣으면 상상의 모드가 작동된다. 다음 단계에서 만약을 몇 번 사용할 것이다. 고객이 구매를 가정한 결제방식으로 견적서를 준비한다. "초기 비용이 ○천만 원 준비된다고 하셨죠? 나머지 금액은 48개월로 나누면 한 달에 ○십만 원 정도 나오네요."

그리고 "카드는 ○천만 원까지는 가능한데 어떤 카드를 쓰실 계획인가요? 제가 혜택이 있는지 확인해볼게요!" 초기 비용의 결제도 카드와 현금으로 나누면 부담을 줄여줄 수 있다. 그리고 다음 컬러를 단계까지 나아간다.

3. "만약 저희 모델은 구입하신다면 어떤 컬러가 좋은 신가요?" "어떤 컬러가 있나요?" 컬러표를 보여주고 실제 상품을 직접 찍은 사진을 보여주면 실제의 느낌을 안내한다. 전시모델이나 직접 볼 수 있는 컬러가 있다면 눈으로 직접 보여주는 것이 가장 좋다. 직접 경험하고 모니터보다는 눈으로 직접 확인할 수 있게 도와야 한다.

4. 다음으로는 재고 상황을 체크하면서 대략 출고 예정일을 이렇게 안내한다. 재고 있는 경우 "다음 주 일요일에 여행 잡으시면 됩니다. 하신다면 금요일 출고해드릴게요." 재고가 없다면 "현재 대기 계약이 ○○명이며 출고까지는 대략 ○○개월 예상됩니다"라고 대략의 대기 기간을 안내하고 난 뒤 다음 질문을 한다.

5. "만약 하신다면 차량이 언제까지 필요하신가요? 일정을 확인하고 저도
   그 일정에 맞춰 방법을 찾아보려고 합니다." 이렇게 만약을 이용해서
   결정의 다음 단계를 넘어가고 클로징을 만든다.

그리고 "계약해주세요", "계약하시죠!"라고 말하지 말자. 우리는 프로다. 옆에 있던 계약서를 전하면서 "적어주시면 됩니다", "빨리 드릴 수 있게 신경 쓰겠습니다", "축하드립니다", "신용카드로 받겠습니다", "계좌이체가 편하세요? 카드가 편하세요?" 이렇게 이미 계약은 성사되었고 생각하고 다음 단계로 점프해 말하라.

상상을 이용해서 긍정의 힘과 원하는 것을 갖도록 돕는 것이 세일즈맨의 일이다. 이미 소유한 느낌을 전달하고 직접 경험하게 해서 그것이 현실로 눈앞에 나타나도록 돕는 것이 세일즈맨의 일이다. 우리의 일은 세상을 더욱 발전하게 만들 것이며 우리가 판매한 상품과 서비스는 수많은 나비효과를 만들어 인류를 풍요롭고 행복하게 만들어줄 것이다. 상상의 힘을 전하러 움직일 때다.

PART 04

역대 연봉 세일즈맨의
남다른 영업 기밀

01 나만의 무기를 챙겨라
| 디테일, 준비물

　세일즈를 하기 위한 나만의 무기를 챙겨보자. 가장 중요한 것은 바로 세일즈맨의 몸이 있어야 한다. 건강한 육체가 있어야 건강한 세일즈를 할 수 있다. 그러므로 우리 몸을 먼저 챙겨야 한다. 요즘 손목에 차는 밴드로 건강을 체크할 수 있는 기기가 많이 출시되어 있다. 운동량, 수면시간, 깊은 수면, 심박 수와 오래 앉아있을 경우 휴식을 안내하기도 한다. 나의 건강 패턴을 눈으로 확인할 수 있어 건강 유지에 도움이 된다.

　그리고 누구나 알고 있는 운동이다. 그리고 식습관과 음주의 절제력이 무엇보다 필요하다. 몸은 최상의 상태로 유지해야 에너지와 집중력이 나온다. 만약 회식이나 술자리 다음날 힘들어한다면 이렇게 힘들어하는 일이 없도록 조절해야 한다. 절제를 습관으로만 만들면 언제나 최고의 컨디션으로 세일즈를 할 수 있게 된다.

나만의 무기를 챙겨라

음악 : 배경 음악은 편안함을 주고 오래 머물게 도와준다. 생각할 시간을 만들어주고 상담할 때 말 없는 빈 공간을 채워준다. 그리고 또 다른 상담자와 대화 내용이 겹치지 않도록 도와주기 때문에 너무 조용한 공간이라면 서로 부담을 느낄 수 있으니 잔잔한 음악을 준비해야 한다.

명함 : 명함 지갑과 명함은 기본 준비물이다. 그리고 사진 이미지의 명함을 만들어야 한다. 명함의 이미지 파일은 깔끔하게 만든다. 파일로 받으면 좋으나 어쩔 수 없다면 사진을 잘 찍고 테두리를 잘 조정해서 문자를 보낼 때 함께 첨부한다. 개인 명함의 수량을 잘 체크하고 미리미리 준비하는 것도 기본이다.

가격표 : 세일즈맨에게 가격표는 중요하다. 가치의 기준을 만드는 기본 자료기 때문이다. 가격표를 제시하는 경우 전체적인 고객의 예산과 맞는 상품 선택에 도움이 된다. 지금 사용하고 있는 가격표가 있다면 점검해보자. 위에서부터 아래로 내려갈수록 가격이 올라간다면 바꿔보자. 낮은 가격부터가 아닌 위에서 가장 높은 가격순으로 나열한다. 낮은 가격부터 시작하는 가격표는 아래로 내려가면 가격 부담을 준다.

하지만 높은 가격부터 시작하는 가격표는 아래로 내려가다가 다시 중간까지는 올라온다. 낮은 모델을 선택하고 싶지 않을 것이고 높은 금액을 보고 내려가면 상대적으로 가격 부담을 줄여준다. 매출을 올리고 싶다면 상대적으로 높은 금액이 먼저 보이게 하라. 그리고 가격표는 두 페이지가 아닌 한 페이지에 나와 있어야 한다. 만약 왼쪽부터 낮은 가격으로 시작하고 오른쪽으로 높은 가격이면 오른쪽 페이지는 잘 안 보게 된다.

고객이 가격을 물어보는 경우 "1억 원입니다"라고 말하는 것과 "6,000만 원에서 1억 원까지 다양하게 준비됩니다"라고 말하는 것 중 어느 것이 좋은 답일까? 부담을 줄이고 선택권을 만드는 가격대가 다양하다는 대답이 좋다.

고객 전달 자료 : 최근에는 종이로 된 카탈로그가 많이 줄어들고 휴대전화로 보는 PDF 파일로 된 브로슈어나 카탈로그가 많아지고 있다. 종이로 된 프린트물로 준비하자. 눈으로 한눈에 볼 수 있는 자료를 전달하면 보기도 쉽고 눈이 잘 안 보이는 분들에게는 도움이 된다. 최근 상담에서 고객이 이런 말을 했다. "이렇게 자료를 주시는 분들이 없어요. 세 군데나 다녀왔는데 자료를 주신 분은 처음이에요!"라며 사게 된다면 나를 꼭 찾아오겠다고 약속했다.

남들이 안 하는 것을 하면 플러스 요인이 된다. 상담 후에는 이 자료를 카카오톡 사진으로 전송해서 나중에 다시 볼 수 있도록 전달한다. 자료 전달의 효과는 제품 설명 상담 시간을 줄여준다. 그렇다면 세일즈맨의 신뢰 만들기와 고객의 니즈 파악과 클로징에 더 집중할 수 있다. 제품 설명을 길게 하면 한 시간도 넘는다. 핵심만 설명하고 나머지는 자료를 첨부하는 게 좋다. 상담한 전화로 연결된 고객에게 미리 상품자료를 먼저 전달한다. 그러면 궁금한 점을 확인하고 방문하기 때문에 상담 시간을 효율적으로 쓸 수 있다.

소개 자료 : 신뢰를 만들기 위해서는 자신을 알리는 자료를 만들어야 한다. 여러 가지 방법을 찾아보고 지금 준비할 수 있는 최대로 소개

자료를 모아서 만들어보자. 세일즈맨의 사진을 준비한다. 명함과 함께 보내거나 소개 자료에 첨부한다. 사진이 신뢰를 만드는 데 도움이 되는 건 알고 있을 것이다. 그리고 가족사진을 첨부하는 것도 추천한다. 내 소개 자료에는 가족사진이 들어가 있다.

화목한 가족의 모습을 보이면 가깝게 느끼고 영업사원에서 한 가족의 가장으로 배려해주는 고객들이 많다. 주말 상담을 하면 "주말인데 아이들하고 놀아줘야 할 텐데…. 이렇게 나와서 도와줘서 고마워요" 이렇게 배려해주시는 분들도 많다. 수상 이력이나 근무한 경력도 좋다. 시각적으로 홍보할 자료들을 모아 글과 함께 만든다. 자신의 좌우명이나 신념을 함께 넣어도 좋다.

소개 자료는 PDF와 사진 파일로 저장해서 사진 파일은 고객에게 카카오톡의 묶어 보내기로 전달하자. PDF 파일은 블로그나 클라우드에 업로드해서 링크를 만들어서 전달하는 방법도 있다. 그렇게 되면 링크를 타고 들어와 다른 정보까지 확인할 수 있도록 할 수 있다. 이렇게 만든 소개 자료는 대면 상담 시 나를 알리는 데 활용한다. 너무 길면 자기 자랑이 될 수 있으니 시간을 잘 조정하는 것이 무엇보다도 중요하다.

상세 사진 자료 : 판매하는 상품인 경우 수많은 제품이 있을 수 있다. 이럴 때 모든 제품을 직접 보여주기 힘든 경우도 있을 것이다. 이 점을 대비해서 평소 사진을 찍는 습관을 만들어 판매하는 제품의 사진을 상세하게 모은다. 컬러별, 모델별 사진을 앨범으로 분류해놓아야 한다. 나의 경우는 모델별로 카테고리를 나누어 새로운 컬러, 새로운 내장 등으로 사진을 많이 모아둔다.

우리가 어떤 물건을 살 때 블로그를 검색해서 후기 사진을 보는 것처럼 디테일한 사진을 많이 모아둔다면 좋다. 또는 블로그에 사진을 미리 업로드해서 정리해놓는 방법도 좋다. 미리 만들어 놓은 자료집은 나중에도 반복해서 사용할 수 있어 부지런하면 그만큼 빨리 성공한다. 이렇게 직접 찍은 상세 사진은 아이패드에 넣어서 상담 시에 고객에게 보여주게 된다. 짧은 영상 클립으로 외관을 찍은 것도 준비하면 더 좋다.

그리고 고객들이 자주 물어보는 질문에 대해서도 사진이나 영상을 미리 만들어놓으면 좋다. 예를 들어 자동차에서 가장 많이 듣는 질문은 트렁크에 골프 백이 몇 개 들어가느냐다. 그럼 사진과 영상을 미리 준비해놓고 보여주면 된다. 그리고 이것을 보고 당신의 준비성에 신뢰를 느낄 것이다.

동기화 서버 : 어디서든 자료를 보고 확인하며 공유할 수 있고 동기화되는 자신만의 자료 저장 공간을 만들어야 한다. 에버노트, 원 드라이브, 구글 드라이브, 네이버 드라이브 등 다양하게 있다. 자신에게 맞는 것을 찾아 자신만의 세일즈 도서관을 만든다. 휴대폰에서 수정한 자료는 컴퓨터에 바로 저장된다. 컴퓨터에서 고객 상담 자료를 추가하면 휴대폰에도 바로 동기화가 된다.

이메일에서 첨부된 중요 자료를 저장하고 분류해두면 필요할 때 쉽게 찾아볼 수 있게 된다. 장소에 상관없이 어디서든 나만의 사무실을 만들 수 있다. 고객과 전화 통화를 하면서 자료를 실시간으로 찾아 응대할 수 있다. 그러기 위해서는 에어팟과 같은 블루투스 헤드셋을 사용해야 한다. 내가 사용하는 클라우드는 세 개로 나누어 사용한다.

첫 번째는 원노트다. 이것은 메모와 글 사진 등을 동기화하는 데 최적화되어있다. 상담 내용과 출고 고객 관리를 이곳에서 한다. 이름만 검색하면 모든 정보를 찾을 수 있다.

두 번째는 원 드라이브다. 이것은 마이크로소프트 윈도우에 기본 포함되어 있는 프로그램으로 일반 컴퓨터 기본 폴더를 사용하기 때문에 자료 관리와 동기화가 가장 편하다. 본인의 세일즈에 맞는 자료를 세부적으로 분류하고 관리한다. 상담하다 보면 세부자료가 필요한 경우가 있다. 외부에서도 도서관처럼 필요한 자료를 쉽게 찾을 수 있게 되고 항상 최신 자료로 업데이트를 하면 된다. 이제는 여행이나 이동 중에도 상관없이 필요한 자료나 견적 등을 보낼 수 있게 된다.

세 번째는 구글 드라이브다. 가장 링크 전달이 편한 클라우드 시스템이다. 상품 설명 자료나 안내 자료를 모아두는 곳으로 활용하고 공유 자료를 넣어서 쓴다. 이곳에는 소재 자료나 가격표나 옵션 표 등 상품의 홍보자료를 넣어두는 곳으로 이용하고 있다.

이것을 새로운 습관으로 만들어야만 한다. 새로운 자료는 보통 이메일로 받는데 PC에서 메일을 확인하고 첨부파일을 분류해서 동기화 폴더에 저장만 하면 된다. 반대로 이동 중 이메일을 확인한다면 첨부자료의 공유를 누르면 사용하는 클라우드 앱이 보일 것이다. 이곳에 저장을 하는 습관을 만들면 된다. 세일즈하는 상품이 매년 변경되기 때문에 항상 상품 자료의 정리가 습관화되어야 한다.

추천 방식은 연도별 모델 폴더를 만들어놓자. 과거의 고객이 갑자기 "혹시 이 모델에 이 기능이었나요?" "그때 프로모션 중에 ○○가 포함되었나요?" 과거 당시의 질문은 하는 경우가 종종 있을 것이다. 이럴 때 자료가 잘 정리되어 있다면 안내가 가능하다. "옛날 일이라 기억이 나지 않습니다"라고 말한 기억이 난다면 지금부터 동기화 폴더를 만들자. 당신을 프로 세일즈맨으로 변신시켜줄 무기가 된다.

최근 재택근무를 하는 경우가 늘어났다. 세일즈도 장소에 상관없이 전화로 모든 진행이 가능하도록 만들면 당신의 무기는 제대로 준비가 된 셈이다.

MEMO

02 상품의 자료를 직접 만들면 영업이 달라진다

| 전문가

　세일즈를 하고 있다면 우리가 판매하는 상품과 서비스에 대해서 최고 전문가가 되어야 한다. 그리고 누구보다 잘 알아야 한다. 하지만 그렇지 못한 경우도 많이 있다. 제품 정보를 몰라도 판매는 할 수 있다. 지금 당장은 괜찮겠지만 시간이 지날수록 뒤처지는 것이다. 판매한 상품의 정보에 대해서 알아야 하는 것은 세일즈의 기본이다.

　자신의 능력이 아닌 다른 도움으로 세일즈를 하다가 그것이 없어지거나 문제가 생기면 실적도 내려가버린다. 세일즈의 방법은 여러 가지지만 오래 영업을 하고 싶다면 상품정보의 지식은 계속 알아가야 한다. 판매하는 상품을 직접 사용하고 경험하면서 장단점과 문제 해결방법들을 배우고 자신만의 노하우를 쌓아 고객들을 도와야 한다.

　어떤 정보를 전달한다고 했을 때 다른 사람이 대신 경험한 것을 설명하는 것보다는 내가 직접 경험한 것을 전달하는데 더 쉽게 전달할 수 있고 기억에 오래 남는다. 세일즈하는 상품의 정보가 있다면 그것을 나만의 자료로 재편집해서 나만이 세일즈 자료로 업그레이드하자. 모든 상품의 기능과 옵션은 차이가 있을 것이다. 이 모델에는 있고, 저 모델에는 없고 하는 옵션을 많이 비교하게 된다.

보통 옵션 표의 경우 옵션이 있으면 ●, 없으면 ○으로 되어 있는 경우가 많다. 이렇게 만들면 아래로 내려가면서 포함된 옵션의 이름을 보기 위해 눈을 왼쪽 끝으로 이동했다 다시 왔다 갔다 하며 봐야 한다. 만약 모델의 종류가 많다면 자를 이용해서 가로 줄에 해당 옵션 여부를 확인해야 한다. 다음 표는 쉽게 만들 수 있다는 것이 장점이다. 대부분의 옵션이 이렇게 나온 이유는 편집이 쉽기 때문이라고 생각한다.

	a110	a210	a300	a350	a350	a400a	a400b	a450a	a450b
네비	○	○	○	○	○	●	●	●	●
런플랫	○	○	○	○	○	○	●	○	●
사운드	○	○	●	●	●	●	●	●	●
무선	○	○	○	○	○	●	○	●	●
전동	○	○	●	●	●	○	○	○	○
메모리	●	●	○	○	○	○	○	○	○
통풍	○	○	○	○	○	●	●	●	●
카메라	○	●	●						
원격	○	○	●	●	●	○	●	○	●

이 표는 옵션의 수가 아홉 개뿐이지만 실제로는 더 많을 것이다. 아

래로 옵션의 수가 많을수록 모델의 수가 많을수록 상당히 보기가 힘들어진다. 눈은 아래로 내려가면서 왔다 갔다 옵션을 확인해야 한다. 한 가지 모델의 옵션을 확인하기는 편하지만 멀리 있는 다른 모델과 비교하기가 어려워진다. 내가 보기 힘들면 고객도 보기 힘들다. 상품과 옵션이 다양하다면 좀 더 보기 쉽게 수정해도 좋다. 정답은 없다 내가 보기 쉽게 만들면 된다.

자료 만들기

따라 하기 직접 만들고 사용하는 옵션 표의 예시다. 가로는 모델별 종류로 나누어져 있으며 컬러에 다른 연료 방식이 구분된다. 세로에는 상세 제원과 옵션 등이 분류되어 있으며 공통 옵션과 아래로 내려가면서 해낭뇐 옵션 자이점을 확인할 수 있다. 아래로 내려가면서 포함된 사각형 칸 안은 옵션이 있다는 뜻이고 가로 방향으로 함께 있다면 상위 모델도 포함하고 있는 옵션임을 알 수 있다.

로고	T200	T300	T400	T500
공통사항	주차 센서, 레인 센서, 오토 헤드라이트, 스타트 버튼			
옵션 차이		썬 루프, 후방 카메라		
		사륜구동, 사운드 시스템		
				뒷좌석 TV

모델 라인별 옵션의 차이를 한눈에 알아볼 수 있게 만들었으며 외장이나 내장 휠은 같은 크기의 같은 방향의 사진을 이용해서 다른 점을 한 번에 찾을 수 있도록 글 설명과 사진을 함께 넣었다. 디자인의 차이는 글보

다 사진이 더 좋다. 차이점을 쉽게 알게 되고 나에게 맞는 모델을 잘 찾을 수 있다.

이렇게 직접 정리를 하다 보면 상품에 대해서 정확하게 알 수 있고 본인이 먼저 공부가 된다. 고객의 상담에서는 차이점을 빠르게 안내할 수 있게 되어 원하는 모델을 빠르게 추천해줄 수 있다. 고객의 원하는 모델에 따라 설명 방법도 옵션을 강조하거나 필요성을 낮출 수도 있다. 이 표를 보고 직접 고객이 원하는 모델을 정해서 방문하기도 한다. 긴 설명의 시간을 단축하고 도와준다.

전 모델 자료를 이렇게 직접 만들려면 많은 시간이 필요하다. 계속 새로운 모델이 나오다 보니 고생은 하겠지만 직접 만든 자료를 사용하면 자신감이 생긴다. 그리고 다른 세일즈맨이랑 비교가 된다. 상담을 받은 고객은 "보기 편해요!", "잘 만들었어요!", "다른 곳은 이런 것이 없어서 궁금했는데 이렇게 정리되어 도움이 됩니다"라고 말한다. 이제는 다른 사람에게 도움받는 세일즈맨이 아닌 여러 사람에게 도움을 주고 영향력 있는 세일즈맨이 될 수 있다.

(브랜드로고)	Price list		(개인로고)
모델명+사진	201,000,000원	모델명+사진	180,000,000원
모델명+사진	150,000,000원	모델명+사진	120,000,000원
모델명+사진	90,000,000원	모델명+사진	89,000,000원
모델명+사진	82,000,000원	모델명+사진	75,000,000원

내가 사용하는 가격의 예시다. 설명을 덧붙이자면 높은 가격부터 낮은 가격으로 정렬했다. 브랜드 폰트까지 맞췄다. 그리고 모델별 이미지를 넣어서 사진만 보고도 크기와 모양을 예측할 수 있도록 비율까지 맞추고 아래에는 소속과 연락처를 넣었다. 모델 사진도 비슷한 컬러로 맞춰 최대한 모델 구분이 잘 될 수 있도록 했다. 이외 고객에게 안내하는 자료 등은 직접 편집해서 보낸다. 나만의 시그니처 로고를 넣고 고객에게 그 점도 이야기한다. "제가 직접 정리한 표입니다." 작은 것도 차이점을 만들어라.

세일즈는 매월 프로모션이 나온다. 각 회사마다 프로모션이 다르겠지만 프로모션이 매달 변경된다. 잘못해서 견적에서 실수하는 경우 손해가 발생한다. 이것을 조건표라고 한다. 지금 쓰고 있는 조건표가 있다면 불편한 점이 보일 것이다. 추천 방법은 프린트했을 때 한 장에 모든 정보를 담으면 된다. 고객 상담에서 한 장으로 모든 상담이 되도록 만들면 아주 좋다.

보통 가격과 각각의 프로모션이 따로 여러 페이지에 나뉘어 있는 경우가 많을 것이다. 이것을 한 장으로 합치고 내가 쓰기 편하게 만들다 보니 이제는 다른 영업사원도 내가 만들어준 조건표를 보고 영업을 하고 있다. 내가 설명하기 쉽도록 프로모션 표도 직접 만들어보자. 조건표는 클로징에서 빠르고 정확하게 견적을 제공할 때 사용한다. 그만큼 중요한 표이기 때문에 필요한 정보를 잘 정리해서 넣는 것이 좋다.

내가 만든 조건표의 예시는 다음과 같다. 원래는 컬러, 글씨 굵기, 지난달 대비 변경된 부분까지 세부적으로 만들지만 예시기 때문에 아주 간단한 예로만 안내한다. 실제 할인 정책과는 다르니 참고만 하자.

Date	Model	Price	C	H	M	I	+P	Ta	car
	H 500	○○○○	20	10	30	40			○○
H	H 550	○○○○	20	10	31	45	패키지○○ 컬러○○	○○	○○
	H 600	○○○○	20	10	32	50			○○

조건표는 수입과 직결된 부분이기 때문에 직접 만들어야 도움이 된다. 할인금액을 잘못 계산해서 손해를 보는 경우도 많다. 아래로 길게 되어 A4 한 장 정도 되어 책상에 옆에 붙여둔다. 하나는 휴대폰 사진으로 넣어두고 하나는 작게 프린트해서 상담 견적 시 꺼내볼 수 있도록 한다. 세일즈는 내가 한 만큼 번다. 그리고 판단도 빠르게 해야 한다. 우리가 판매하는 상품의 가격과 할인 및 프로모션 정보는 100% 숙지하고 있어야 한다.

요즘 사람들은 유튜브를 많이 본다. 우리가 세일즈하는 상품의 자료도 수없이 많이 있을 것이다. 다른 사람이 만들어놓은 자료를 링크를 걸어서 사용하고 있지는 않은가? 자동차 같은 경우 사용법이나 매뉴얼 영상 등이 많이 만들어지고 있다. 유튜브는 공개와 일부 공개로 영상을 올릴 수 있다.

인터넷 영업에 제한이 있다면 일부 공개 영상 클립을 만들어서 간단한 사용법이라도 직접 찍어서 업로드하고 고객에게 전달해보자. 나의 경우는 출고 고객에게 링크를 전달하는 방법으로 차량 매뉴얼 안내 영상을 보내고 있다. 사용법을 물어보면 바로 영상을 찍어서 보내고 고객님을 위해 만들었다고 전해보자. 직접 만든 영상이 쌓이게 되면 세일즈의 큰 무기로 변신하는 날이 반드시 올 것이다.

이제는 지적 자산이 중요한 시대다. 작은 부분도 이제는 저작권이 있다. 세일즈맨의 지식에도 저작권을 사용하라. 내가 만들고 내가 편집하여 나의 세일즈에 내가 리드하라.

어떻게 하면 더 쉽게 이해할까? 어떻게 하면 더 빠른 시간에 내가 판매하는 상품을 한 번에 로드맵처럼 보여줄 수 있을지 고민해야 한다. 만들다보면 계속 업그레이드된다. 우리 주위에 좋은 방법이 있다면 벤치마킹하라. 그리고 계속 개선해나가라. 그러면 진짜 내 것이 된다.

MEMO

----

03 스마트폰 고객 관리 시스템 만들기
| 고객 정보 검색, SMS 관리

세일즈에서 중요한 고객 관리는 밭에 씨앗을 뿌리는 것과 같다. 잘 관리하다 보면 좋은 열매를 준다. 시간이 지날수록 새로운 고객은 계속 늘어갔다. 16년 동안 수많은 고객의 데이터를 관리하면서 터득한 영업 기밀을 전수한다. 나의 휴대전화에는 많이 삭제했는데도 7천여 명의 연락처가 저장되어 있다. 처음부터 제대로 관리하면 완벽한 세일즈를 만들 수 있으니 잘 따라 하고 실천하는 것이 가장 중요하다.

스마트폰을 구입할 때는 메모리가 가장 큰 것을 사야 한다. 그리고 잃어버리거나 고장나도 정보를 살릴 수 있도록 PC에 백업하거나 유료로 백업되는 클라우드 서비스를 꼭 사용해야 한다. 왜냐하면 지금까지 쌓아온 노력의 결과물이 사라질 수 있기 때문이다.

세부적으로 영업에 필요한 새로운 것은 사진을 찍고 영상을 찍는 습관을 만들고 그리고 앨범을 꼭 분류한다. 시간이 지나 앨범 관리를 안 하면 옆 동료에게 부탁하게 된다. "혹시 사진 있어? 하나만 부탁해!"라고 도움을 받기보다는 주는 사람이 되자.

고객 관리 시스템 만들기

나는 원 노트를 사용한다. PC와 폰에 함께 설치하고 전자필기장을 만든다. 고객 정보 관리 시 주의할 점은 소중한 고객 정보를 지켜야 한다는 것이다. 개인 정보가 나온 등록증의 경우는 꼭 마스킹 처리하는 것은 알고 있어야 한다. 이외 민감한 개인 정보 자료는 모두 삭제한다.

따라 하기

세일즈 리스트 만들기

원 노트의 필기장을 만든다. 나는 【판매 관리】, 【월별 고객 관리】로 크게 2가지로 대분류를 한다. 【판매 관리】 속에는 [출고 고객], [계약 대기], [판매 관리]로 하위 섹션이 나누어져 있다. [출고 고객] 안에는 지금까지 출고된 고객의 판매 정보가 리스트되어 저장되어 있다.

(예) 2201(날짜는 월별) 손○○(고객명) A123(모델명) 그/브(컬러)
현(구매 방식)
2202 이○○ S300 블/블 현
2203 김○○ E100 화/브 리

제목을 저장하고 내용에는 필요한 출고 정보를 넣는데 글자로 입력은 오래 걸리다 보니 사진을 찍어서 빠르게 업로드를 한다. 스크롤만 하면 현재까지 판매된 모든 판매고객의 리스트가 나온다. 고객명만 입력하면 바로 찾을 수 있는 고객 도서관이 된다. 새로운 재구매와 소개를 도와주는 것은 기존 고객이라는 것을 중요하게 생각하자. 프로 세일즈맨은 신규 고객보다 나를 선택해준 기존 고객을 더 소중하게 생각해야 한다.

[계약 대기]는 계약 후 대기하고 있는 고객 리스트다.

[판매 관리]는 연도별로 정리된 연간 목표와 최종 판매 실적 리스트다.

스티커 메모 만들기

원 노트 안에 있는 프로그램으로 PC 바탕화면에 포스트잇처럼 붙여 놓을 수가 있는데 세 개의 스티커 메모장을 만들어 항상 눈에 보이게 화면 왼쪽에 보이게 한다. 눈에 계속 보이게 하는 것이 목적이다.

첫 번째 스티커 메모는 **[판매 관리]**다. 월 목표와 그달의 판매량이 넘버링되어 한눈에 현재 판매량을 확인할 수 있다. 눈으로 항상 보는 시각화는 현재 나의 자리를 구체적으로 보여준다. 이것은 목표 달성을 하도록 돕는다. 그리고 원 노트 안에 들어 있는 기능이기 때문에 당연히 동기화가 되어 어디서나 확인이 가능하다. 어느 기기에서 수정하든 상관없다. 아래로 넘버링이 계속 추가되고 분기 목표를 달성하는 데 도움이 된다. 마지막 12월 한 해가 끝나면 총 판매량이 완성되고 이것을 원 노트 **[판매 관리]**로 복사해서 연도별로 저장한다. 세일즈에서 목표 설정과 관리는 기본이며 매우 중요하다.

(예) 2021 TA 목표 ○○ 대

1월 목표 6대

1. 최○○ gl200e 블/블

2. 박○○ cl200 그/블

3. 김○○ le400 화/블

두 번째 스티커 메모는 [나중 가망고객]에 대해서 이름과 모델을 넣는다. 최근 고객을 위로 올려 리스트를 만든다. 나중 가망고객은 상담을 하다 보면 지금 필요한 것이 아니라 내년 1월에 자금이 준비되거나, 외국에서 6개월 나중에 오거나 다시 언제쯤 연락달라고 하는 고객을 말한다. 특히 자동차의 경우 연식에 따라 차량이 6개월에서 1년씩 늦어지다 보니 나중에 나오는 신형이나 새로운 모델을 원하는 고객이 있을 경우, 여기에 고객 정보를 넣는다. 일반적으로 현재의 가망고객만을 집중하는 경우가 많다. 이 방법은 놓치는 고객이 없도록 도와주며 정말 손님이 없을 때 한 번씩 확인하다 보면 좋은 열매가 된다.

세 번째 스티커 메모는 [계약 대기]다. 계약 후 재고가 없어 기다리는 고객을 넘버링해서 넣는다. 신규 계약이 추가되면 맨 아래 하위 번호를 추가하고 출고되면 삭제한다. 몇 개의 대기 계약이 있는지와 어떤 모델과 컬러를 대기하고 있는지 한 번에 확인이 가능하다. 계약 대기 리스트가 있으면 새롭게 출시하거나 재고가 준비되는 모델이 있을 경우 미리 연락해서 사전 출고 준비를 할 수 있다. 그리고 옵션이 조금 다른 모델이 있을 경우 빠르게 연락해서 가능한 모델로 변경을 유도할 수 있다. 이렇게 대기 고객을 출고 고객으로 이동하는 것이 중요하다. 그리고 최신 **[계약 대기]**를 복사해 원 노트 **[계약 대기]**로 업데이트한다.

(예) 1. 사○○ AZ20 화/브 재

2. 이○○ AX40 블/블 리

3. 최○○ AL80 그/베 할

대분류인 **【월별 고객 관리】**에는 연도별로 모든 상담 기록이 들어 있다. [16년 당직 일지], [17년 당직 일지]… 예를 들어 당직 일지를 클릭하면 일자별로 상담한 고객 정보가 기록되어 있다. [21년도 당직 일지]로 들어가면 [21.1.11 월], [21.1.17 일]…. 상담 기록이 있다. 처음 제목은 상담 일자로 만들고 내용에는 신규 고객, 내방 고객, 전화 등 상담한 정보를 간단하게 고객명과 상담 내용을 적는다. 이것은 상담이 끝나면 바로 입력해야 한다. 그래야 힘들지 않고 습관으로 만들 수 있다. 상담 기록은 고객을 기억해준다. 그리고 고객과의 약속을 지켜준다. "안녕하세요. 작년 9월 뵈었는데 그때 타시던 ○○모델은 잘 타고 계시나요? 그리고 ○○로 입주하셨나요? 이사하신다고 했는데…. 축하드려요!" 고객의 상담 내용을 기록하고 다시 꺼내서 고객을 대한다면 당신의 세일즈는 따뜻해진다.

전화번호 저장하기

고객과의 상담이 끝나면 고객에게 받은 방명록을 보고 컴퓨터에서 원 노트를 열고 고객 정보를 입력한다. 그리고 휴대전화에 고객 전화번호를 입력한다. 입력하는 방법도 처음부터 습관을 잘 만들어야 나중에 검색이 빨라진다.

고객번호 입력은 +8210xxxxxxxx 한다. 나중에 글로벌화되면 이 번호를 사용하게 된다. 그러니 먼저 +82로 저장하자. 나중에 변경하려면 더 힘들다.

(예) 김○○ 내방 AZ20 평촌 사모 차
    최○○ 전화 AZ40awd 분당 법인

성함 다음 직접 만났는지 전화로 상담했는지 방법을 쓰고 그다음 모델명과 특이사항을 적고 저장한다. 저장이 완료되면 인사 내용과 문자를 발송한다. 인사는 단축키를 사용해서 3~4초 안에 발송한다. 그리고 고객의 연락처 아래 메모란에 오늘 상담 내용을 간단하게 정리하여 넣는다. 원 노트에 적은 내용을 그대로 적는다.

그리고 아날로그 가망고객 표에 펜으로 고객명과 상담 내용을 적고 중요도에 따라 별표를 표시한다. 아날로그 표는 직관적으로 현재 최근 상담 고객을 볼 수 있다. 계약 시 초록색 박스로 이름 테두리를 만들고 출고 완료 시 체크 표시를, 해약 시 X 표시를 한다. A4 한 장에는 한 달 이상의 고객이 보이므로 현재 상담을 진행하면서 다른 상담을 동시에 멀티로 볼 수 있다.

고객 그룹 나누기

저장된 번호는 바로 그룹을 나눠야 한다. 내가 사용하는 연락처 관리 앱은 'iContacts+'를 사용한다. 유료 앱이지만 아이폰에서 그룹 설정과 단체 문자가 가능하다. 단체 문자는 10개씩 나누어 발송되고 좋은 앱으로 강력하게 추천한다.

> (예) [22년 1월]~[22년 6월] 6개의 그룹으로 월별 고객을 저장한다고 보자. 당월의 고객은 핫한 고객으로 자신 있게 연락하면 된다. 3월이 되었다면 분기 마감이니 1~3월까지 단체 문자를 발송할 수 있다. 7월이 되면 앞의 6개월은 [22년 상반기]로 수정한다. 12월이 지나면 [22년 하반기]로 수정한다.

폰으로 보낼 때는 전송 건수에도 제한이 있어 상반기 하반기로 나누어 보내는 것이 좋다. 1일 최대량은 200명 이하를 권장한다. 계속 생각 없이 많이 보내면 스팸으로 신고되어 정지될 수 있다. 꼭 필요한 고객에게만 보내고 (광고)를 넣고 문자를 보내야 한다. 과거 고객이 다시 연락이 되면 최근 그룹으로 업데이트한다. 이렇게 그룹을 관리하면 월별로 고객에 따라 집중적으로 세일즈할 수 있게 된다.

타깃별 문자 보내기

고객 전화번호를 알려준 대로 저장을 했다면 원하는 고객에게만 문자를 발송할 수 있다. 예를 들어 행사를 진행한다고 하면 연락처 관리 앱으로 '내방'이라고 검색하면 방문했던 고객 번호들이 나온다. 전체 내방 고객에게 전송할 수 있고, 기간별로는 그룹 안에서 21년 상반기 중 내방으로 검색하면 그 당시 고객이 검색된다. 모델별로 검색 시에는 'AZ'이라고 검색하면 AZ 모델을 상담했던 고객이 나온다. 구체적으로 'AZ20'이라고 검색하면 해당 고객을 찾을 수 있다. 더 세부적으로 'AZ20awd'를 검색하면 더 구체적인 모델 등급까지 검색이 가능하다. 이렇게 처음부터 모델 입력을 잘하면 필요한 고객에게 효율적으로 타깃 문자나 홍보가 가능하다.

이번 달 새로운 AH 클래스 모델이 출시한다고 가정해보자. 이런 경우 과거 AH 모델을 본 타깃과 하위 모델을 검색해서 문자를 전송할 수도 있다. 또는 갑자기 취소된 재고가 나오거나 소량으로 들어온 모델인 경우 관심 있었던 고객을 빠르게 구분해서 전화나 문자 발송이 가능하다. 그리고 그달의 프로모션이 좋은 경우 해당 모델에 타깃에게 발송한다. 큰 범위에서 작은 범위까지 조절할 수 있어서 좋다. 상담 후 관심 모델이 변경되면 이름을 수정해서 모델명을 변경하면 된다.

단체 문자 기록하기

한 가지 중요한 것을 문자를 반복적으로 보내면 스팸으로 넘어가는 경우가 많다. 내가 언제 보냈으며 어떤 타깃 또는 어떤 기간을 설정해서 문자를 발송했는지 그 기록을 폰의 일반적으로 사용하는 메모장을 활용해서 정리해야 한다. SMS 문자 발송 이력을 월별로 적는다.

(예) 1월 1일 22년 1월~3월 70명 신차 출시 안내
　　　2일 AZ30 50명 프로모션 안내
　　　10일 AX40 70명 시승 행사 안내

이렇게 문자를 보낸 이력을 1년 단위로 관리하다 보면 중복해서 자

주 보내지 않게 된다. 타깃별로 1년에 2회의 문자가 적당하다. 그리고 별도로 생일날과 명절을 포함해 단체 문자를 더하면 최대 4번을 넘지 않도록 권장한다. 문자는 정보의 전달이 목적이니 짧고 간단하게만 보낸다. 1년이 지난 고객에게는 타깃 문자에서 제외하고 기간으로 1년에 명절 1회, 생일 1회 정도 연락이 가도록 한다. 우리를 잊지 않도록 관리하면 된다.

생일 축하 인사하기

카카오톡을 보면 매일 생일인 친구를 볼 수 있다. 하루의 습관으로 생일인 고객에게 생일 축하인사와 세일즈맨이 만든 정보 링크를 함께 발송한다. 특별한 날을 매년 축하한다면 과거 고객도 오래 관리할 수 있을 것이다.

계약 & 출고 고객 관리하기

일반 고객에서 계약 고객으로 변경되면 고객명 뒤에 모델 등을 삭제하고 이름과 계약 대기로 변경한다. 그리고 그룹을 계약 대기로 이동시킨다. 이것은 타깃 문자가 가는 것을 방지한다. 그리고 대기 고객을 관리할 수 있기 때문에 별도 그룹으로 만든다. 해약 시에는 다시 고객명을 해약으로 변경하고 해약 그룹이나 일반 월별 그룹으로 이동된다. 해약은 타사 구매 시 3년 뒤 다시 문자를 보낼 수 있도록 연도별로 관리한다.

계약 대기 고객이 출고 된 경우 이름을 고객명+계약 출고+차량번호로 변경한다. 그리고 출고 고객 그룹으로 이동하는데 연도별로 그룹을 나눈다.

(예) 최○○ 내방 AZ20 → 최○○ 계약 대기 → ○○계약출고 ○부
　　○○○○

단축키 사용하기

시간이 돈이다. 문자 보내는 시간도 빨라야 한다. 메모장에 여러 가지 문구를 저장해놓고 상황에 맞는 문자를 빠르게 보낼 수 있도록 하자. 그리고 아이폰인 경우 단축키가 있는데 'ㅇ, ㄴ' 누르면 "안녕하세요 저는 ○○○입니다"가 완성된다. 세일즈를 하면 고객과 자주 사용하는 문장이 생길 것이다. 그것을 단축키로 저장해서 문자를 보낸다. 보통 첫인사와 출고 후 보내는 안내 등은 미리 만들어 놓은 글을 이용해 시간을 단축해야 한다.

스마트폰을 이용해서 나만의 고객 관리 시스템을 만들고 능숙하게 사용할 때까지 습관을 만들어야만 한다. 이제는 점점 스마트폰 하나로 모든 것이 가능해질 것이다. 스마트한 세일즈맨이 되면 고객의 마음을 알아주는 세일즈맨이 될 수 있다.

04 나를 알리는 마케팅 채널을 통일시킨다
| 프로필 관리

세일즈에서는 내가 브랜드다. 상품과 나를 함께 알려야 한다. 많은 사람들이 나를 찾도록 해야 한다. 어떻게 하면 될까? 정답은 가능한 모든 채널에서 최선을 다하고 잘하고 있는 경쟁사와 경쟁자를 찾아보고 어떻게 알리고 있는지 보고 배움을 얻자. 그리고 명함은 언제나 소지하고 있어야 한다. 언제 어디서 어떻게 만날지 모르는 것이 세일즈다.

카카오톡 프로필 만들기

나를 알리는 데 가장 많이 노출되는 것은 카카오톡이다. 번호를 알고 있다면 프로필이 보이기 때문에 카카오톡의 프로필 설정에 신경써서 나를 알려야 한다. 먼저 프로필 사진이다. 판매하는 상품이 될 수도 있고 나의 얼굴이 나오는 프로필 사진일 수 있다. 프로필을 변경하면 기존에 했던 프로필을 확인할 수 있다. 제품 사진을 올리기도 하고 주소나 명함을 올리기도 한다. 이렇게 만들어진 프로필 사진들을 보고 무엇을 하고 있는지 알 수 있게 된다.

　프로필에는 짧은 동영상 클립을 넣을 수도 있다. 얼굴이 나오는 영상이나 상품이 나오는 광고 영상도 좋다. 가능한 여러 가지도 시도를 해보자. 프로필을 보면서 느껴지는 이미지도 생각해서 만들어보자. 나는 모델 사진, 영상, 문구, 일상 사진 등을 활용하고 있다. 그리고 상담받은 고객들은 세일즈맨의 프로필을 확인할 것이다. 어떤 사람인지 궁금해할 것이다. 판매하는 상품의 전문가의 모습을 보여주자. 그리고 믿을 수 있는 신뢰와 따뜻하고 푸근한 인간적인 모습까지 더하자.

1. 프로필 편집 : 프로필 사진은 작은 동그라미로 되어 있다. 가장 많이 보이는 곳이니 가장 세일즈에 도움이 되는 사진으로 하라. 주기적으로 업데이트하면서 볼거리를 만들어라.

2. 상태 메시지 편집 : 프로필 아래 상태 메시지가 있는데 이곳에는 나를 알리는 멘트와 휴대전화 번호와 이름을 넣는다. 상태 메시지도 변경할 때마다 프로필 이력에 보이기 때문에 글로써 전달하고 싶은 문구를 적는다. 그리고 수정한 것은 홈 리스트에 이력이 남기 때문에 삭제하자.

3. 프로필 배경 편집 : 프로필 뒤에 있는 큰 배경에 채우고 싶은 사진이나 영상 등을 넣을 수 있다. 프로필과는 다른 내용으로 구성하는 게 좋다. 많은 정보를 넣을 수 있기 때문에 나의 경우는 나를 소개하는 짧은 영상으로 프로필 배경을 설정한다. 소리도 있

기 때문에 프로필을 누르고 스피커 버튼을 누르면 인사말이 나오게 된다. 프로필 배경도 과거 배경 프로필 이력을 확인할 수 있으니 좋은 내용으로 구성하자.

SNS에서 나를 알리자

대표적인 SNS는 페이스북과 인스타그램이다. 두 개의 앱을 연동해서 쓰면 한 곳에 글을 올려도 양쪽 모두 올라가게 할 수 있다. 최근에는 인스타그램 사용이 더 많으니 기준을 인스타그램으로 하고 게시물을 하나씩 올려보자. 계정 이름을 정할 때도 세일즈와 관련된 제품이나 브랜드 이름을 함께 써도 좋다. 그럼 검색에서 브랜드명을 검색만 해도 사람이 나올 수 있기 때문이다. 소개에는 이름과 연락처를 넣어 노출시킨다. 사진은 일상 사진과 영업 관련 사진을 번갈아가면서 올려야 인간다움이 보인다. 필요한 태그 #을 써가면서 넣어준다. 판매 후기를 넣을 수도 있고 수많은 자신만의 방법으로 꾸준하게 늘려가야 한다.

하지만 이런 인터넷 영업이 금지되어 있는 브랜드도 있을 것이다. 이런 경우에는 간접적으로 나를 알리는 방식만 가볍게 해보자. 나의 기존 고객과 가까운 친구들 지인들 당신을 알고 있는 사람들만 해도 괜찮다. 당연히 많은 팔로워가 있으면 좋겠지만 꾸준하게 당신을 관리하고 내 일을 사랑하는 모습을 보여라. 그렇다면 주위 사람들이 당신을 찾고 다른 사람들을 소개해줄 것이다. 지금의 세일즈에 최선을 다해서 좋은 결과를 만들어라. 그리고 잘 되는 모습을 자랑하라. 이제는 겸손한 것보다 영업은 나를 드러내고 나를 알리고 나를 사랑해야 잘

할 수 있다.

기존 고객을 팔로워했다면 댓글도 달고 '좋아요'도 눌러야 한다. 그래야 나에게 돌아오는 것이 있다. 그리고 고객의 친구를 팔로워하거나 추천에 뜨는 사람을 팔로워해도 좋다. 꾸준하게 기존 고객의 지인으로 늘려가는 것을 추천한다. 모르는 사람보다 지인이 있는 것이 낫다. 이것도 습관적으로 부지런하게 하루의 일과처럼 '좋아요'를 눌러보자. 잠깐 시간이 날 때나 이동시간 등 자투리 시간에 활용하자.

하지만 주의할 점은 SNS 보면서 세일즈의 시간을 잡아먹어서는 안 된다. 앱에 이용 시간 설정을 해서 30분 이상 보면 종료하라는 알람 설정을 할 수 있다.

블로그는 노트다

가장 오래된 채널은 블로그다. 세일즈 업무에 관한 공부를 하는 것도 블로그에 적어라. 이제는 블로그를 세일즈 학습 노트로 활용하자. 종이에 메모하면 쓰레기가 되지만 블로그에 글을 올리면 정보와 자료가 된다. 일주일에 하나씩이라도 글을 올리자. 상품에 관련된 것도 좋고 관리 방법도 좋고 구매후기도 좋다. 주변 경쟁자를 찾아보고 벤치마킹하는 것부터 시작이다. 습관이 쌓이면 큰 힘이 된다고 한다. 내가 좋아하는 것과 나의 일과 관련된 것 그리고 맛집 후기도 좋다.

그리고 글 쓰는 습관은 생각을 잘 정리할 수 있고 고객의 상담에서 대화 스킬을 올려준다. 다른 사람의 눈치를 보지 말고 일단 시작해보자. 블로그를 보고 나를 찾을 수 있게 하고, 블로그에 유튜브 영상을 넣어서 구독을 늘리고 그렇게 함께 돌아가는 채널들이 서로 힘이 되어 나를 알려 줄 것이다. 포스팅을 쓸 때 글감을 누르고 검색에 단어를 검색하면 그와 관련된 사진이 여러 가지 보여준다.

생각을 넣을 때 사진을 함께 넣고 자신의 생각을 더하면 간단하게 포스팅을 할 수 있다. 그리고 사진 자주 찍어 놓고 상품의 사용법을 올리거나 당신의 세일즈 일과를 올려도 좋다. 누군가 당신을 본다면 매일의 노력은 신뢰를 보여주는 증거 자료가 된다. 처음은 미약하지만 5년 뒤에는 영향력과 수입을 창출하는 파워 블로거가 될 수도 있다. 다른 사람이 하면 우리도 할 수 있는 것이다. 이미 정말 많은 책들과 영상들이 있으니 지금 마음먹고 시작하자.

유튜브 채널 만들기

마지막으로는 유튜브다. 이제는 하는 자와 못하는 자로 나뉘게 될 것이다. 우리가 세일즈에 성공을 하기 위해서는 필수적으로 개인 채널을 만들고 이름도 잘 지어야 한자. 사진이나 개인이 만든 로고를 프로필로 통일 시키는 것이 좋다. 영상을 전문적으로 배우면 좋겠지만 지금은 어떻게 하는지 하나의 영상을 올리는 것이 중요하다. 얼굴이 나와도 되고 안 나와도 된다. 지금 세일즈하는 분야에 올라와 있는 영상을 보고 따라 해보자. 어떻게 영상을 올리는지 해보고, 편집도 해보고 올린 영상의 재생목록을 만들고 무작정 도전해 5개의 영상을 올려보고 업로드하는 방법을 알면 된다.

그리고 고객에서 설명하는 것처럼 상품이나 제품 설명 영상을 만들어보자. 그다음은 배움과 노력의 연속이다. 영상 편집하는 프로그램을 공부하고 컷 편집과 자막 편집도 배워볼 수 있다. 이렇게 단계적으로 조금씩 발전하기를 바란다. 전문가처럼 프로가 아니어도 괜찮다. 타깃을 우선 당신의 기존 고객만을 위한 영상부터 시작한다. 그러다 보면 조금씩 발전해 있을 것이다. 영상은 세일즈 관련 그리고 세일즈와 상관 없는 영상도 좋다.

꾸준히 업로드하다 보면 신기하게도 조회 수가 많이 올라가는 영상이 있을 것이다. 이것을 조금씩 늘려가는 것도 좋다. 유튜브가 처음이라면 시청 시간을 늘리는 것을 목적으로 하자. 유튜브 활동이 가능한 브랜드라면 노력을 할수록 도움이 될 것이다. 만약 불가능하다면 일부 공개로 링크를 전달하는 방식으로만 사용하면서 발전시켜보자.

나중에 세일즈가 유튜브로 많이 이동할 수 있다고 생각이 든다. 과거 검색이 '블로그'였다면 이제는 '유튜브' 검색이 많아지고 있다. 자신의 분야에서 나만의 노하우가 있다면 정보를 콘텐츠화해서 관리해보자. 그리고 자주 설명하는 내용을 영상으로 한번 만들어놓고 고객에게 보여준다면 시간을 절약할 수 있다. 시간이 오래 소요되고 내가 많이 말해야 하는 것을 영상 콘텐츠로 만들자.

세일즈에서 SNS가 주가 되는 영업도 있을 것이고 고객과의 실제 만남으로만 이루어지는 영업도 있을 것이다. 어떤 방법이든 자신이 분야에서 최고가 된다는 마음으로 해야 한다. 자신의 장점을 활용해서 나를 아는 사람을 늘려야 한다. 인플루언서가 점점 많아지고 있다. 큰 영향력을 가진 사람이 되면 세일즈는 쉬워진다. 하지만 이런 인플루언서 역시 우연히 이루어진 것이 아니라고 생각한다. 한 분야에서만큼은 정말 노력하고 미리 움직인 사람들이다. 누구나 할 수 있다고 하지만 영향력을 가진 사람이 된다는 것은 노력이 필요하다.

시대는 계속해서 더 빠르게 변화할 것이다. 성공은 그 분야에서 성공한 사람을 찾아가 배우면 시간을 아낄 수 있다. 그래서 최고를 찾아야 한다. '늦었다고 생각할 때가 가장 빠르다'라는 말이 있는데 늦었을 때 빨리 따라가지 않으면 더 뒤처지고 만다. '늦었다고 생각할 때 빨리 따라가자!'로 바꿔보자. 내 책을 읽고 있다면 빨리 읽고 빨리 따라 하고 나만의 습관으로 만들어라. 그리고 빨리 따라 와라.

MEMO

05 대신 상품을 세일즈해주는 링크를 만들어라
| 시간 절약, 소개 전달

　과거에는 내용이 길었던 장문의 문자 메시지가 많았다. 그러다 사진이 첨부되기 시작했고 최근에는 링크를 연결해서 홈페이지나 유튜브 영상을 바로 확인하는 방식으로 변했다. 링크를 사용하면 직접 파일을 전송하는 것보다 빠르게 볼 수 있는 것이 장점이다. 많은 내용을 문자에 표현하기 힘들다 보니 링크 속에 상세정보를 전달하거나 새로운 행동을 유도하기도 한다.

　요즘은 유튜브를 검색해서 공유하고 싶은 영상을 많이 보낸다. 세일즈에서도 고객이 필요로 하는 정보를 찾아서 보내줄 수 있다. 하지만 고객에게 보내는 영상을 만든 제작자가 당신의 경쟁자일 가능성이 많다. 이때에는 경쟁사가 아닌 본사에서 만든 영상이나 일반 유튜버의 영상으로 공유하길 바란다. 세일즈의 전문가가 되기 위해서는 자료를 모으는 것처럼 링크도 모으고 나만의 세일즈 링크를 만들어 일하게 해야 한다.

링크 모으기

세일즈하는 상품의 정보를 유튜브 검색으로 찾는다. 상품을 감성적으로 홍보하는 CF 영상 링크를 모은다. 메모장에 링크를 복사하고 링크의 제목을 적는다. [광고 영상] 제목과 관련된 상품의 광고 영상을 모은다. 광고는 소비자의 구매 욕구를 위해 잘 만들어졌기 때문에 기능 설명이 완벽히 된 다음 감성을 자극할 때 사용하면 좋다.

다음은 [기능 설명]과 관련된 영상을 모은다. 세일즈맨이 설명할 수 없는 디테일한 영상일수록 좋다. 외국기업이라면 해외 영상에서 링크를 모으는 것이 좋다. 전문적으로 보이고 영상 퀄리티가 높다. 기능이 혜택으로 어떻게 사용되는지 보여주는 영상은 고객의 이해를 빠르게 도와주고 우리가 설명해야 하는 시간을 줄여준다.

이 영상은 길이가 길어도 좋다. 하나의 영상에 많은 기능이 포함되면 좋다. 내가 모으고 있는 링크는 이런 것들이 있다. 신형 vs 구형 비교, 모델별 광고 영상, 안전기능 설명 영상, 신차발표회, 비디오 브로슈어, 파킹 설명서, 국내 광고 모음, 충돌 영상, 주행영상 등의 링크를 저장한다. 그리고 사이트나 블로그처럼 영상이 아닌 좋은 자료 링크를 모으자. 서비스센터의 위치를 알려주는 링크나 브랜드 용품을 구입할 수 있는 쇼핑몰 사이트 같은 사후관리에 도움을 줄 수 있는 링크를 모아 놓자.

링크 전달은 클릭으로 빠른 보기가 가능하며 나중에도 다시 볼 수 있어서 좋다. 문자를 하나 보낼 때 필요한 링크를 복사해서 함께 보내보자. 긴 글보다 짧은 영상 하나가 큰 영향력을 만든다. 전문성 있는 브랜드 자료와 다른 전문가들의 영상을 이용해서 세일즈에 힘을 더해야 한다.

나만의 링크 만들기

링크를 모았다면 이제는 나를 알리기 위한 나만의 링크를 만들 차례다. 나를 소개하고 상품을 알리고 사후관리까지 보여주는 링크 리스트를 만드는 것이다. 이것이 완성된다면 엄청난 시간을 절약할 수 있게 된다. 전문성을 보고 신뢰를 만들어주고 이것을 다른 지인에게 소개할 때 사용한다면 더 쉽게 소개 판매를 이끌어낼 수 있게 된다. 그리고 무엇보다 한번 보낸 링크는 계속해서 업데이트할 수 있다. 다시 보내지 않아도 내가 수정한 최신 정보가 적용된다. 즉 링크는 나의 저장소에 찾아오게 하는 버튼이다. 멀리서도 버튼을 누르면 내가 표현하고 싶은 내용을 전달할 수 있게 된다.

방법은 아주 간단하다. 세일즈맨은 무엇을 고객에게 전달할지 먼저 준비해야 한다. 고객이 가장 궁금해하는 것이 무엇인지 고민하고 어떤 정보를 담아야 할지는 각자 생각해야 한다. 모든 세일즈와 판매하는 상품에 따라 가격에 따라 전략은 달라야 한다. 그리고 전략은 언제나 더 좋은 것이 생각나면 수정만 하면 된다.

매번 연락과 문자를 보내왔던 방식에서 이제는 나의 링크 한 번으로 정보가 계속해서 전달될 수 있게 된다. 정보의 발행자가 되는 것인데 고객이 우리의 정보를 필요하다면 내가 만든 링크를 계속해서 찾게 된다. 그리고 도움이 된다면 링크를 다른 사람에게 전달할 것이다.

이렇게 내가 만든 링크가 우리의 세일즈를 대신해서 도와줄 것이다.

카카오채널 링크 만들기

카카오 채널은 처음 페이지에 명함과 사진처럼 기본 정보를 노출한다. 그리고 소식에는 직접 올린 페이스북처럼 게시물을 올릴 수 있다. 카카오 채널은 공개로 또는 검색이 안 되게 설정할 수 있다. 각자의 영업 환경에 따라 적용하길 바란다. 채널의 가장 큰 목적은 세일즈맨의 소개이다. 프로필 사진에 자신을 알리는 사진을 넣어서 적용한다. 그리고 채널의 링크 주소를 부여받고 테스트를 해보면 링크를 보내면 대화 창에 프로필 사진이 보일 것이다. 그 사진을 누르면 채널로 연결되고 세부적인 것을 확인이 가능하다. 게시물은 직접 만든 링크를 연결해서 세부 정보를 확인하도록 유도할 수 있다. 카카오톡을 가장 많이 사용하기 때문에 카카오 채널로 자기소개의 명함으로 활용한다.

카탈로그 링크 만들기

판매하는 상품을 설명하는 공식 카탈로그나 브로슈어가 있는 저장소 링크다. 링크는 구글 드라이브를 이용해서 폴더를 만들고 이 폴더를 공유하면 폴더의 주소 링크가 만들어진다. 클라우드 앱으로 PC와 휴대전화에서 동기화 되고 공유가 편하다. 그리고 링크를 보낼 때 가장 깔끔한 화면으로 고객이 보기 좋다. 공유하고 싶은 폴더를 하나씩 만들면 된다. 폴더 이름은 [카탈로그(이름 전화번호)] 나의 이름과 번호를 폴더 이름으로 같이 넣는다. 링크의 주인이 본인인 것을 알려야 한다. 그리고 최신의 정보로 그 안을 채운다. 전문적인 자료를 모아서 넣고 지속적으로 업데이트해라. 폴더 안에 하나의 타이틀 사진 파일을 넣어라. 카탈로그 이미지에 맞는 그림에 세일즈맨의 이름과 연락처를 넣어라. 그리고 파일 이름을 수정해서 앞에 '1'을 넣으면 링크를 눌렀을 때 이 사진이 맨 위로 보인다. 타이틀이 있으면 디자인적으로도 좋고 다른 경쟁자가 사용하는 것을 대비할 수 있으며 고객에게는 당신의 노력을 어필할 수 있게 된다.

세부자료 링크 만들기

상품의 세부 비교 자료를 만든다. 나는 내가 만든 옵션 비교표를 모델별로 정리하고 전제 비교표와 전체 가격표를 함께 정리해두었다. 이름은 [옵션 비교 & 가격표]다. 보이는 화면에는 가장 먼저 타이틀 사진과 미리 보기가 된 사진으로 보이는 PDF가 있으면 클릭 시 정보가 큰 사진으로 나온다. PDF 파일은 작은 글씨를 확대해도 해상도가 좋다. 이렇게 내가 만든 자료로 내가 업로드하고 관리하면 링크를 소유한 고객은 매년 새로운 모델이 궁금할 때 이 링크를 확인하면 된다. 이것으로 전문성에 대한 신뢰를 빨리 만들게 되고 실제 만남에서 빠른 클로징을 돕는다.

사진 앨범 링크 만들기

제품의 사진을 저장한 [사진 모음] 링크다. 매번 고객들에게 모델의 차이점을 설명하는 데 시간이 많이 소요된다. 그래서 직접 찍은 실제 사진들로 컬러를 모으고 모델별로 폴더가 나누어져 있다, 그리고 많이 판매되는 모델은 사진 한 장에 3가지 모델의 사진을 합쳐 비교할 수 있게 비교 사진 폴더를 만들어놓았다. 사진을 번갈아 보는 것보다 한 장에 사진에 어떤 점이 다른지 확인하는 방법이 가장 빠르다. 비슷한 디자인의 차이점을 설명할 때 동일한 위치에서 찍은 사진과 동일한 컬러를 이용해서 비교해야 한다. 이렇게 되기 위해서는 사진 찍는 습관이 기본이 되어야 한다.

사용법 영상 링크 만들기

유튜브를 활용하는 [사용법 영상] 링크다. 판매가 완료된 고객 관리를 위한 링크가 필요하다. 어떤 방식이든 도움이 되는 정보가 있어야 한다. 나의 경우는 유튜브 재생목록의 바로 가기 링크를 만들어 사용법 영상을 공유한다. 지금까지 만들어놓은 영상들이 조금씩 쌓이고 있다. 한번 보내준 영상을 다시 찾아보려면 이 링크를 통해 볼 수 있다. 고객들의 궁금한 점들이 비슷하다. 자주 받는 질문들에 대한 공통적인 궁금점을 영상으로 만들면 시간이 아끼고 고객도 쉽게 보고 따라 할 수 있게 된다.

정리된 자료로 만들어진 링크를 메모장에 하나의 메시지로 다듬고 정리한다. 이렇게 완성된 하나의 링크모음 메시지를 상담한 고객에게 전송한다. 카카오톡(이하 카톡)에 최적화되어 있으니 카톡으로 메시지를 보내야 한다. 그리고 상담이 발전하면서 카톡으로 대화가 많아지면 내가 보낸 링크는 뒤로 밀린다. 그럼 다시 보기가 힘들어지는데 이때에는 내가 보낸 링크를 길게 누르면 '공지'로 설정할 수 있다.

그러면 공지는 맨 윗줄에 표시되어 시간이 지나도 언제든 찾아볼 수 있게 된다. 중요한 점은 공지를 보는 방법을 고객에게도 전달해야 한다. 그리고 소개할 때 이것을 "이렇게 복사해 보내주세요"라고 전달한다. 구체적인 사용법을 알려야 행동을 유도할 수 있다. 자세하게 알려주면 고객은 우리를 도와준다.

평소에 하는 "소개해주세요"라는 말 대신 이제는 "공지를 클릭하면 제가 보낸 링크가 보이시죠? 이것을 복사해서 관심 있어 하는 지인에게 보내주세요. 계속 최신 정보로 업데이트됩니다" 이렇게 자세하게 소개를 요청하자.

세일즈맨을 대신해 상품을 알리고 세일즈해주는 링크를 만들어야만 한다. 그러면 링크가 설명을 도와주기 때문에 시간이 더 생긴다. 그 시간은 다시 돈이되며 고객은 새로운 정보로 항상 노력하는 당신을 계속해서 찾게 될 것이다.

06 직접 경험하게 하라
| 터치, 느낌, 기억

　책을 읽으면 간접경험을 할 수 있다. 하지만 글을 쓴 작가만큼 직접 경험한 느낌을 모두 알 수는 없을 것이다. 글로 경험을 표현하고 느낌과 생각을 전달하려면 많은 노력이 필요하다. 말로 전달할 때는 표정과 손동작으로 내 경험을 전달할 수 있지만, 글만으로 설명하기에는 어려움이 존재한다. 고객의 기억 속에 상담에서 설명한 말은 기억 속에 오래 남지 않지만 직접 경험한 것은 오래 남는다.

　세일즈맨이 판매하는 상품을 직접 써보고 경험하는 것처럼 고객에게 직접 할 수 있는 모든 경험을 도와야 한다. 직접 구매한 것과 같은 최대한 비슷한 경험을 만들어보자. 아무리 좋은 점을 말로 설명하는 것보다 한번 직접 보는 것이 빠르다. 사진을 보는 것보다 직접 실물을 눈으로 보는 게 낫다. 컬러도 영상이나 사진보다 직접 본인의 눈을 통하여 볼 수 있게 도와야 한다.

자료를 전달해서 기대치를 높이고 실제로 눈으로 보여주면 소유했을 때의 상상력을 이용해야 한다. 상품의 디자인을 볼 때는 눈으로 한 바퀴 돌면서 전체 형태를 담게 동선을 만들어야 한다. 그리고 가능하면 손으로 만지게 해야 한다. 손바닥으로 온도 질감, 촉감, 무게 등 느낄 수 있는 모든 감각을 사용해서 경험을 유도해야 한다. 이런 정보는 고객의 머릿속에 잠재의식 속 깊이 들어간다.

한번 본 것을 기억을 못 하더라고 이미 우리 잠재의식 속에 입력이 된다. 우리의 꿈을 생각해보자. 꿈은 이미 우리가 한번 봤던 경험에서 만들어진다. 그것도 아주 생생하게 만들어진다. 자동차처럼 타볼 수 있다면 실내로 안내해서 직접 앉아보게 하고 모든 촉감과 향기까지 느껴보라고 권한다. 가죽의 냄새 시트의 느낌과 핸들의 크기 버튼의 조작감 등 한 번씩 눌러보고 작동해보도록 권한다.

내가 좋아하는 <걸어서 세상 속으로>라는 여행 TV 프로그램이 있다. 간접 여행이지만 그래도 자연환경과 아름다운 모습을 볼 수 있어 좋아한다. 하지만 지난 방송을 생각해보면 떠오르지 않는다. 여러 편의 영상이 오버랩되어 뒤죽박죽이 된다. 하지만 우리 가족이 3년 전 직접 다녀온 호주 여행은 아직도 생생하게 생각난다. 향기와 햇빛의 느낌 심지어 물 온도까지 자세히 기억난다. 이런 여행의 경험은 오랜 기억으로 남는다.

놀이동산에 놀이 기구를 탔던 경험을 떠올려 보자. 바이킹의 울렁거림, 롤러코스터 처음 올라갈 때의 두근거림과 속도감 등 짜릿한 경험도 오래 기억된다. 우리가 보여주는 세일즈의 경험도 짜릿한 경험처럼 특별하게 만들어보자. 생각하고 어떻게 보여줄지 고민하고 여러 가지를 시도해보자.

상담할 때는 글이나 사진 설명을 하기 전 먼저 상품이나 모델을 먼저 눈으로 경험하고 시현하는 것을 권장한다. 고객은 궁금해서 왔다. 먼저 경험하게 하면 머릿속에 원하는 것이 더 선명해진다. 경험을 60%, 설명을 40%로 설명하는 시간보다 경험의 시간에 비중을 많이 하면 성공하는 세일즈가 될 것이다. 눈에 보이는 것이면 보이는 모든 것을 경험하게 도와주고 보이지 않는 것이면 보이는 것처럼 상상하게 하고 여러 사례를 들어 간접 경험으로 안내하거나 고객이 경험한 사례와 연관지어 설명해도 좋을 것이다.

자동차의 경우는 시승으로 경험을 만들 수 있다. 시승을 하면 과거의 경험과 비교해서 결정과 선택에 도움이 된다. 시승 후 선택이 변하기도 하는데 비교 시승을 하고나면 예상외의 모델이 더 좋게 느껴지기도 한다. 이렇게 직접 한 경험은 후회 없는 선택을 만들고 도움을 준다. 운전이 부담되는 고객이라면 옆자리에서 동승하는 경험도 괜찮다. 시간이 없다면 짧은 시간도 좋다. 작은 경험이라도 늘리는 상담을 만들어야 한다.

시승에 부담을 갖는 고객이 있었다.

"저는 운전을 못해서 다음에 할게요!"

"이렇게 오셨는데 한번 해보세요! 차는 꼭 시승을 해보셔야 압니다."

"보험도 다 들어 있습니다. 걱정하지 마세요! 제가 옆에서 잘 봐 드릴게요."

"그럼 한번 해볼게요."

이렇게 처음에는 소극적인 반응일 것이다. 이때 그대로 받아들이지 말고 부담을 줄여주고 경험을 추천해야 한다.

"고객님 처음에는 제가 먼저 운전을 하면서 어떤 점이 있는지 보여드리고 돌아올 때 바꿔서 시승하는 것이 어떠신가요?"

"네, 좋아요."

이렇게 세일즈맨이 먼저 차량의 기능을 최대한으로 보여주고 나서 고객의 경험을 시작하는 게 좋다.

"지금 느낌이 어때요? 승차감이 타시는 모델과 차이가 어떻게 느껴지나요?"

시승이 끝나고 나서 주저했던 고객은 "정말 시승하길 잘했어요. 지금 차와 다른 점도 느껴지고 덕분에 도움이 많이 되었어요"라거나 "처음에는 떨렸는데 도착할 때쯤엔 편했어요. 승차감도 좋고 브레이크가 정말 좋네요!"라고 말할 것이다.

평균적으로 시승 후에는 만족도가 올라간다. 이 경험은 집에 돌아가서도 기억에 남는다. 세일즈맨이 열심히 자료나 말로 설명한 정보는 시간이 지나면 다 없어지지만 직접 경험한 것은 짧은 시간이었어도 기억에 오래 남는다.

과거에 상담한 고객이 몇 년 만에 다시 찾아와 차량을 계약한 경우가 있다.

"그때 시승했을 때 정말 인상 깊었습니다. 지금까지 그렇게 시승을 도와주신 분이 없었어요. ○○○ 모델의 시승은 최고였습니다. 자금이 부족해서 연락을 못 드렸다가 이제는 준비가 되어 다시 연락드렸어요."

그 당시 시승을 일반 모델과 고성능 모델을 비교해서 시승했었다. 이렇게 시승의 경험을 기억에 오래 남도록 연출해야 한다. 처음 경험한 고성능 모델 퍼포먼스의 짜릿함이 잠재의식에 깊이 남았던 것이다.

연출은 상상하도록 그리고 최고의 능력을 보여주도록 한다. 그래서 시현을 할 때는 첫 번째는 세일즈맨이 먼저 하고 나서 그다음으로 고객이 경험하게 한다. 고객은 처음이기 때문에 제품의 최대 성능을 고객이 확인하기 어렵다. 세일즈맨이 먼저 능숙하게 최대치의 성능을 옆자리에서 경험하게 도와줘야 한다. 예로 가속 성능과 제동 성능 그리고 코너링 그리고 세이프티 기능까지 최대치를 보여줄 수 있다. 그리고 돌아올 때 고객은 그 경험을 바탕으로 직접 경험과 조수석에서의 간접경험을 더하게 된다.

최근 자동차에는 자동으로 멈춰주는 '능동형 브레이크'라는 첨단 안전기능이 있다. 스스로 제동해서 사고를 예방해주는 기능인데 브랜드 교육이나 론칭 행사에서만 경험할 수 있었다. 그리고 고객에게는 이것을 영상으로 설명하거나 말로 설명할 수밖에 없었다. 나는 이렇게 좋은 기능을 직접 경험했을 때 느꼈던 경험과 전율을 고객에게도 그대로 전달하고 싶었다. 그래서 많은 테스트를 하면서 경험을 늘렸다.

처음으로는 주차 표지판을 이용하기도 하고 반사 스티커를 붙여 인식률을 높이고 고객과 시승이 끝나면 마지막에 자동으로 멈추는 기능을 시연했다. 실제로 테스트를 했을 때 반응은 정말 대단했다. 상황도 실제 사고 상황처럼 소리도 지른다. "안 돼~! 으! 악! 멈춰~!" 심장박동은 빨라지고 멈췄을 때 그 기억은 머릿속에 영원히 기억될 것이다.

최근에는 사람 모양의 더미를 구입했다. 바람 넣어서 만든 사람 모양의 튜브 풍선이다. 그리고 더미에 청바지와 티셔츠 모자를 쓰우고 X 배너에 고정을 했더니 완벽한 사람 모양의 테스트 더미가 완성되었다. 제품 교육에서 사용하는 더미처럼 아주 잘 작동한다.

2021년 겨울에 5년 전 사모님 차를 구매했던 사장님이 가족과 함께 다시 찾아오셨다. 고속도로에서 사고가 크게 났는데 그때 사장님이 타고 계신 모델은 오래된 모델로 자동으로 멈추는 기능이 없는 대형 세단이었다. 차가 고칠 수가 없어서 폐차하게 되었고 무조건 안전하고 옛날 보여줬던 자동으로 멈추는 기능이 있는 안전차를 찾으셨다. 시승하면서 상담이 진행되었다.

"사고가 나니까 운전이 무서워졌어요. 오늘 병원에서 퇴원했는데 자동으로 멈추는 기능 있었으면 이번 사고는 막을 수 있었을 거예요."

"이 차에는 어떤 안전기능이 있습니까?"

"많은 안전기능이 있습니다. 들어가서 영상으로 어떤 기능이 있는지 보여드릴게요!"

"영상 말고 위급 상황에 정말 잘 작동하는 눈으로 확인하고 싶어요."

"혹시 이 기능이 정말 작동되는지 실제로 보여주실 수 있으세요?"

매번 이 테스트를 하지 않지만 이번에는 기회가 되었다.

"역시 전문가를 잘 찾아오셨습니다" 하고 창고에서 준비된 더미를 꺼내어 3번 자동으로 멈추는 시연을 보여주었다.

처음은 가속페달을 뗀 상태에서 멈추는지 테스트하고, 두 번째는 가속페달을 밟고 있는 상태에서 멈추는지 테스트했고, 마지막은 전보다 더 빠른 속도로 가속하면서 보여줬다. 테스트 모두 성공이었다.

많이 테스트를 했지만 할 때마다 매번 심장이 쿵쾅거렸다. 처음 브레이크에서 발을 뗄 때는 발을 핸들까지 올려놓고 밟지 않는 상황을 눈으로 보여준다. 5년 전 테스트의 기억으로 다시 나를 찾았고 두 번째 세이프티 테스트의 경험은 나를 팬으로 만들어주었다. 사모님과 따님까지 차 안에 함께 있었는데 박수와 함께 엄지를 올리셨다. 이렇게 경험은 직접 경험할수록 좋다. 다른 사람이 못 해주는 경험을 전달할 수 있다면 나만의 강점이 생긴다.

세일즈맨은 우리의 상품과 서비스를 사랑해야 한다. 완벽하게 믿어야 한다. 먼저 직접 구매해서 사용한 경험을 고객에게 전달해야 가장 비슷한 소유의 경험을 전할 수 있다. 내 경험은 진실이기 때문에 전달력이 높아진다. 고객이 시연할 때 본인이 느꼈던 장점을 같이 느낄 수 있도록 설명한다.

07 가격은 잊지만 품질은 기억한다
| 비용개념, 가치

    가장 오래 사용한 물건이 있다면 그것의 가격을 기억하는가? 정확하게 기억하기는 힘들 것이다. 또한 할인받은 금액은 어떤가? 이렇게 가격은 잊히지만 아직까지 사용하고 있는 것은 품질이 좋고 가치가 좋은 물건이다. 우리가 사용하고 있는 품질이 좋은 것을 기억해보자. 어떤 것은 오래오래 만족하며 잘 쓰고 있을 것이고 어떤 것은 몇 번 쓰다가 버려지는 물건도 있을 것이다.

가격과 품질은 비례한다

    나는 품질은 가격에 비례한다고 생각한다. 내가 27살 때였다. 첫 직장에 출근할 때 아버지께서 입사 선물로 사주신 코트가 있다. 지금도 16년이 된 코트를 매년 겨울마다 미팅이나 중요한 자리에 입고 있다. 가격은 약 100~150만 원대 정도로 기억한다. 원단은 100% 캐시미어 코트였다. 그 당시에는 캐시미어가 뭔지 잘 몰랐다. 아주 기본적인 솔리드 디자인에 블랙 컬러의 코트였다. 처음에는 이 코트가 그냥 그랬는데 나이가 들면서 코트를 더 많이 찾게 되었고 100% 캐시미어의 원단이 주는 만족도가 높았다.

가볍고 부드러운 것이 장점이다. 그 당시 비싸게 구입했다고 생각했지만 지금 생각해보면 좋은 선택이라고 생각한다. 16년 전 옷 중에 외출할 때 입는 옷은 아마 이 옷 하나일 것이다. 그 당시 유행을 타고 적당한 가격의 옷들은 없어진 지 오래다. 이렇게 품질이 좋은 제품은 더 경제적이다. 그리고 사용할 때마다 기분을 좋게 만들어준다. 이후로는 옷을 고를 땐 원단을 보고 선택하게 되었다. 가격이 높더라도 오래 입을 수 있다면 그게 더 절약하는 방법이다.

이번엔 가격만 보고 구매한 경험도 있다. 결혼 전 아울렛 할인 코너에서 하프코트를 하나 구매했다. 보기에 디자인과 컬러가 좋았다. 특히 할인도 많고 가격도 30만 원대로 저렴했다. 하지만 이 코트는 정말 한두 번 입고 버려지는 옷이 되었다. 아직까지 생각이 나는 것을 보면 후회스러운 선택이었다. 할인 때문에 싸다고 구매한 것은 오히려 안 입게 되고 원단의 품질이 낮고 유행에 타는 디자인이라 한 해가 지나면 재활용 상자로 이동하게 되었다. 한두 번 입고 30만 원을 버린 셈이다.

품질이 좋으면 경제적이다

품질이 좋으면 전체 비용이 내려간다. 자전거로 출퇴근하는 A씨는 새로운 자전거로 30만 원 하는 모델을 구입했다. 그리고 1년 동안 고장이나 수리 비용으로 20만 원이 들어갔다. 그러다 2년이 되기 전에 바디 프레임이 망가져 어쩔 수 없이 다시 50만 원짜리 새로운 자전거를 구입해야만 했다. 2년 동안 자전거를 타면서 100만 원이 소비되었다.

다른 B씨는 자전거 동호회를 가입해 품질 좋은 자전거 브랜드와 정보를 얻었다. 그리고 가장 잘 만든다는 브랜드를 방문해서 130만 원하는 자전거를 할인을 받아 100만 원에 구입했다. 그리고 4년이 되었지만 소모품인 타이어만 교체했을 뿐이다. 비용을 본다면 품질 좋은 자전거가 비용이 적게 들어간다. 아마 시간이 지난다면 차이는 더 크게 날 것이다. 당신이라면 어떤 자전거를 구입하겠는가?

세일즈는 가치를 판매하는 것이다

부자는 물건을 살 때 가치를 보고 구매 결정을 한다고 한다. 가격이 아닌 '가치'를 보고 필요하다면 높은 가격이라도 구매를 한다. 프로 세일즈맨은 고객에게 품질의 가치를 설명해야 한다. 그리고 좋은 선택을 할 수 있도록 도와야 한다. 왜냐하면 상품을 구매하는 사람은 고객이고 시간이 지나도 계속 사용할 사람이 고객이기 때문이다.

즉 세일즈맨보다 소비자가 좋은 물건을 산다면 더 이득을 보는 셈이 된다. 우리가 판매하는 상품의 가치를 정확히 파악해서 얻게 될 혜택과 가치를 설명해야 한다. 그리고 비용개념에 사례를 들어 가치를 전달한다면 가격의 장벽에서 고객을 끌어 올릴 수 있게 된다.

처음 구입한 가격에서 사용 후 다시 되팔았을 때 받는 금액을 빼면 사용한 기간의 '비용'이 나온다. 나는 이 점을 고객에게 강조한다. 비용이 적게 들어가는 게 가장 좋은 선택이다. 그것은 가치가 높은 상품인 경우가 그렇다. 가치가 높다는 것은 새로 나온 최신형 모델이며 품질이 좋고 누구나 갖고 싶은 인기 모델이다. 가치가 높은 상품으로 소개하고 경쟁사보다 좋은 가치를 설명할 수 있다면 자료를 만들어 보여주자.

판매량이 다른 곳보다 많다면 판매량의 가치를 설명해야 한다. 출시 이후 몇 년간의 월 판매량 정보를 보여주면 좋다. 높은 판매량은 그만큼 인기가 많다는 뜻이고 가치가 높다는 것이다. 그리고 나중에 판매하더라도 그 가치가 오래 유지됨을 보여준다.

비용을 설명하라

할인에 집중하는 고객과의 상담에서는 '비용'에 관한 개념을 설명하는 게 좋다. 할인은 그만큼 가치가 내려갔다는 뜻이다. 할인되는 상품은 이월 상품이거나 문제가 있거나 인기가 없어 판매가 잘 안 되어 가격을 낮추는 상황이 대부분이다. 할인에 민감한 고객에게는 이렇게 질문해보자.

"고객님 한 가지 질문을 드려도 될까요? 물건을 살 때 가격과 비용 중 어떤 것을 중요하게 생각하시나요?"

"그게 뭔가요?" 하고 궁금해한다면 고객이 경험한 사례를 찾아 질문해보자.

"싸다고 구입해서 안 쓰고 버려진 것들이 있지 않나요? 투플러스원 행사에서 물건, 안 쓰는 화장품들 등…." 누구나 경험할 만한 사례로 비용개념을 설명해보자.

A씨는 자동차를 구입하는 데 할인율이 높은 P사의 세단 중 7,000만 원 하는 모델을 1,000만 원 할인받고 6,000만 원에 구입을 했다. 그리고 3년 뒤 매각했을 때 3,000만 원에 판매되었다. A씨의 자동차 3년간 총비용은 3,000만 원이 들었다. 1년에 1,000만 원씩 감가상각된 것이다. 다른 B씨는 고급 브랜드인 M사의 9,000만 원 하는 고급 모델을 할인 100만 원을 받고 구입했고 3년 뒤 중고차로 내놓았는데 7,000만 원에 판매되었다. 비용은 1,900만 원이 들었다. 1년 동안 633만 원씩 감가상각된 셈이다.

만약 당신이 자동차를 구매한다면 어떤 선택을 하겠는가? 좋은 차 타면서 더 누리면서 비용도 적게 들어가는 것이 더 낫지 않을까? 이렇게 가치를 보고 판단하면 안전한 투자가 된다는 것을 사례를 들어 설명해보자. 그리고 우리의 삶에서도 똑같이 가치를 보는 선택을 해야 한다. 인간관계에서 가치를 본다면 더 행복할 수 있을 것이다.

가격을 분할한다

프로 세일즈맨은 가격 부담을 낮추고 분할해서 설명하는 것을 알아야 한다. 먼저 상품의 가치를 올리고 나서 가격에 대한 이야기를 시작해야 한다. 먼저 한도 질문을 하는 것이 좋다. 예산과 금액의 한도를 물어본 후 제품을 추천할 때는 한도 금액보다 가치가 높은 모델을 권해드리는 게 고객에게 좋은 것이다. 오래 사용한다는 가정을 하고 좋은 상품을 권한다.

가격의 장벽을 만나면 이렇게 전하라. 가격은 거짓말하지 않는다. 싸고 좋을 것은 이 세상에 없다. 모든 것에는 그에 맞는 가치와 가격이 형성된다. 만약 고객 예산 한도보다 1,000만 원이 올라갔다면 이렇게 이야기해보자.

"고객님께서 생각하셨던 금액은 7,000만 원이라고 하셨는데 이 모델은 8,000만 원입니다. 1,000만 원 차이가 나는 이유는 사륜구동 시스템 400만 원, 헤드업 디스플레이 200만 원, 서라운드 스피커 200만 원, 360도 카메라 200만 원의 가치 때문입니다. 일반 모델 구입 후 옵션을 따로 추가할 수도 없습니다. 그래서 처음할 때 신중하셔야 합니다. 나중에 중고차를 판매하실 때 보면 지금의 1,000만 원이 없어지는 금액이 아닙니다. 모두 사용하는 동안 고객님께서 누리는 혜택입니다. 이렇게 옵션이 좋은 모델은 나중에 인기도 더 좋습니다. 만약 고객님이 5년 동안 타고 판매한다면 내가 고객이라도 옵션이 좋은 모델을 선택할 것입니다. 일반 모델 대비 이 모델이 최소 500만 원은 더 높은 가격을 받게 됩니다. 1,000만 원 추가 비용 아니라 500만 원이 되죠! 5년이면 1년에 100만 원입니다. 한 달이면 8만 3천 원. 하루면 고작 2,777원입니다. 커피 한 잔의 가격도 안 되는 가격에 겨울에도 안전하게 사륜구동을 타시고 편하게 앞만 보고 운전하게 되며 아름다운 음악 들으면 드라이빙을 누리게 됩니다. 그리고 주차까지 쉽게 도와줍니다. 사랑하는 가족을 위해 이 정도 가치는 필요하다고 생각합니다. 그렇지 않나요?"

프로는 가격으로만 판매하지 않는다. 적당한 할인은 필요하지만 과한 가격 경쟁으로는 오래 살아남기 어렵다. 상품의 가치를 부여하고 고객이 직접 선택할 수 있게 돕는 일이다. 부동산을 구입할 때도 입지가 좋고 누구나 살고 싶은 곳에 투자해야 돈도 벌고 안전한 투자가 된다는 것을 누구나 알 것이다. 고객에게 당신은 최고의 가치를 지닌 세일즈맨이 되어야 하고 당신에게 구입해야 좋은 혜택을 받게 된다고 알려야 한다.

그리고 실제로 그래야 한다. '지금 내가 판매하는 상품이 최고의 상품이다. 내가 제공하는 서비스 역시 최고의 서비스다. 그리고 내가 만나는 고객님은 최고의 고객님이다'라고 믿고 세일즈해야만 한다.

구매의 경험은 또 다른 성공의 경험을 만든다는 것을 알아야 한다. 과거의 나와 지금의 나를 비교해보면 누구나 구매의 경험은 점점 높아지고 가치의 기준도 계속 올라가고 있을 것이다. 그것이 우리 삶이다. 우리는 인간으로 태어났고 더 높은 곳으로 올라가며 성숙해진다. 상담할 때 고객을 진심으로 응원하고 새로운 구매 경험을 만들어줘야 한다. 그것이 고객을 현명하게 돕는 일이다.

세일즈는 품질과 가치 비용의 개념을 설명한다. 판매하는 상품의 가치를 데이터로 보여주고 가격에 대한 부담을 적게 분할해보자. 완벽한 때를 기다리면 완벽해지지 않는다는 것 처음 생각을 행동으로 빨리 만들고 행복을 누리는 것이 성공적인 구매라는 것을 알려야 한다. 세일즈는 교육적이어야 하며 도움이 목적이 되어야 한다.

08 질문하는 자가
지배한다
| How, 결정권자, 클로징

　우리는 대화로 상대의 생각을 알 수 있다. 한 사람만 계속 말한다면 상대의 생각을 알기란 어렵다. 단지 표정을 보고 좋아하는지 정도는 알 수 있을 것이다. 어떤 목적을 달성하기 위해서는 어떤 것이 필요한지부터 찾아야 한다.

　상품을 판매한다면 누구에게 판매할 것인지 제품의 타깃이 있을 것이다. 육하원칙처럼 기본적인 정보를 알 수 있다면 세일즈 방향에 도움이 된다. 누가 사용할 것이며, 언제 필요한 것인지, 어디서 주로 사용하게 될지, 이것으로 무엇을 할지, 어떻게 구매할 것인지만 안다면 좋다.

　세일즈맨은 고객에게 질문해서 많은 정보를 얻어야 한다. 대답의 정보가 구체적일수록 더 많은 것을 도와주고 빠른 선택을 도와줄 수 있다. 하지만 고객이 자신의 정보를 쉽게 줄까? 당신이라면 어디 매장에 갔는데 자신의 상황을 모두 말해주는가? 하지만 세일즈맨이 우리 가족이거나 지인이라면 당신은 어떻게 말하겠는가? 아마 지금 현재의 상황부터 필요 없는 이야기까지 많은 정보를 주고 도움을 청할 것이다.

수많은 고객 중에 우리를 단순하게 도와주기 위해서 구입해주는 사람이 몇이나 될까? 모두 개인의 필요에 의해서 구입한다. 그리고 기왕 구입할 거라면 마음에 들고 잘해주는 사람에게 구입할 것이다. 그렇기 때문에 우리는 고객의 마음에 드는 사람이 되어야 한다. 질문을 하기 위해서는 앞에서도 많이 강조한 신뢰 형성, 신뢰 만들기가 우선 되어야 한다. 이것을 잘 연습하고 실천했다면 이번 장은 아주 간단하게 내 것으로 만들 수 있다.

HOW 질문을 만들어라

이런 질문은 생각을 함께 말하게 만든다. 모든 질문에 How를 넣어 보자. "어떻게 생각하시나요?", "어떤 이유가 있나요?" 대답이 길게 나오게 만드는 질문을 하는 것이 목적이다. "세단과 SUV 중 어떤 모델이 좋으세요?"라는 질문은 단순한 대답을 만들어낸다. 직관적인 답이 필요할 때는 이런 질문이 필요하다. 이것은 둘 중 하나를 선택하게 할 때 사용하면 된다. "세단이요"라고 답한다면 "세단을 어떻게 생각하나요? 어떤 점이 좋은가요?"라고 질문하면 고객의 생각을 구체적으로 얻을 수 있다. 자연스러운 질문이 되도록 노트나 휴대전화 메모장에 세일즈 질문을 만들어보자. '어떻게'와 '어떤'을 넣어서 말이다.

구매의 목적을 하는 질문을 먼저 만들어보자. "어떻게 찾게 되셨나요? 좋은 일이 있으신 건가요?" 어떻게와 독심 질문으로 긍정의 정보를 찾아내자. 어떤 것이 필요한지 이유를 찾을 수 있을 것이다. 추천하는 모델이 있다면 경험을 하도록 시연과 시승 후 "어떻게 생각하시나요?"라고 질문하자. 제품에 관한 생각을 얻어낼 수 있을 것이다.

구매 방법에서 "사용하고 계신 모델은 어떻게 결정하게 된 건가요? 이 질문은 과거의 경험에서 판단 기준을 얻을 수 있는 아주 중요한 질문이다. 과거의 구매 결정방법이 비슷하기 때문에 중요한 포인트를 과거의 구매에서 찾아야 한다.

따라하기 **질문 만들기**

"두 분이 어떻게 만나셨나요?"– 대답에 고객 칭찬하기

"원하시는 것은 무엇인가요?" – 선호하는 것을 얻을 수 있다.

"어떤 이유로 그것을 원하시나요?"– 좀 더 구체적인 이유를 얻는다.

"처음에 어떻게 시작되었습니까?" – 시작의 상황 원인

"어떻게 그런 결정을 하셨나요?" – 과거의 결정 방법

"이것은 어떻게 생각하시나요?"– 고객의 생각

결정권자 찾기

상담에서 누가 구매할지 누가 구매 결정권이 있는지 확인해야 한다. 상담을 하다 보면 열심히 상담했는데 결정권이 없는 사람이라면 다시 결정권이 있는 사람과 상담을 해야 할 것이다. 방향을 잘못잡고 상담하면 시간과 에너지가 낭비된다. 상담 중간에 질문해서 결정권자인지

확인하는 과정을 만들어라. 보통 결제를 할 수 있는 고객이 결정권자다.

"어떤 분이 사용하시나요?", "그럼 결정은 직접 하시나요? 가족분과 함께 하시나요?"라고 결정권자를 찾는 질문을 해야 한다. 어떤 고객은 "제가 직접 탈 차고 제가 결정합니다"라고 한다. 또는 "저희 부모님이 타실 차량인데 제가 대신 와서 알아보는 거예요. 결정은 부모님이 하실 거예요"라고 한다. 이때는 부모님과 약속을 유도해야 한다. 또 다른 경우는 "와이프가 탈 차인데 결정은 제가 다합니다"라고 말하는 고객도 있다.

때로는 "저는 회사에서 지원되는 차라서 모델과 가격을 보고 기안을 제출해야 합니다"라고 대답하기도 한다. 이런 여러 가지 결정권자에 대한 정보를 얻을 수 있을 것이다.

상담을 열심히 했지만 구매 결정권자 즉 결제를 하는 사람이 아닌 경우가 많다. 특히 가족 단위나 여러 사람이 함께 방문했을 경우는 꼭 결정권자가 누구인지 질문해야 한다. 그리고 같이 오신 분들의 관계도 얻을 수 있다면 좋다. 부부인지 남매인지 친척인지 연인인지 우리의 판단으로 예측해서 실수하는 경우를 막기 위해서다.

가족 단위 상담 시 "결제를 해주실 분이 어느 분인가요?" 질문해서 칭찬을 해주자. 남편이라면 아내에게 "축하드립니다"라고 미리 암시를 보낸다. 그리고 남편에게는 "대단하십니다. 사모님은 충분한 자격 있으십니다"라고 즐거운 암시를 보낸다. 자녀가 부모님을 위해 선물한다면 "고객님 대단합니다. 너무 좋으시겠어요. 아드님이 대단합니다"라고 칭찬을 해야 한다.

칭찬은 돈이 들지 않는다. 기왕 상담할 때 서로 기분이 좋아야 모두가 행복해지는 법이다. 기분을 좋게 만들어주는 것도 프로 세일즈맨의 기본으로 생각했으면 한다.

여왕 찾기

모든 최고의 권력을 갖은 성공한 사람 옆에는 배우자가 있다. 대통령에게는 영부인이 있다. 권투 세계 챔피언은 가장 강한 남자지만, 뒤에는 챔피언을 움직이는 아내가 있다. 그리고 역사적으로 쇼핑과 구매의 결정은 대부분 여성의 결정이 큰 영향을 미친다는 것이 연구 결과다. 백화점의 판매량은 여성 고객이 더 많다. 고가일수록, 명품일수록 여성이 구입을 많이 한다.

성공한 부자를 움직이는 것은 여왕이다. 아무리 높은 지위와 부를 가진 강한 사람을 움직이게 하는 것은 그가 사랑하는 여왕이란 것을 중요하게 생각해야 한다. 그렇기 때문에 상담에서 여왕을 칭찬하고 여왕께는 감성적인 접근이 중요하다. 이것은 앞서 말한 성 에너지와 상관이 있다. 다이아몬드는 영원한 사랑을 의미한다. 다이아몬드를 구입하는 사람은 남성이고 그 다이아몬드를 소유한 사람은 여성이 된다.

수많은 소비재와 상품의 마케팅은 여성을 타깃으로 한다는 것을 알아야 한다. 화장품, 의류, 헤어, 피부, 성형, 명품, 보석, 가방, 액세서리, 가구, 소품, 잡지 등 수많은 것이 여성을 타깃으로 한다. 여성의 라인업은 남성보다 세분화되어 있는 큰 소비 시장이다. 결정권자인 남성을 움직이는 여왕을 찾아 함께 돕는다. 여왕을 위한 선물을 챙겨보자. 작은 것도 좋다. 사은품, 커피 쿠폰, 좋은 물 등 작지만 섬세한 선물을 먼저 건네보자. 여왕에게 점수를 따고 신뢰를 얻어야 한다.

클로징 핵심 질문 만들기

상담 후 구매 결정을 하는 클로징은 여러 질문이 쌓이고 질문의 답으로 찾아가면서 결제나 계약금을 받는 것이다. 세일즈맨이 말을 더 많이 하는 것보다 고객이 말을 많이 했을 때 클로징이 올라간다. 고객이 말을 많이 하려면 마음이 편해야 한다. 고객의 마음을 잘 알아줘야 하고 부담이 없어야 한다. 나를 도와줄 사람이라고 신뢰해야 한다. 그래야 마음을 열고 많은 말을 할 것이다.

신뢰가 구축된 다음 핵심 질문을 해서 클로징을 만들어야 한다. 핵심 질문에서는 결정에 망설이는 부분과 문제점을 해결할 수 있도록 답을 찾아준다. 가장 중요한 정보를 마지막에 알려주는 경우가 종종 있다. 보통 고객의 재정 상황도 이에 포함된다. 돈이 다른 곳에서 나온다거나 다른 사람이 대신 결제를 한다거나 여러 가지 개인 사정이 있을 것이다. 사고는 싶지만 주변 환경으로 인해서 구입을 망설이는 고객도 있으니 클로징 전에 핵심 질문을 잘 사용해서 어려움을 해결하고 고객이 행복할 수 있도록 좋은 선택을 만들어주자. 모든 것은 판매되어야 한다. 그것이 세상을 움직이게 한다.

"어떤 점을 가장 중요하게 생각하시나요?"

"저희 제품 말고 다른 브랜드 제품도 보시는 것이 있나요?"

"이번 결정을 하는데 다른 분의 의견이 필요한가요?"

"결정하는 데 어려운 점이나 문제 되는 것이 있을까요?

"이 모델이 고객님께 필요하다고 생각하시나요?"

"혹시 제가 아직 알지 못한 정보가 있을까요?

질문하는 자가 세일즈를 지배한다. 설명하는 것보다 질문하는 것이 더 어렵다. 어떤 질문을 할지 막막할 때가 있을 것이다. 신뢰가 형성된 다음 고객에게 이렇게 말해보자.

"제가 고객님을 도와드릴 건데요. 그러기 위해서 많은 정보가 필요합니다. 저에게 알려주실 수 있는 정보를 주시면 더 많이 도와드릴 수 있습니다. 몇 가지 질문을 드려도 괜찮을까요?"라고 물으면 "네"라고 대답하는 고객이 많을 것이다. 이렇게 다음 상황을 예측하고 질문을 한다면 많은 정보를 얻을 수 있다. 필요한 질문을 만드는 것은 실천과 연습뿐이다. 지금 당장 행동하라.

MEMO

PART 05

거절당한 후에
영업은 시작된다

01 거절당한 후에 영업은 시작된다
| 잠재고객을 잡아라

모든 상담이 계약으로 이어진다면 얼마나 좋을까? 그래도 상담을 많이 할수록 많은 고객을 만날수록 계약은 늘어난다. 10명 중 2명이 계약할 수 있고 10명 중 4명이 계약할 수도 있다. 그리고 내가 지금까지 영업하면서 계약한 사람보다 안 한 사람이 더 많다. 우리에겐 이런 수많은 잠재 고객이 생성된다. 상담하고 계약을 하거나 다른 타사 브랜드를 선택하거나 구매를 보류하거나 다양하다.

공통적인 대답은 "생각해보고 연락드릴게요"다. 이 대답을 들었다면 가망고객으로 분류될 가능성이 높아진다. 상담이 끝나고 결정 없이 나갔다는 것은 클로징 확률이 낮아진다는 뜻이다. 정말 생각해보고 가족과 상의해서 연락을 주는 경우도 있지만 느낌으로 알 수 있다. 사고 싶은지만 상황이 안 되는 경우도 많다. 최선을 다했다면 마지막에 소개의 인연을 만들어달라고 부탁해보자. 다시 필요할때 연락 주시면 언제든지 도와드리겠다고 약속해라.

다시 찾아오는 인연

사람은 시간이 지나면서 성장한다. 내가 20대에 하지 못한 것을 이제는 부담 없이 살 수 있다. 30대에 못 샀던 것을 이제는 안 보고도 구입한다. 이렇게 구매의 경험은 계속 올라가기 때문에 지금 세일즈에 성공하지 못해도 시간이 지나서 다시 나를 찾을 수 있다. 그때가 될 때까지 해야 되는 것은 1년에 1~2번 나를 알리는 연락을 보내는 것이다. 명절 문자, 타깃 문자 그리고 생일 축하 카톡 인사 등을 보내면서 유지해라.

만약 연락을 귀찮아하거나 하지 말라고 한다면 바로 삭제해라. 필요 없는 사람에게 억지로 영업하는 건 이기적인 행동이다. 상담해줬는데 안 샀다고 미워하지 마라. 모든 인연에 감사하라. 나중에 어떻게 만날지 정말 모른다.

차는 내가 아닌 다른 곳에서 구매했는데 지인 소개를 나에게 해주는 고객이 계셨다.

"안녕하세요. 오랜만에 연락드리네요."

"네. ○○○ 고객님 잘 지내셨어요?"

"그때 재고가 없다고 하셔서 다른 곳에 출고했어요. 죄송하게 되었네요."

"괜찮습니다."

"제 친구가 차를 하나 구입한다고 하는데 믿을 수 있는 딜러를 소개해달라고 해서요. 제 친구에게 번호를 알려줘도 될까요?"

"아이고. 고맙습니다."

"그때 정말 잘 설명해주시고 시승도 도와주셔서 감사했어요. 제 친구가 연락 가면 잘 부탁드립니다."

"네. 잘 도와드릴게요. 감사합니다."

정말 감사할 일이다. 그 당시 재고가 없다 보니 나에게 구입하고 싶어도 못하고 어쩔 수 없는 상황이었다고 말했다. 차는 다른 쪽에서 구입했는데 담당 영업사원보다 결정을 도와준 사람이 나였고 믿음이 가서 친구를 나에게 소개해주셨다.

10년 전 전화로 알게 된 고객이 계셨다. 처음 시작은 단순한 전화 상담이었다. 2008년에 처음 상담을 했고 2018년에 내게서 차를 출고했다. 그 고객은 10년 만에 전화를 해서 이런 말을 하셨다.

"당신처럼 꾸준하게 문자 보내고 영업하는 하는 사람은 처음 봤습니다. 보통 몇 번 오다가 마는데 10년 동안 꾸준히 하는 모습을 보면서 어떤 사람인지 만나고 싶었습니다. 하는 일이 잘되어 ○○ 차가 필요하게 되었는데 당신에게 사고 싶습니다."

고객과 이렇게 10년 만에 만났다. 꽤 검소한 분이었는데 계약서를 쓰면서 성공한 인생 이야기를 나누었다. 고향도 비슷해서 옛날이야기도 나누다가 서로 깜짝 놀랐다. 놀란 이유는 내가 졸업한 수원 유신고등학교 선배님이었다. 고객님에서 갑자기 선배님으로 호칭이 변하면서 분위기는 즐겁고 감동적으로 변했다. 그렇게 좋은 인연은 시작되었고 다른 선배님들과 소개 자리도 만들어주시고 아직까지 많이 도와주시고 계신다.

순환하는 세일즈

꾸준하게 자리를 지킨다면 새로운 기회는 다시 온다. 계절이 봄, 여름, 가을, 겨울 순환하는 것처럼 우리의 인생, 우리의 세일즈도 다시 돌아온다. 다른 브랜드를 구매했다가 3년 만에 연락 오시는 고객들도 많이 계신다. 상황과 타이밍이 다시 나에게 돌아오는 경우가 있다. 갑자기 연락이 와서 교통사고 후 차가 폐차되어 급하게 필요한 고객의 연락도 꽤 있다. 세일즈맨은 먼저 한 걸음 다가가 고객을 도와줘야 한다.

그러면 언젠가는 당신을 다시 찾아온다. 당신을 만난 고객을 소중하게 관리하라. 그것은 복리 이자처럼 돌아올 것이다. 지금 당장만 보고 세일즈한다면 변화가 왔을때 크게 흔들리게 된다. 내가 추구하는 세일즈는 '안정되고 기본이 튼튼한' 세일즈다. 당장 계약은 안 했다고 짜증내지 말고 다음 상담에 최선을 다해라. 그리고 과거의 상담에서 깨달음을 얻어라. 지금의 성공은 과거의 실패와 연습이었기 때문이다.

처음부터 잘하는 사람은 없다. 우리의 상담은 더 높은 곳으로 올라가기 위한 교육이다. 그러니 새로운 것을 시도하고 개선해 나가야 한다.

W. 클레멘트 스톤(W. Clement Stone)은 자신의 저서 《절대 실패하지 않는 성공 시스템》에서 이렇게 설명하고 있다.

절대 실패하지 않는 성공 시스템의 3가지 요소

1. 행동으로 이끄는 영감 : 그것을 원해서 하도록 영감을 불어넣어 주는 것. 생각은 강한 힘이 있다 우리는 잠재의식의 힘을 효과적

으로 사용해야 한다. 마음속에 원하는 동기부여처럼 내가 원해야 한다.

2. 노하우 : 당신에게 계속해서 결과를 가져다는 기술들. 노하우는 시간과 노력을 최소한으로 하면서 그 일 제대로 하는 것이다. 차별화된 나만의 노하우가 있다. 그것을 계속해서 발전시켜야 한다.

3. 지식 : 당신이 관심 있는 활동이나 서비스, 상품, 방법, 기법 등에 관한 정보와 지식. 지식은 어떤 일을 하는 방법은 알고 있는 것이다. 새로운 정보를 찾고 자료를 모으고 다른 상품과 비교하면서 새로운 지식을 공부해야 한다.

세일즈 파울로 최근용의 저서 《억대 연봉 세일즈맨은 이렇게 영업합니다》에서는 이렇게 설명하겠다.

성공할 수밖에 없는 시스템의 4가지 비밀

1. 소망 달성 리스트 : 목표를 정하고 내가 이루고 싶은 소망을 구체적으로 적는다. 그리고 실제 이루어진 것처럼 느끼고 상상해라. 매일 아침 큰 소리로 읽는다. 수입의 목표는 얼마이고 언제까지 기간을 정한다. 그리고 그것을 이루기 위해 해야 될 행동까지 구체적으로 적는다. 가장 잘 보이는 곳에 붙인다.

2. 지금 누리고 있는 모든 것에 감사하기 : 나에게 있는 모든 돈에 감사해보자. 가족에게 감사하고 내 몸과 건강에 대해 감사하자. 그리고 우리가 만난 사람에게 감사하다고 말해보자. 하루에 한 번 가족에게 작은 감사의 칭찬을 하자. 없는 것에 집중하지 말고 가진 것에 집중하자. 주식이 떨어져도 주식 할 돈이 있어서 감사

하자. 안 좋은 일도 감사한 일로 바꿔보자. 차가 고장 났다면 지금이라도 알게 해줘서 감사하다고 바꿔보자. 기도할 수 있다면 매일 감사의 기도를 해라. 이것은 잠재의식을 바꾸고 당신에 좋은 일들을 만들어줄 것이다.

3. 지금 행동하는 것 : 행동을 하는 사람과 안 하는 사람 2가지로 나뉜다. 늦었다고 생각할 때 포기하지 말고 지금 빨리하자. 큰 목표보다 작은 하나를 성취하는 습관을 만들자. 하나를 성공했으면 두 번째 성공을 만들면 된다. 100만 원을 벌었으면 200만 원에 도전하면 된다. 그렇게 더 높은 곳으로 올라가기 위한 방법만 생각하라. 작은 것부터 만들어 즐거움을 느끼면서 올라가 보자. 행동이 변화를 만들기 때문에 지금 행동하자.

4. 탓하지 말 것 : 현재의 나의 모습은 내가 생각한 모습이다. 그리고 내가 행동한 결과다. 시대의 탓, 환경 탓, 부모 탓, 정부 탓 이렇게 내가 안 되는 이유를 외부에서 찾지 마라. 그리고 주변에 이런 탓하는 사람과는 말하지 말고 피해라. 생각은 전염되고 부정적 사고의 시작은 탓으로 시작된다. 모든 원인은 나로부터 시작하자. 내가 더 노력하는 방식으로 변화해야 한다.

거절당한 순간부터 진짜 영업이 시작된다. 지금까지는 내가 누리고 있는 것은 모두 선물이다. 그것에 감사하자. 보이지 않는 미래에 성공하기 위해서는 성공한 오늘을 만들어야 한다. 어제의 나보다 오늘의 나는 변화해야 한다. 이 책을 읽은 어제와 오늘은 분명히 달라질 것이다.

02 안심하는 순간 고객은 떠난다
| 클로징 후, 해약 관리

세일즈맨은 시간을 공들여 새로운 계약을 만들었다. 그것에 감사하고 기쁜 마음으로 퇴근을 한다. 그리고 다음 날 아침 전화 한 통을 받는다. 바로 어제 계약한 고객이다.

"죄송해요. 마음이 바뀌어서 해약할게요."

"다른 것을 하기로 했습니다."

24시간도 안 되어 어제의 행복은 비극으로 바뀐다. 이것을 해약이라고 한다. 계약했다고 해서 모두 나의 고객이 되는 것은 아니다. 계약후 일주일 만에 변심하거나 한두 달 후에 변심하기도 한다. 시간이 지남에 따라 해약률은 높아진다. 이번 장의 목표는 해약을 줄이는 방법에 대해 알려주려고 한다. 해약이 없는 것은 불가능하다. 하지만 조금이라도 줄일 수 있다면 당신의 노력이 죽지 않고 살아나는 것이다. 이렇게 해약이 줄면 당신의 지갑이 풍족해진다.

계약 굳히기

쉽게 계약하는 고객은 해약도 쉽게 하는 공통점이 있다. 주변 사람들의 영향도 많이 받는다. 보편적으로 세일즈맨은 우선 계약만 받기 위해 부담 없는 계약을 유도한다. 먼저 계약금만 받으려고 한다.

"해약은 언제든지 가능하니 계약만 하고 가세요" 하면 고객은 부담 없이 계약하고 간다. 이렇게 되면 부담 없이 해약한다. 해약에 패널티가 없는 세일즈인 경우는 많은 계약을 받기 위해 먼저 계약금부터 받는 경우도 많을 것이다. 하지만 쉽게 쌓은 탑은 쉽게 무너진다는 말이 있다. 우리의 계약도 비슷하다. 이렇게 쉽게 떠나는 고객을 막아보자.

서로의 신뢰가 튼튼하게 만들어졌을 때 계약을 진행하자. 그리고 계약은 서로의 약속이라는 것을 알리자.

"고객님 축하드립니다. 정말 좋은 선택하셨습니다. 계약은 서로의 약속이잖아요. 아시죠? 저는 고객님과의 약속을 지키겠습니다. 함께 도와주시고 어려운 점이 생긴다면 저와 상의해주셔야 합니다" 하고 계약에 대한 약속을 만들어보자. 그리고 "네"라는 대답을 받자.

또 다른 방법으로는 유쾌한 상담 분위기에서 이루어진 계약인 경우에 사용하면 좋다. 고객이 어느 정도 유머가 있어야 하고 계약 후 들뜬 감정일 때 꺼낸다.

"계약을 축하드립니다. 가족분들이 정말 좋아하실 거예요."

"기다림의 시간이 필요한데 잘 기다려주실 거죠?"

"네. 당연하죠." 이렇게 네라는 대답을 만들자. "(웃으면서 가볍게) 나중에 해약하시고 그러는 거 아니시죠?" "네. 걱정마세요." "네. 고객님을 믿습니다." 이렇게 고객의 입에서 약속을 말하게 하자. 약속을 지키기 위해서 고객은 노력할 것이다.

심리적 부담 대비하기

계약 후 출고까지 시간이 소요되는 경우 계약은 대기 상태로 시간이 흐른다. 그리고 한 달 뒤 재고가 들어와 영업사원은 고객에게 전화를 한다. "고객님 주문하신 차량이 나왔습니다. 이제 결제 준비해주셔야 합니다"라고 전했을 때 "그렇게 빨리 나왔어요? 조금 생각을 해보겠습니다. 하루만 생각할 시간을 주세요"라고 주저하거나 고민하는 고객이 있을 것이다.

심리적 부담을 느끼는 경우에는 이런 일이 발생한다. 나 역시 중요한 결정이나 큰돈을 써야 했을 때 오는 부담이 있었다. 프로 세일즈맨은 이런 심리적인 부분도 미리 예측하고 있어야 한다. 경험이 적다는 말은 자신의 기준에서 큰 금액의 돈을 사용해본 경험을 말한다. 계약금 100만 원에는 큰 부담을 느끼지 않는다. 그래서 계약은 쉽게 된다. 하지만 실제 차량 구입을 위해 계좌 번호를 알려주면서 "8,000만 원을 입금하시면 됩니다"라고 한다면 그 상황이 왔을 때 주저하게 되는 상태를 말한다.

경험이 적다면 심리적으로 압박이 올 수 있다. 잠을 못 자거나 불안해한다. "내가 정말 이 결정을 잘한 걸까? 만약 문제가 생기면 어떡하지?" 하며 결정을 피하기 위해 해약을 요청하는 경우를 많이 봤다. 주로 나이가 젊은 고객일수록 확률이 높았다. 그렇다면 이것을 미리 준비하면 어떨까? 계약을 받고 나서 고객에게 이런 상황이 올 것을 미리 안내하자.

"모든 구매의 경험은 더 나은 경험으로 발전한다고 해요. 축하드립니다! 좋은 선택을 하셨어요. 지금부터 기다림의 시간이 있으실 거예요. 차가 나오면 제가 연락을 드릴 텐데 이것은 모두에게 해당되는 않지만 그때 약간의 심리적 부담이 오실 수도 있어요. 그때에는 저에게 연락을 주세요." "심리적 부담이요? 그게 뭔가요?" "계약까지는 쉽게 하시는 분들이 많은데 최종 결정할 때 생기는 마음의 변화와 부담감이 올 수도 있습니다. 만약 이런 경우에는 제가 도와드립니다."

2019년 한 고객의 경우는 10개월을 기다려서 차를 받게 되었다. 나는 원하는 모델이 나왔다고 고객에게 연락을 했다. 예상대로 심리적 부담을 느끼고 있었다. 10개월 전 계약할 때 이 점을 설명했던 고객이었다.

"제가 그때 부담이 올 수 있다고 말했죠? 저도 차 살 때 그랬어요. 차에 투자하는 금액은 한 번에 없어지지 않습니다. 나중에 판매하실 수도 있어요. 이렇게 오래 기다리셨는데 안 하시면 시간이 지나서 분명히 후회합니다. 과거에 비슷하게 후회했던 것을 생각해보세요. 처음 목표한 생각을 따라가세요. 그것이 정답입니다."

그리고 심리적 부담을 느끼는 고객에게 미리 설명할 것이 또 하나 있다. 바로 마음의 변화다. "그리고 마음의 변화가 많을 것입니다. 하루에도 다섯 번도 바뀝니다. 저도 그래요." 이렇게 말해두고 자신의 결정을 쉽게 변경하도록 도와준다.

고객은 "내일까지 생각해보겠습니다" 하더니 다음 날 연락이 와서 "해약하겠습니다"라고 말했다. 나는 "네. 알겠습니다. 고객님의 선택을 존중합니다" 하고 더 이상 강요하지 않았다.

그리고 다음 상황을 예측해보자. 10개월이나 기다린 차가 없어진다는 것을 생각할 것이고, 이 차를 사려고 기다린 시간과 꿈들, 처음의 욕구가 살아나고 다시 소유하고 싶은 열망이 생길 것이다. 이것이 사람의 심리다. 없으면 사고 싶고, 있으면 나중에 사고 싶고 빼앗길 것 같으면 잡고 싶은 것이 사람의 마음이다.

예상대로 점심이 지나고 "진행할게요" 하고 다시 하겠다고 연락이 왔다. 기쁘게 출고했고 지금은 정말 잘했다고 행복해하신다. 난 해약을 너무 빠르게 진행하지 않고 하루 정도는 본다. 왜냐하면 누구나 사람 마음은 비슷하기 때문이다. 우리가 해야 하는 세일즈는 교육이며 성공을 이루고 꿈에 가까워지도록 도와야 한다.

가격에 민감한 고객

가격으로 계약을 받았다면 아주 작은 가격 차이로 해약되는 경우가 많다. 이 경우 잘못하면 몸과 마음 모두 상하는 경우가 많다. 믿음과 신뢰가 필요 없다고 생각하는 고객에게는 자신이 정한 가이드라인을 지키고 확실하게 표현해야한다. 한 번의 수락이 허용되면 그것은 계속된다. 계속 얻어내려고 하기 때문에 끌려다니다 열심히 도와주고도 나쁜 놈 소리만 듣는다.

그래도 나는 이 세상에 좋은 고객이 더 많다고 생각한다. 내 말을 믿어라! 세일즈맨을 배려하지 않는다면 동일한 기준으로 세일즈해라. 당신이 할 수 있는 할인금액을 제시하고 추가 요구에 대해서는 불가능하다고 미리 안내한다. 그리고 원하는 한 가지를 약속받아라. 그렇지 않으면 계약은 약해진다. 세일즈맨이 제공하는 것은 당연하다고 생각하기에 조건을 달아 이번만 특별하게 도와준다고 느끼게 하라. 이런 경우 나는 계약에 조건을 단다. 조건은 게시판 댓글 1회, 카페 추천 글 1회, 지인 소개 1건 등이다. 어떤 것이든 당신의 세일즈에 도움이 될 만한 것을 하게 만들어야 한다. 안 한다고 하면 도와주지 마라.

클로징 후 해야 할 일

계약을 받았다면 해약을 줄이기 위한 노력이 시작되어야 한다. 가장 중요한 것은 마음가짐이다. '내가 만난 고객님은 모두 최고다. 나의 소중한 인연이 된다'라고 믿자. 그래야 좋은 일 생긴다.

1. 계약 후 고객 전화번호를 수정하기 : 이름 뒤에 계약 대기나 계약 출고로 수정한다. 모든 고객의 이름 중 비슷한 이름도 많다. 가망 고객인 줄 알고 받았는데 알고 보면 출고 고객일 수 있다. 이름을 수정했다면 축하 메시지를 보낸다.

2. 손편지나 카드 쓰기 : 계약 후 바로 나는 작은 카드를 보낸다. 한쪽에는 미리 준비된 문구가 쓰여있고 한쪽에는 손글씨로 편지를 쓴다. 내용은 이렇다. '기다림의 시간 잘 부탁드립니다. 소중한 인연이 시작됩니다. 기대해주세요!' 이런 내용이다. 상황에 따라 내용은 달라지지만 목적은 감사를 전하고 해약을 막기 위함이다. 편지나 카드 한 통을 해약을 줄일 수 있다면 해볼 만하지 않은가?

3. 세 번째는 중간 연락하기 : 계약 후 연락드리는 시스템에 대해서 미리 설명한다. "궁금하신 점이 생기면 연락 주세요. 그리고 매번

연락드리긴 어렵지만 좋은 소식 나오면 누구보다 가장 빠르게 연락드리겠습니다." 그리고 매월 초 계약 대기 고객 중에서 빠른 출고가 예상되는 고객 위주로 연락해서 변동사항이나 특이점이 없는지 확인한다.

예를 들어 1월에 계약한 고객이 6월에 출고된다고 가정했을 때 연락은 3월 정도 단체 문자를 보낸다. 그리고 5월 초 정도에 전화 연락을 해서 '만약'이라는 단어를 넣고 질문을 한다 "만약 차량이 5월 말이나 6월 초에 나온다면 자금 준비나 특이점 없나요?" 사전 준비 시간을 한 달 정도 주는 것이다.

이런 것이 없이 나올 때 바로 연락하면 변수들이 발생하게 되고 그것을 해결할 시간이 부족하게 되어 해약이 늘어날 가능성이 높다. 급작스러운 연락은 부담을 느끼거나, 구매의 욕구가 낮아지거나, 돈이 준비가 안 되는 상황이 발생한다.

해약이 무서워서 계약을 안 받으면 안 된다. 계약을 많이 받는 것이 더 중요하다. 그리고 고객의 성공을 돕는 것이 우리의 역할이다. 우리가 케어하지 않는다면 서로의 노력과 시간은 없어지고 말 것이다. 계약은 세일즈의 꽃이다. 아름다운 꽃이 시들지 않게 관리하고 가꿔야 한다. 그래야 먹음직스러운 열매가 생긴다. 안심하는 순간 고객은 떠난다.

03 판매 후 사후관리는 책임져라

| 도와줘라, 생색내기

세일즈에서 성공을 원한다면 판매 후에 고객을 도와야 한다. 사용법이 될 수 있고 고장 수리일 수도 있다. 궁금한 질문에 대한 답을 찾아야 한다. 문제가 생겼을 땐 해결 방법을 도와야 한다. 그래야 추가적인 세일즈와 소개를 만들 수 있다. 한 번 구입한 고객은 두 번째 세 번째 추가 구매도 가능하다. 문제가 생겼을 때 도와주고 그것에 대해 고객에게 도와준 내용을 꼭 다시 상기시켜라.

고객의 대답에서 "감사합니다, 고맙습니다"라고 나오게 도와주고 생색을 내라. 우리가 하는 서비스가 당연한 거라고 느낀다면 고마움도 못 느낀다. 고객에게 도움을 줬다면 그 서비스에 대해서 칭찬받아라. 그래야 더 좋은 일이 생긴다.

약속을 지켜라

어떤 것을 약속했다면 미루지 말고 약속을 먼저 지켜라. 무엇을 고객에게 제공하기로 했다면 고객이 먼저 물어보기 전에 준비하고 전하자. 작은 약속이라도 지키는 것이 기본이다. 우리는 깜빡할 수 있지만 고객은 우리가 한 말을 기억한다. 누구나 받을 것은 잊지 않는다. 일하다 보면 깜빡 잊는 경우도 있으니 휴대폰 '미리 알림' 등에 메모해서 지켜야 할 것을 기록한다. 그리고 처리할 때마다 리스트를 없애면 된다.

관리 방법을 안내하라

상품이나 서비스의 이용이 처음이라면 모르는 것이 많다. 비슷한 유형의 질문에 답을 미리 정리해서 고객에게 미리 전달하자. 특히 AS 관련으로 많이 오는 질문에 답과 문제가 생기는 원인 그리고 이것을 관리하는 방법을 미리 안내하면 불만을 줄일 수 있다. 이것은 고객과 사이를 좋게 유지하게 도와주고 감정과 시간을 절약해준다. 만약 사전 설명 없이 어떤 상황을 겪게 된다면 불만이 발생할 수 있다.

상품과 제품의 특징까지 미리 사전에 안내하자. 예를 들어 겨울철 유턴이나 회전할 때 타이어의 영하로 온도가 낮으면 노면과의 마찰음이 크게 난다.

"날씨가 추워지면 타이어가 얼면서 소리가 많이 날 거예요. 너무 놀라지 마세요. 고성능 타이어일수록, 타이어가 넓을수록 소리는 크게 납니다"라고 설명한다.

자주 발생하는 컴플레인도 사전 안내가 이루어진다면 만족도를 유지할 수 있다. 예를 들어 차량에 뜨는 알림 메시지가 있다. 일반적으로 고객은 이런 알람이 뜨면 걱정을 하는 게 당연하다. 이것을 해결하기 위해 AS 센터를 방문하고 그 과정에는 불만이 발생할 수밖에 없다. 이런 경우도 사전 안내로 쉽게 해결이 가능하다.

"여러 가지 센서가 많아 1년에 두세 번 정도 오류 메시지가 나올 때가 있으실 거예요. 주행하는 데에는 상관없는 알람이며 시간이 좀 지나면 다시 정상으로 돌아옵니다. 만약 일주일 동안 안 없어지고 계속된다면 그때 AS를 준비할게요"라고 전달하자. 미리 전달받은 것은 쿠션 효과가 생기고 만족도와 관계 유지에 좋다.

시간을 함께하고 가까워져라

시간을 함께해야 친해진다. 작은 점도 알려주고 도와주고 감사를 받아라. 출고 후에는 고객에게 '감사하다'고 말하는 것보다 그 말을 세일즈맨이 더 많이 들어야 한다. 그래야 마음의 빚을 갚는다. 사용법 안내를 직접할 수 있다면 출고할 때나 상품을 전달할 때 시간을 내서 시간을 함께해보자. 그리고 중요한 고객이라면 직접 방문하거나 전시장에서 만나 사용법을 다시 한번 안내해도 좋다.

얼굴을 보고 도와주면 더 가까워진다. 그리고 열심히 노력하는 모습을 보여줘라. 한 시간이면 된다. 고객과 말하는 시간을 도움을 주는 한 시간을 만들어보자. 상담 이외 '한 시간' 정도는 고객을 도와주는 시간으로 만들자. 계약 후 기다림의 시간이 있었다면 연락이 적다 보니 거리감을 느낄 수도 있다. 인도 과정이든 그 이후든 고객을 위한 시간을 준비하자.

주기적인 안부 연락하기

기억력만으로 연락하기는 힘들다. 회사의 CRM을 사용하는 것을 추천하며 없다면 직접 관리하는 것이 좋다. 연락의 기준은 1달, 6개월, 1주년, 2주년, 3주년 이렇게 연락하는 스케줄을 정해라. 그래야 관리 받고 있다고 믿는다. 1주년부터는 도와줄 수 있는 것이 많으니 전화로 도움을 주고 감사를 받자.

"안녕하세요. 고객님 출고 1주년을 축하드립니다. ○○는 만족하시죠?"

"자동차 보험 갱신은 하셨나요? 제가 비교 견적을 보내드릴게요. 보시고 좋은 것으로 도와드리겠습니다. 그리고 정기점검 예약도 필요합니다. 제가 시간 아껴드리기 위해 예약 도와드릴게요"

"예약 완료한 ○월 ○일 ○○시에 모르는 번호로 전화가 오면 꼭 받아주세요. 서비스 예약 도와드렸습니다."

이렇게 예약 같은 것을 직접 도와주자. 그리고 도와준 것을 알려라. 감사를 받으면 꼭 소개를 요청하자. 고객도 계속 듣는다면 소개해주려고 노력한다.

사고 해결사

고객이 정말 필요한 순간에 연락이 오면 최선을 다해 도와라. 세일즈맨은 우리 상품과 서비스의 전문가다. 고객이 힘든 상황이 생겼다면 이것은 기회니 신경 쓰고 도와라. 이런 도움은 평생 기억한다. 자동차의 경우는 교통사고가 나는 경우가 있다. 당황한 고객에게 좋은 솔루션과 병원 치료와 차량 수리까지 모든 것을 당신에게 이야기하게 하고 직접적인 도움을 줘라. 도움을 주기 위해서는 보험까지 공부하고 많은 사례를 바탕으로 도움을 줘야 한다. 그리고 좋은 가격으로 수리하도록 도와야 한다. 시간에 상관없이 2~3번 연속으로 전화가 올 때는 늦은 시간이라도 받는다. 긴급하게 나를 찾을 때 그 타이밍에 도움을 줘야 한다.

선물 보내기

세일즈에서 중요한 부분은 고객의 마음에 부채감을 만드는 것이다. 빚을 지고 있는 느낌을 만들고 도움을 받기 위해서 작은 선물 보내기는 좋은 방법이다. 상황에 맞는 선물로 고객을 생각해주고 고객에게 '고맙다'라는 말을 들어보자. 1년에 한 번씩 나오는 달력이나 선물이 있다면 우편 발송을 해보자. 모두에게 보내기 힘들다면 연도별로 나누어 보내거나 중요한 고객에게 보내자.

고객을 생각하고 있다는 마음과 함께 선물을 보내면 고객과의 사이를 튼튼하게 만들어준다. 그리고 요즘은 카톡으로 보낼 수 있는 여러 가지 선물이 있다. 이런 것도 많이 활용하면 좋다. 커피 쿠폰은 누구나 많이 쓰는 선물이다. 감동이 적을 수도 있지만 수량을 늘려 보내는 것도 좋은 방법이다. 그리고 소개나 특별한 도움을 받았다면 감사 표시로 선물을 보내라.

쿠폰이 아닌 배송을 받는 선물이어도 좋을 것이다. 예를 들어 고기 세트, 굴비 세트, 과일 세트 등을 보내면 만족도가 높다. 고객의 도움을 말로만 표현하지 말자. 예상하는 것보다 더 많이 베풀어라. 그래야 더 많이 돌아온다. 2배 법칙을 활용하자. 예를 들어 선배가 후배에게 밥을 사준다고 하자. 한 끼 식사 정도는 후배는 감사하다고 말하지만 마음속에서 당연하다고 생각할 수 있다. 이럴 때 2배 법칙은 상대가 생각하고 있는 것보다 2배 더 베푸는 것이다.

식사 후에 커피를 사준다. 그리고 헤어질 때 미리 준비한 작은 선물까지 주자. 아마 잊지 못할 선배로 되어 당신 편이 될 것이다. 고객에게도 당연하게 느껴지는 선물보다 큰 2배 법칙을 이용해 나의 VIP 고객으로 만들어보자.

VIP 고객을 따로 관리하라

나에게 계속해서 재구매를 이어오는 도와주는 고객이 있다면 음식점에서도 단골 고객에게 잘하는 것처럼 VIP 고객으로 따로 관리해야 한다. 이건 차별이 아닌 도움 받은 것에 대한 감사 표현이다. 세일즈하다 보면 성공하시고 배울 수 있는 것이 많은 좋은 고객을 만나게 될 것이다. 그리고 이분들은 작은 부분도 도움을 드리면 우리의 노력에 대해 알아주신다. 선물을 계속 보내라는 것이 아니다. 더 자주 연락하고 소통하며 관리하라는 뜻이다. 작은 불만도 케어하고 가능한 모든 부분을 도와라.

휴대폰에 그룹을 만들어 저장하고 좋은 행사가 있으면 초대 목록에 올려라. 명절에는 마음을 담은 문자나 카톡을 보낸다. 매년 잘 사용하고 있는지 확인하고 매거진이나 정보지를 보내보자. 매년 달력이나 작은 선물을 우편으로 발송하면서 변경된 주소를 확인할 수 있다. 고객에게 특별하게 한다면 세일즈맨도 특별해진다. 서로 특별한 인연이 되는 VIP 고객을 더 많이 만들어라.

판매 후 관리가 없다면 입장 바꿔보자. 당신에게 사야 할 이유가 있을까? 지금 다른 세일즈맨은 당신의 고객을 데려간다. 그리고 더 열심히 관리할 것이다. 고객에게는 "정말 큰 도움 받았습니다. 감사합니다. 제가 소개 많이 해드릴게요"라는 대답을 듣도록 도와주면 크게 성공한다. 판매 후 사후관리는 세일즈맨의 '연금'처럼 행복한 세일즈를 만든다.

<u>MEMO</u>

04 세일즈의 키맨을 찾아라
| 소개 요청

    나를 대신해서 세일즈를 도와주는 사람을 찾아야 한다. 이것은 다른 사람이 도와주는 것이기 때문에 단시간에 이루어지지 않을 수도 있다. 자신의 세일즈를 탄탄하게 만들었다면 기회들이 찾아온다. 기회는 준비되어 있는 사람에게 온다. 처음부터 소개의 습관을 잘 만들어보자. 세일즈의 판매량이 많은 영업 직원을 보면 누군가 도와주는 경우를 많이 보았을 것이다. 잘 판매하는 동료를 시기하지 말고 상대의 노력에서 배움을 얻어보자. 자신의 판매량에 50% 신규, 25% 재구매, 25% 소개의 비중을 만들 수 있다면 가장 이상적이다. 그렇다면 키맨은 만들기 위해 해야 할 것을 찾아보자.

소개 설문 만들기
한 명이 계약한 고객이 생기면 그 고객에게 다른 사람을 추천받아보자. 처음 고객은 부담될 수도 있지만 처음 한 번만 확실하게 이야기해보자. 나중에 소개해줄 분 한 명만 생각해두셨다가 나중에 설문을 보내드리면 그때 도와달라고 요청하자. 이렇게 미리 전달하고 설문 리스트를 전달한다.

나는 구글 설문지을 사용하고 있다. Google에서 '구글 설문지'라고 검색하면 온라인 설문이 나온다. 누구나 쉽게 만들 수 있으니 따라 해보자. 자세한 내용은 관련 유튜브 영상이나 블로그에 나와 있다. 설문 링크는 출고하는 당일에 발송하는 것이 좋다. 가장 기쁜 날이고 만족도가 높기 때문에 부탁했을 때 도와주려고 노력한다. 그리고 소개가 없더라도 슬퍼하지는 말자. 이 설문으로 인해 지금 아니더라도 소개주려고 노력한다.

그리고 회사에서 별도 시행하고 있는 고객만족도 설문이 있다면 이것도 중요하기 때문에 사전 안내를 이렇게 먼저 이야기해보자.

"고객님 설문은 총 2번이 발송됩니다. 하나는 저만 볼 수 있는 소개를 위한 설문이 먼저 갑니다. 소개한 분만 꼭 도와주시고 나중에 발송되는 만족도는 회사에서 발송되는 설문입니다. 모두 최고 점수만 주셔야 합니다. 도와주실 거죠?" 이렇게 사전에 소개와 좋은 점수에 대해서 고객의 대답을 미리 받아놔야 한다.

[고객만족도 설문]

"안녕하세요. 간단한 고객만족도 기명 설문입니다. 더 발전할 수 있도록 도와주실 거죠? 소개자 꼭 한 분만 부탁드립니다. 아래 링크를 눌러주시고 설문 잘 부탁드립니다."

링크를 클릭하면 질문이 나온다.

1. 설문자 고객님의 성함을 기재해주세요.

2. 고객님의 구매 경험에 전반적인 만족도는 얼마입니까?

3. 출고 후 영업사원에게 연락을 받으셨습니까?

4. 현재 영업사원에게 지속적인 관리를 받는 것이 중요합니까?

5. 고객님의 다음 모델도 해당 영업사원에게 구매하시겠습니까?

6. 영업사원이 사려는 모델의 장점과 단점을 잘 알고 도움을 주었습니까?

7. 담당 영원사원에게 모델 관련한 점검 및 AS, 사고 수리 등 무엇이든 문의하시겠습니까?

8. 고객님께서는 담당 영업사원을 가족이나 지인에게 추천하시겠습니까?

9. (소개 프로모션) 가까운 가족이나 지인분들 소개 추천해주십시오. 계약 출고 시 고객님께 특별한 선물을 준비해드립니다(성함, 연락처, 관계를 남겨주세요).

10. 고객님의 출고 경험에 대해서 영업사원에게 칭찬하고 싶은 점이나 개선되었으면 하는 점을 자유롭게 공유해주세요.

초반의 질문들은 아주 기본적인 질문들이다. 7번부터는 지속적인 나를 찾아달라는 작은 암시를 준다. 무엇이든 영업사원을 찾는다면 도와줄 수 있는 것들이 많아진다. 8번은 소개나 추천을 요청한다. 대답으로 '네'라고 답을 한다면 9번 아래 소개 프로모션에 추천을 받는다. 그리고 10번은 칭찬 메시지를 얻기 위함이다. 칭찬은 자료가 된다. 그리고 개선할 점 역시 도움이 된다. 질문을 줄여도 되고 자신만의 설문으로 더 다듬고 많이 연습하고 나서 고객에게 발송해야 한다.

사전에 이 설문에 대해서 미리 안내를 해야 한다. 그래야 소개란이 채워진다. 주로 가족 추천이 가장 많다. 소개를 받으면 문자 하나 남겨놓고 인사를 하고 간단한 자료만 보내자. 계속 연락을 하거나 문자를 보내지는 말자. 누구인지 인사하고 전화번호만 저장해달라고 요청하자. 그러면 필요할 때 연락이 올 것이다. 고객의 칭찬과 개선점까지 한번에 받을 수 있으니 자신만의 영업 스타일에 맞게 자신만의 설문을 만들어보자.

동호회나 카페를 공략하라

자신만의 취미나 소통을 위해 카페 활동을 하는 사람들이 있다. 출고하는 고객에게 인터넷 동호회나 카페 활동을 하는지 물어보고 추천 글이나 소개 글을 요청하라. 세일즈맨이 고객을 도와줬으면 고객도 세일즈맨을 도와주려고 노력한다. 소개해주는 고객도 반응이 좋으면 자부심을 느끼고 도와준다. 그리고 좋은 관계를 유지해나가면 된다. 소개 시 꼭 누구에게 소개받고 연락했다고 정보를 전달해줘야 한다고 방법을 알려주자. 안 그러면 도움받고도 감사를 전할 방법이 없다. 계약이 되면 감사 선물을 보낸다. 그리고 아이가 있는 여성 고객이라면 맘 카페 활동을 하는 회원분들이 많을 것이다. 지역 맘 카페를 공략하는 것을 추천한다.

동종업계 세일즈맨을 알아둬라

경쟁업체 직원도 알고 있으면 도움이 된다. 내가 관리하는 고객이 있는데 우리 회사에 재고가 없는 경우가 있다. 전화해서 알아보니 다른 쪽 경쟁사 매장에 재고가 있다는 것을 알았다. 이런 어쩔 수 없는 상황이 발생한다면 어떻게 할 것인가? 고객이 다른 매장에서 사도록 방치할 것인가? 이때는 경쟁사 직원에게 전화해서 재고를 연결하고 고객을 도와주면 된다. 이것이 고객을 돕는 일이다.

하지만 정말 어떻게 할 수 없는 경우에만 이 방법을 사용해야 한다. 우선 자신의 회사에 들어올 재고 등을 확실하게 파악한 후 진행해야 한다. 고객은 세일즈맨을 보고 구입한다. 그러니 필요에 따라 다른 직원들의 연락처를 알아두고 소통해라. 내가 도와주면 나중에 도움을 받을 수 있다. 그리고 고객이 타 브랜드의 모델이나 상품을 물어보는 경우도 있을 것이다. 그러니 타 브랜드 직원과 소통도 만들어놓자.

무엇이든 당신에게 도움을 청하면 신속하게 도와주는 해결사가 되어라. 회사와 브랜드를 떠나 통합으로 관리할 수 있는 세일즈맨이 되어보자. 내 고객이라면 고객을 위해 모든 도움을 줘라. 꼭 우리 제품이 아닌 다른 브랜드를 원하면 그것 또한 도움을 줘라. 그것이 진정한 관리다.

헤어지는 동료를 키맨으로 만들자

회사생활을 하다 보면 함께 일하다 서로 헤어지는 경우가 있다. 퇴사하는 동료가 나가면서 고객을 이관하는 경우를 봤을 것이다. 그리고 퇴직 후 고객의 연락이 한동안은 계속되기 때문에 사이가 나쁘지 않다면 퇴사 이후 오는 연락에 대해 서로 협력관계가 되도록 만들어보라. 퇴직

이후 사후관리를 맡거나 소개 연결이 이루어지도록 부탁해라. 누구보다 신뢰 있는 키맨이 될 수 있다. 마음 맞는 사람에게 기회가 생기니 회사 생활에서부터 꾸준하게 좋은 관계를 유지해야 가능하다.

거래하는 업체에 도움을 청하라

세일즈를 위해 자주 구매하는 상품이나 이용하는 서비스가 있을 것이다. 세일즈맨이 고객이 되는 업체에게 키맨을 되어줄 것을 말해보자. 소개가 시너지가 되도록 도와달라고 요청하는 것이다. 말을 하는 것과 안 하는 것은 차이가 크다. 말을 해야 소개를 받을 수 있다. 우리의 세일즈 업무 가까운 곳에 있기 때문에 그 주변 사람들도 연결이 될 가능성이 많다. 예를 들어 자동차의 경우는 자동차 보험사 직원 차량 갱신 등 관리 고객이 있기 때문에 좋은 관계를 유지하면 좋다.

그리고 차량 선팅이나 광택점 사장님들에게도 별도의 소개 방법을 정리해서 소개를 요청해보자. 그리고 중고차에 일하는 딜러들께도 부탁하자. 모두가 서로 도움을 주는 분들이다. 당신의 세일즈에 작은 점도 도움을 주는 분들께 감사를 표하고 도움을 받아보자.

소개해준 사람을 관리하라

한 번 소개되어 연결이 되었다면 즉시 선물을 보내고 감사를 전하라. 그리도 두 번째 소개를 바로 요청해라. 이 부분이 중요하다. 우리가 만든 세일즈 자료 링크를 전달하고 관심 있는 분께 전달해달라고 부탁한다. 소개가 이루어질 때마다 기록해야 한다. 다시 세 번째 재소개가 이루어진다면 당신을 위한 키맨이 탄생한다. 소개가 성사가 되지 않더라도 보답을 하는 것이 좋다. 간단한 작은 선물부터 시작해보자. 소개의 선물과 소개가 성사되었을 때의 선물을 2가지로 구분해서 관리하는 것이 좋다.

소개를 하는데 계약이 안 되는 경우가 많은데 그렇게 성사가 안 되면 소개한 사람도 힘이 빠진다. 그러다 시간이 지나면서 소개가 줄어든다. 소개가 왔다면 감사를 전하자! 선물이 아니더라도 말이라도 감사 인사를 해야 한다. 그리고 나중에 소개의 진행 과정을 알려야 한다. 그런 것을 직접 물어보지 않기 때문에 먼저 이야기해주면 소개자도 소개의 흐름을 알게 될 것이다.

5명을 소개해준다고 해서 모두 계약이 성사되는 것은 아니다. 그리고 계약을 하더라고 해약이 되는 경우도 많다. 해약이 되면 이런 아쉬운 점도 함께 전달해야 다시 도와준다. 평소에 우리를 도와주시는 분들께 소개의 습관을 만들자. 그리고 자주 소개해주는 키맨들에게는 회사에서 나오는 선물이나 행사 초청을 더 신경 쓰자. 나에게 몇 분 고마우신 키맨들이 계신다.

나만의 키맨 1번 고객은 차를 정말 좋아하신다. 나이대도 비슷해서 쉽게 가까워졌고 차를 좋아한다는 공통점 때문에 친해지게 되었다. 이분은 대기업 임직원으로 일하다 보니 주변에 아는 사람이 많다. 또한 차를 좋아하다 보니 주변 동료들이 모두 이분에게 차를 물어본다. 그분을 믿고 그분이 소개해준 딜러에게 차를 구매한다. 이분은 동료를 진심으로 도와주시고 자기가 차를 사는 것처럼 열정이 넘친다.

나만의 키맨 2번은 맘카페에서 유명한 인플루언서다. 처음에는 맘카페의 위용을 잘 몰랐는데 막상 엄마들의 입김은 장난이 아니었다.

이렇게 카페 소개로 연결되어 다른 회원님들까지 구매가 이어지다 보니 소개의 흐름이 꾸준하게 잘 만들어지고 있다. 특정 지역 맘카페에서는 내 이름이 많이 나온다. 인연을 만들어준 맘카페 회원님들께 다시 한번 감사의 인사를 드리고 싶다.

나만의 키맨 3번은 ○○회사 임직원분들이다. 더 많지만 활동하는 분은 4분 정도 되시는데 사내 게시판에 추천 홍보 글과 댓글을 많이 달아주셔서 꾸준하게 소개 연결이 되고 지금도 계속 늘어나고 있다.

이렇게 다양한 부분에서 나를 도와주는 키맨을 만들고 그 주변 환경에서 추가로 키맨을 늘리면 그것은 세일즈 나비효과를 만든다. 세일즈는 혼자서 여러 개를 판매할 수 있다. 한 번에 여러 계약을 관리할 수 있도록 정리도 잘해야 한다. 한 고객을 위한 파일을 만들고 중요한 것은 직접 메모한다. 처음 습관이 잘 되어야 동시에 여러 계약이 콘트롤된다. 여러 개를 동시에 하는 것이 시간이 더 절약된다. 나누어 하는 것보다 집중해서 하는 것이 더 효율적이다.

소개를 받고 온 고객은 이미 나에게 신뢰를 갖고 찾아온다. 그러면 세일즈도 더 쉬워진다. 신규 고객을 만드는 것도 중요하지만 소개가 나오는 여러 파이프라인과 키맨을 만들기 위해 노력해보자. 여기에 당신의 노하우까지 더한다면 더 멋진 성과를 만들 것이다. 세일즈맨은 한 명이지만 당신을 알고 있는 사람은 많다. 많은 사람에게 영향을 주는 세일즈맨이 되는 꿈을 갖자.

05 영업 잘하는 동료를 벤치마킹하라
| 스펀지

 지금 책을 읽는 것도 배움을 위해서일 것이다. 나의 신념은 교육으로 더 나은 삶을 살아가는 방법을 배우고 행복을 높일 수 있다고 믿는다. 무엇을 배우고 싶다면 그것을 가장 잘하는 사람을 찾아가서 배우는 것이 가장 효과적이다. 그리고 배운다면 최고를 직접 찾아가는 것이 시간을 아낄 수 있는 가장 좋은 방법이다. 이 세상에 공짜인 배움은 없다.

 우리가 대학교를 다녔던 것처럼 직업에서도 성공하고 잘하고 싶다면 직업과 관련된 '교육'을 받아라. 학교 교육과 실무 교육은 다르다. 돈을 버는 방법을 배우기 때문에 직접적인 도움이 된다. 비용이 가장 적게 들고 쉬운 방법은 책에서 배움을 얻는 것이다. 관련 분야의 책을 10권 이상 구매해서 읽어보자. 아마도 기초는 마스터할 수 있을 것이다.

 독서에서 성공한 사람들이 생각을 배울 수 있어서 좋은데 그중 내가 배운 좋은 점은 책을 읽으면 마인드 컨트롤과 멘탈 관리를 하는 데 도움이 많이 된다. 하지만 내가 일하는 직업에 아주 디테일하고 구체적인 방법을 알려줄 수 있는 책을 만나기가 참으로 어렵다. 선배들에게 업무 방식을 배워야 하고 잘하기 위해서는 여러 번의 시행착오와 시간이 필요하다. 시간이 돈인데 성공하기 위해 몇 년이 걸린다면 그만큼 느리게 성공하게 되는 것이다.

그래서 나는 이 책을 쓰기로 했다. 마인드 교육도 있지만 실전에서 직접 쓸 수 있는 세일즈 비법을 담으려고 노력했다. 그래서 더 많은 사람들이 내 책을 읽고 빠르게 성장하는 것을 돕고 싶다. 이 책은 자동차 세일즈를 기반으로 하며 고가의 상품을 판매하는 '영업 실천서'다. 이 책을 읽고 따라 하고 실천하고 습관을 만들면 업계 최고의 세일즈맨으로 발전하게 될 것이다.

우선 이 책을 마스터했다면 이제는 주변에서 함께 일하는 동료를 따라 해보자. 그것이 가장 빠른 지름길이다. 가까이에서 보고 질문하고 시간을 함께하면서 도움을 받아라. 그러기 위해서 먼저 도움을 줘야 한다.

식사를 함께해라

세일즈 잘하는 탑 3를 찾아가 점심이나 저녁 식사 약속을 잡아보자. 식사를 대접해도 되고 얻어먹어도 된다. 보통 직상상사나 선배인 경우가 많을 것이다. 함께 점심을 먹자고 하면 좋아할 것이다. 미리 가능한 일정을 물어보고 약속을 잡아보자. 그리고 같이 식사를 하고 서로에 대해 알아가는 대화를 하면서 먼저 자신을 소개하라. 아직 친하지 않다면 솔직하게 배움을 얻고 싶다고 도움을 요청해보자.

　세일즈를 잘하는 점을 칭찬하고 친해지고 싶다고 표현해라. 그리고 사전에 어떤 질문을 할지 미리 준비해서 구체적인 질문을 해야 한다. 메모장을 준비하고 그분이 알려주는 것을 메모하면서 배운다면 좋다. 다음 약속 일정을 잡았을 때 작은 선물도 준비하면 더 좋다. 그리고 지난번에 알려준 노하우들이 너무 좋았다고 감사를 전하자. 배움은 공짜라고 생각하지 말아라. 도움을 받았다면 당신의 방법으로 다시 도와라.

일일 비서가 되자

　주변에 있는 최고의 세일즈맨의 일일 비서가 되어보자. 하루 비서가 되어 그분을 도와주며 따라다닌다면 옆에서 이것저것 알려주는 것이 있을 것이다. 외부를 나갈 때 같이 따라가는 것을 추천한다. 운전을 도와줄 수도 있고 동행한다면 심심하지 않아서 좋아할 것이다. 어떻게 일하고 어떻게 전화하는지 가까이에서 관찰하자.

　잘하는 세일즈맨이 가까운 자리에 있다면 주변을 따라다니면서 시간을 함께하고 선물도 하면서 커피도 마시고 밥도 함께 먹으면서 보고 배워보자. 컴퓨터로는 어떤 일을 하는지 휴대폰으로는 어떻게 고객을 입력하고 어떤 문자를 보내는지 외부에서는 어떤 영업을 하는지 보고 배워보도록 하자. 그리고 계약의 비율이 어떻게 어디서 나오는 질문해보자. 최선을 다해 알려줄 것이 분명하다.

상담을 근처에서 들어보자

먼저 양해를 구하고 가능하다면 고객과의 상담일 때 근처에서 들어

보는 것이다. 옆 테이블에 듣거나 안 보이는 곳이든 상담하는 소리가 들리는 곳에서 듣고 배워보자. 이것이 가장 좋은 실전의 교육이다. 계약이 잘 되는 세일즈맨은 그 이유가 분명히 있다. 그것을 찾아내고 내 것으로 배워보자. 고객과 전화를 할 때도 마찬가지다. 어떻게 설득하고 어떤 말을 사용하는지 들어보자. 괜찮은 멘트나 좋은 사례가 있으면 휴대전화에 바로 메모를 해보자.

눈으로 볼 수 있다면 어떤 표정과 자세, 어떤 손동작을 하는지 지켜봐라. 첫인상 관리는 나와 어떤 점이 다른지 찾아보고 목소리와 말투도 따라 연습해보자. 클로징을 하는 모습을 지켜볼 수 있다면 좋다. 그리고 배움을 얻었다면 덕분이라고 감사를 전하자. 빨리 성공하는 방법은 빨리 배우는 것이다.

학군이 좋은 곳으로 가라

가장 잘하는 사람이 많이 있는 팀으로 들어가라. 그리고 그중 최고의 세일즈맨 옆자리를 차지하라. 당신이 속한 세일즈 조직에서 가장 높은 학군이 모인 곳으로 가라. 팀워크도 좋고 팀원이 실적이 평균적으로 높고 좋은 팀으로 가도록 노력하라. 그리고 가장 잘하는 사람 옆자리를 차지해라. 가까이에서 매일 보고 배우는 것이 빠르게 배울 수 있는 최고의 방법이다. 주변 환경이 좋아야 세일즈에서도 빨리 성공한다.

어떤 조직의 팀은 실적이 계속 안 좋은 조직이 있다. 매번 불평과 환경 탓만 하는 사람이 모여있는 곳은 실적이 낮아진다. 자신의 권리만 찾으려고 하고 잘하는 사람을 시기하고 질투한다. 회사의 안 좋은 점만 생각하며 회사가 이렇게 해주면 정말 잘할 수 있다고 말한다. 이런 사람이 많은 곳을 피해야 한다. 부정의 에너지는 금방 전염된다.

부모는 아이들의 미래를 위해 학군이 좋은 곳으로 이사를 가려고 노력한다. 이렇듯 세일즈도 똑같다. 세일즈를 잘하고 싶다면 자리가 제일 좋은 곳 학군이 제일 좋은 곳에서 배워라. 못해도 중간은 따라가고 그곳에서 긍정을 배우게 된다.

상사에게 배워라

적어도 상사는 나보다 경험이 많다. 그리고 세일즈 분야에서 한 가지 이상 뛰어나게 잘하는 점을 찾을 수 있을 것이다. 이 노하우를 내 것으로 흡수해보자. 수많은 세일즈맨 중 팀장과 지점장 등 리더의 역할을 하는 상사에게 배워라. 그에게 밥을 사달라고 하면 사줄 것이 분명하다. 그리고 그의 신념과 철학에 대해 질문하라. 상사의 가치관을 알아가면서 그의 생각을 배워보자. 도움을 청하면 분명히 인생의 노하우를 알려줄 것이다.

우리보다 높은 곳에 있는 이유가 무엇인지 찾아보고 배움을 얻어보자. 세일즈에서 성공하는 것도 중요하지만 좋은 상사를 만나는 것도 정말 중요하다. 그래야 함께 올라가고 끌어준다. 인맥은 별로 필요가 없다고 생각할 수도 있지만, 정치, 교육, 회사 등 모든 일에서 사람들은 자기가 믿고 좋아하는 사람과 일하고 싶어 한다. 즉 인맥은 중요하다. 그리고 나를 끌어주고 좋은 기회를 주는 것은 누구일까? 그것을 만들어주는 것은 상사다. 그러니 누구에게 잘해야 하는지는 본인이 판단해보자. 기회를 만들기 위해 세일즈의 능력을 키우고 좋은 인간관계를 유지하자.

상사와 가까워지는 방법으로 내가 하는 것은 일대일 데이트다. 오로지 둘만의 시간을 갖는 것은 더 솔직한 마음과 몰랐던 삶의 이야기를 많이 할 수 있다. 그 하루는 오로지 상대만을 위한 날로 만들자. 데이트 날짜를 정하고 상대를 위한 정성이 담긴 선물을 준비해보자. 사람을 사람으로 좋아하는 것 그것은 직장 상사이든 동료든 고객이든 똑같다고 본다. 진심은 말해야 안다. 말을 안 하면 알 수 없기에 표현하는 습관도 세일즈맨이 갖춰야 할 최고의 덕목이다.

팀원과 자주 토론하라

세일즈는 소속된 팀이 있는 경우가 많다. 팀원과 세일즈에 대해 서로 자유롭게 이야기하는 시간을 만들자고 건의해보자. 계약이 된 경우 어떻게 잘 된 건지 좋은 점을 이야기하는 것이다. 그리고 해약이 되거나 클로징이 안 된 경우 왜 어떤 이유로 잘 안 되었는지 이야기는 나눠본다. 만약 인원이 5명이라도 수많은 다양한 사례를 간접 경험할 수 있다. 그리고 다음 비슷한 경우가 생기면 어떻게 대처를 할지 배울 수 있다.

특히 문제점에 대해서 대처 방법과 해결방법을 이야기하면 고객 만족도를 더 높일 수 있다. 서로의 장점을 모여서 시너지를 만든다면 최고의 팀이 될 수 있다.

회식자리에 참석하라

모두가 모이는 자리에 웬만하면 참석하라. 같은 팀이라면 함께하는 팀워크도 중요하다. 세일즈는 멘탈이 정말 중요하고 분위기와 감정도 큰 영향을 미친다. 팀원과 동료와 사이좋게 지내고 즐거운 추억을 만들어야 한다. 그러기 위해서 기본적으로 갖추고 있어야 할 소양은 '상대는 나와 다르다'라고 인정하는 것이다. 그리고 이것이 팀원 모두가 알도록 자주 이야기해야 한다.

세일즈 조직은 실적에 따라 회식의 분위기 달라진다. 그리고 팀원 모두가 같은 실적이 아닐 것이다. 누구는 잘하고 나는 못할 수도 있다. 이런 상황도 극복하는 방법 마인드 컨트롤하는 방법을 배워야 한다. 회식자리는 기쁜 마음으로 즐겁게 참여하고 함께 나누자. 칭찬하고 배려하고 이해하고 조금 힘들었다면 위로도 받자. 그리고 많이 웃어라. 가족보다 더 많이 보는 동료들이다. 내가 먼저 긍정적인 사람이 되어야 한다. 그래야 모두가 웃는 팀이 된다.

세일즈도 함께하면 더 빨리 성장할 수 있다. 모든 사람들의 장점을 스펀지처럼 흡수하는 것이 내가 1등이 되는 방법이다. 어느 누구에게도 배울 수 있다. 좋은 점은 배우고 잘하는 것이 있으면 어떻게 하는지 방법을 물어보고 얻은 게 있다면 고맙다고 알려준 것에 감사를 전해야 한다. 다른 사람을 내가 도와줬는데 매번 고마움을 모른다면 도와주지 말아라. 그 사람은 나를 이용하는 사람이다. 나를 위해주고 배려하는 좋아하는 사람에게 잘하면 된다. 모두를 만족시키는 사람이 된다는 것은 힘들고 피곤하며 불가능한 일이다.

06 드림 킬러를 차단하다
| 마이너스 인간

일본의 작가 고이케 히로시(Hiroshi Koike)는 '드림 킬러'라고 표현하고 프랑스의 작가 스테판 클레르제(Stephane Clerget)는 '멘탈 뱀파이어'라고 표현하는 사람들이 있다. 어떤 표현을 쓰는 상관 없다. 말 그대로 우리의 꿈을 막고 성장을 방해하고 뱀파이어처럼 우리를 교묘하게 이용하는 사람들을 말한다. 지금까지 이런 개념 모르고 살아왔다면 이후로는 이것을 알아차리고 방해받지 않도록 자신을 지켜보자. 우리 주변에는 수많은 드림 킬러가 존재한다. 그것은 가족, 연인, 친구, 직장에서도 있다.

드림 킬러 가족

사랑하는 가족이지만 자녀를 무시하는 경우 또는 반대로 자녀에게 너무 의지하는 경우가 있다. 가족의 꿈과 도전이 가족 앞에서는 쉽게 무너질 수 있으니 그것을 알아차리고 목적을 따라가야만 한다. 내가 세일즈를 처음 하고 싶다고 했을 때 부모님께서 반대하셨다. 안정된 직장이나 자격증을 따서 일하기를 바라셨다. 부모의 마음은 이해는 하지만 본인의 선택이 가장 중요하다.

"네가 그것을 할 수 있겠냐? 다시 한번 생각해봐라" 이렇게 처음에는 걱정하셨지만, 시간이 지나면서 잘 하고 있는 모습을 보고는 인정해주시고 응원해주신다. 이렇게 우리 주변에 부모, 형제, 가족이 우리의 꿈을 작게 보거나 사랑이라는 이름으로 막으려고 한다. 이럴 때에는 차라리 먼저 이야기하지 말고 꿈과 목적에 도전하라. 그리고 그것을 이루어내라. 그렇게 잘 된 다음에 그때 이야기해라.

가까운 가족은 당신이 그 자리에서 안전하기만을 바란다. 하지만 인생은 노력과 도전 없이는 아무것도 이뤄낼 수 없다. 노력으로 성공한 다음 이야기하자. 그때까지 지킬 수 있다면 비밀로 해도 된다. 노력하는 중에 가족의 방해나 드림 킬러를 만나면 쉽게 좌절하고 포기해버리고 만다. 그리고 시간이 지나 그때의 결정을 후회한다. 후회가 없도록 자신의 결정을 따라라. 꿈도 직장도 내가 찾아야 한다.

친구라는 드림 킬러

친구 따라 강남 간다는 말이 있다. 주변 친구들의 영향을 많이 받는 것이 사람이다. 그래서 부모님들이 좋은 학군으로 보내려고 노력하는 것 같다. 주변에 좋은 친구들로 구성해야 한다. 드림 킬러 친구들은 만나면 불평과 신세 한탄이 많다. 그리고 시간이 지나도 자신의 일에 발전이 없고 제자리거나 퇴보한다. 술자리에서는 행복하지 않은 이야기로 채워진다. 우울한 이야기로 연민이 들게 한다. 그리고 남들의 행복을 좋아하지 않는다.

간단한 예로 드림 킬러에게 전화가 온다. 잠깐 안부를 묻고 나서 한 시간 동안 인생의 넋두리를 한다. "힘들어 죽겠다. 이번 생은 망했다." 이런 이야기를 한다. 이런 경우가 여러 번이라면 피하자. 그리고 도전하는 친구들을 옆에 두어라. 내가 좋아하는 친구는 잠깐의 만남도 행복해진다. 술을 먹지 않아도 미래와 꿈에 대해서 이야기할 수 있다. 이런 친구 한 명이 더 좋다. 그리고 더 많은 도움을 서로 주고받는다.

그리고 드림 킬러라는 것을 잘 알아채기가 힘든 이유는 우리를 공격하거나 미워하는 나쁜 사람이 아니다. 오히려 가까이에서 우리에게 달콤한 말을 해주고 의지하려는 마음이 더 크다. 그래서 우리를 사랑하는 것처럼 보이지만 상대의 성공하는 것을 좋아하지 않고 자신과 같은 사람이기를 바란다.

드림 킬러 연인

사랑하는 연인이 드림 킬러라면 정말 힘들어진다. 투정만 하거나 당신의 에너지를 빼앗고 아무것도 못 하게 만들어버린다. 만약 우울증이 있거나 어떤 것에 중독이 있다면 조심해야 한다. 이런 이성은 이미 상대를 컨트롤하는 방법을 알고 있고 상대의 약한 마음을 이용해 돈과 노력, 시간, 관심을 먹고 산다. 결혼을 목적으로 만나는 관계가 아니라면 이별을 심각하게 고려해보자.

내가 추천하는 배우자상은 '자기계발'을 하는 사람이다. 소설책을 읽는 사람이 아닌 자기계발서를 읽는 상대를 만나라. 그래야 함께 발전한다. 배우자는 쉽게 바꿀 수가 없다. 그러니 신중해야 한다. 최소한 드림 킬러가 아닌 드림을 주는 사람을 찾아라. 지금 당신이 하는 일이 잘 된다면 행복을 준다면 좋은 사람이다. 하지만 직장에서 그 상대 때문에 일이 안 되고 오랜 시간 전화로 싸우는 당신을 본다면 드림 킬러인지 의심해봐야 한다.

직장의 드림 킬러

어떤 조직에서 꼭 드림 킬러가 존재한다. 그것이 상사일 수도 있고 가까운 동료로나 선배나 후배일 수도 있다. 세일즈는 사람을 만나는 일이기 때문에 집중력과 멘탈 관리가 필요하다. 그래서 세일즈를 한다면 누구보다 멘탈 관리가 중요하기에 우리 주변을 점검하고 관리해야 한다. 직장에서 드림 킬러의 특징은 시간이 빼앗긴다. 대화를 시작하면 자신의 이야기만을 들어달라고 하면서 당신의 **시간을 빨아먹는다**.

30분 이상 당신을 붙잡고 개인적인 자랑을 하거나 다른 사람을 비판하는 이야기는 하는 사람이 있으면 피하라. 이야기를 들어주는 것만으로 기가 빠지고 **머리가 아파진다**. 나쁜 감정이 전이되고 그것은 본인에게 마이너스가 된다. 드림 킬러가 시간을 빼앗기 전에 주변 동료에게 나에게 전화를 해달라고 부탁하는 것도 좋다. 3분 이상을 넘기지 마라.

그것이 후배여도 동일하다. 몇 번 충고와 해결 방법을 알려줬는데 행동하지 않고 그대로라면 더 이상 알려주지 마라. 말해도 어차피 안 한다. 모두 당신의 소중한 시간을 빼앗는 것이다. 이렇게 직장동료 중 드림 킬러는 **아주 교묘하다**. 칭찬을 하면서 필요할 때만 다가오고 좋은 일 생기면 본인 때문에 잘 된 거라고 말한다. 능력이 없으면서 뛰어난 당신을 능력을 가로채려고 한다. 특히 선배나 상사인 경우를 조심해야 한다.

세일즈는 당신의 능력이다. 그들은 상대를 이용만 하지 진심으로 생각해주지 않는다. 본인에게는 관대하고 남들에는 아주 정확한 잣대로 평가를 한다. 충고나 지적을 할 때는 그 사람이 그런 말을 할 자격이 있는지를 확인해라. 본인이 안 지키고 있는 것을 다른 사람에게 **지적하고 충고하는 사람**은 분명한 멘탈 뱀파이어, 드림 킬러다. 이런 사람은 당신의 생일날 생일선물 하나 안 한다. 드림 킬러는 오직 자신을 위해서 주변 사람을 이용할 뿐이다.

그리고 **규율을 강조**하고 그것에 대한 제재나 힘을 과시하려고 하는 사람을 조심하라. 드림 킬러는 자신의 업무능력과 자존감이 낮다. 그것을 감추기 위해 몇 가지 규칙을 만들고 그것으로 사람들을 **통제하려고 한다**. 이런 규칙의 목적은 세일즈나 당신의 일을 발전시키는 데 도움이 되지 않는다. 오히려 반대인 경우인데 간단한 일을 어렵게 만든다. 한 번의 절차를 여러 번으로 변경하고 복잡하게 만든다. 그리고 그것에서 실수를 한다면 당신을 통제하려고 할 것이다.

그리고 이런 규칙을 통제하는 모습을 **자신의 상사에게 보고**를 하며 나는 이렇게 '회사를 위해 노력하고 있는 사람입니다'라고 보이게 노력한다. 이런 사람을 피해라. 그리고 가장 높은 상사에게 드림 킬러, 멘탈 뱀파이어라는 개념을 알려라. 이 사람과 이야기를 하면 매번 **스트레스가 쌓인다**. 내 생각이나 의견을 들어주지 않고 규칙을 강조하고 당신을 통제하려고 한다. 즉 안 좋은 소리를 반복하는 사람이 그런 사람이다.

이 사람을 만나면 **심장이 빨리 뛴다.** 머리가 아프거나 가슴이 답답해진다. 그 앞에서 **'죄송합니다'**라고 자주 말하는 자신의 모습을 본다면 그는 100% 드림 킬러다. 잘 생각해봐라 죄송할 일이 아닌데 그 말을 하고 있지 않은가? 드림 킬러인 것을 알아차리면 피할 수 있고 스트레스를 관리할 수 있다. 그리고 그를 변화시키려고 노력하지 말아라. 절대로 변하지 않는다.

드림 킬러가 되지 말자

지금부터 누군가 자신의 꿈과 비전을 말한다면 응원해줘라. 그리고 믿어줘라. 세일즈는 드림 킬러가 할 수 없는 일이다. 남들의 에너지를 빨아가면서 일하지 말자. 드림 킬러가 안 되는 방법을 알려주겠다. 이것도 당신의 노력이 필요하며 긍정적인 사람으로 변해야 한다.

1. 동일한 부탁을 동료에게 반복하지 마라.

작은 부탁을 여러 번 한다? 한두 번이면 몰라도 그것이 습관이 된다면 안 된다. 선후배에게 나의 세일즈에 필요한 동일한 부탁을 하지 말아라. 선후배에게 모른다고 동일한 질문을 하지 마라. 한두 번은 모를 수 있다. 모르면 확실하게 배워라.

2. 동료와 회사와 상황을 불평하지 말자.

이것이 가장 흔하다. 회사의 가십거리를 이야기하거나 상황을 탓을 하게 된다. 잘 안되면 남 탓 다른 자람이 잘되면 모두 정상적이지 않은 방법으로 했다고 폄하하지 말자. 불평한다고 세일즈가 잘 될까? 동료와는 서로 어떻게 하면 함께 잘 될지를 이야기하자. 옆 사람이 잘 되어야 내가 잘 될 가능성이 높아진다.

3. 권력을 좋아하는 사람이 되지 마라.

사람을 움직이는 힘은 사랑과 관심이다. 힘에 의한 것은 일시적인 것이다. 눈앞에서만 따르는 가짜 충성심이다. 그리고 그런 것을 따라 하지 말아라. 착한 사람도 권력을 배우게 되면 그 방법이 맞다고 느낀다. 통제로는 리더가 될 수 없다. 자신에게는 관대하고 남에게 통제하려고 든다.

우리 주변에 있는 드림 킬러와 멘탈 뱀파이어를 인식하고 멀리하자. 나 자신을 먼저 아끼고 사랑해야 한다. 우리 자신이 약하다고 생각하고 작은 존재라고 믿고 있으면 그들의 먹잇감이 된다. 만약 드림 킬러가 지나치게 행동한다면 정확하게 표현해야 한다. 화를 내기보단 "실망했습니다"라고 표현하자. 화가 아닌 '믿었던 당신에게 실망했다'라고 전하라. 당신이 나를 생각해주는 줄 알았는데 그게 아니었다는 것이 느껴지도록 슬픔으로 서운함을 전해라. 아주 뜨끔할 것이다.

주변에 좋은 사람들만 있다면 더 행복한 세일즈와 삶을 만들 수 있다. 행복하게 일하고 행복하게 돈 벌자. 인생의 하루하루는 정말 행복한 시간이다. 우리 모두는 행복할 의무가 있다. 우리의 행복을 막는 사람이 보이면 한번쯤 의심해보자.

07 프로는 끊임없이 배운다
| 독서하라

　교육이 세상을 변화시킨다. 교육이 세일즈를 발전시킨다. 그러므로 프로 세일즈맨이 되기 위해서는 계속 배움을 얻어야 한다. 그렇게 되면 세일즈를 넘어 우리의 삶과 인생을 알게 되고 내가 살아있는 이유와 살아가야 하는 방향까지 찾을 수 있다. 우리는 그냥 이유 없이 태어난 생명이 아니다. 당신의 소명을 찾아 실천해야 하고 거기서 깨달음을 얻어 가야 한다.

　새로운 생명은 다음 세상을 더 빛나게 만드는 것이다. 하나하나의 노력이 모여 더 나은 미래를 만든다. 세상을 움직이는 사람과 세상을 망치는 사람 중 어떤 사람이 되고 싶은가? 지금 내가 할 수 있는 능력에서 다른 사람을 행복할 수 있도록 돕는 것부터 시작해보려고 한다. 수많은 책들이 계속 나오는 이유도 삶의 지혜와 노하우를 전하기 위해서다. 자신이 잘하는 노하우를 공유하면서 우리의 세상은 더 빠른 속도로 발전하고 있다.

정보는 더 많이 공개되고 쉽게 찾을 수 있도록 변하고 있다. 이것은 더 쉽게 성공할 수 있다는 뜻이기도 하다. 예전처럼 일부 사람들만 알고 있던 성공 법칙과 의식 성장 등 많은 것들이 세상 밖으로 나오고 있다. 만약 우주의 정보까지 오픈된다면 지금까지 알고 있는 정보가 우물 안 세상이었다는 것을 알게 될 것이다.

독서 교육을 받자

교육은 평생교육이다. 성공하는 사람은 계속해서 성장한다. 그리고 그들의 뇌는 계속해서 움직인다. 그래서 나이는 있지만 생각이 젊은 회장님이 있는 반면에 나이는 그렇게 많지 않지만 이해와 생각이 과거에 머물러 있는 사람도 있다. 나이를 먹는다고 모두 지혜로운 어른이 되는 것은 아니다. 우리 모두는 자신이 경험한 세상 속에서 살아간다. 그리고 그 세상 밖으로는 멀리는 볼 수 없다.

시야를 높이고 멀리 보기 위해 필요한 것은 '독서'다. 성공한 사람의 공통점 역시 독서광이라는 사실이다. 소설책이 아닌 '자기계발서'를 읽어라. 오래된 자기계발서는 성공한 사람이 받은 기초 교육이다. 책이 중요하지 않다고 생각할 수 있지만 그럼 계속 그렇게 자신만의 세상에서 살아야 한다. 책을 읽으면 좋은 점은 다른 사람의 생각을 이해하게 된다.

다양한 방면에서 유명한 책을 읽어보자. 책은 옆에 쌓아두고 봐야 한다. 그리고 빨리 읽고 지저분하게 표시하고 접고 메모하면서 내 것으로 흡수해야 한다. 그러지 않으면 읽은 책 제목만 생각난다.

자본 투자를 공부하라

성공은 하루아침에 되지 않는다. 멋진 하루하루가 모여서 만들어지는 것이다. 1년 이상은 교육에 목숨 걸고 당신이 하는 일을 마스터한다. 2년 동안은 실천하고 행동하면서 몸소 배워야 한다. 3년 차부터는 당신의 시스템이 스스로 움직이도록 해야 한다. 그리고 그 후로는 투자를 통해서 부를 늘려야 한다. 자는 동안에도 돈이 들어오는 시스템을 만들어야 한다.

그것을 얻기 위해 배우고 돈에 대한 공부를 끊임없이 해야 한다. 생산자가 되어야 성공의 추월 차선을 타는 것이다. 세일즈로 최대의 시드머니를 만들어 '돈이 자라는 나무'를 심어야 한다. 돈에 대한 공부 역시 책을 통해서 얻을 수 있다. 근로소득만으로는 한계가 있다. 즉 시간과 공간이라는 제약이 있기 때문에 우리는 세일즈와 투자 2가지를 동시에 잘 완성해야 한다.

주변에 투자로 성공한 사람의 성공 스토리를 직접 듣고 조언을 구하라. 결정과 결단력이 위험성을 극복해서 잘 된 이야기들이 많다. 모든 투자는 위험성이 존재한다. 그래도 경험상 행동하고 실천해야 돈을 벌 수 있다. 이것이 경험을 늘리는 방법이다. 돈을 벌어봐야 벌 수 있다. 1,000만 원을 벌어보면 그 금액과 비슷한 금액을 계속 번다. 반면 1억 원을 벌어봤다면 그 사람은 이미 성공한 사람이고 계속 그 금액 또는 그 이상을 벌고 있을 것이다.

이렇게 되고 싶다면 배움을 멈추지 말자. 자투리 시간을 활용하는데 아침에 일어나 마음공부 책을 읽고 가방에는 일과 관련된 책을 넣어 다니고 퇴근해서는 투자나 새로운 지식을 얻는 책을 보자. 아니면 오프라인 강의나 온라인 강의를 찾아 들어보자. 그리고 도움이 되는지 확인해봐라. 어떤 것이 당신과 잘 맞는지 찾아봐라. 최고를 찾아가 배우는 게 좋고 두 번째로 좋은 방법은 독서라고 생각한다.

돈을 벌어 통장에 모셔두지 말고 자신만의 투자를 시스템을 구축해야 한다. 내가 하는 방법을 공유하겠다.

1. 집을 빨리 사라 : 안 된다, 돈이 없다 하지 말고 빠르게 작은 집이든 어떻게든 부동산을 구매해봐라. 거기에서 배움이 생기고 경험이 올라간다. 그리고 계속 갈아타거나 더 사라.

2. 적립식 펀드로 저축한다 : 펀드를 여러 개 분산해서 매월 일정 금액을 매수하도록 자동이체를 걸어라. 세상이 변해도 주식이 내리고 전쟁이 와도 적립식 펀드는 언제나 플러스를 만들어 줄 것이다. 이것은 장기로 계속 유지해야 한다.

3. 주식을 사라 : 주식이 내려갈 때마다 조금씩 추가 매수한다. 비중을 조금씩 늘려라. 단타로는 할 수 없고 신경 쓰다 세일즈도 망한다.

4. 코인을 사라 : 코인이 떨어질 때마다 추가 매수한다. 주식보다 더 많은 비중으로 해도 된다. 유명한 코인을 모아라. 코인은 많이 내려가고 많이 올라간다. 이것도 장기로 보자.

5. 임대료를 받아라 : 작은 상가나 공장 등을 구입해 임대료를 받아보자. 작은 오피스텔이나 원룸에서 월세를 받으면서 발전시키고 더 잘된다면 건축으로 직접 지어 올라가보자.

다른 사람의 경험에서 배우라

어머니께서 항상 맛있는 요리를 만들어주신다. 나는 요리를 전혀 못해서 어떻게 하냐고 물어보면 간단하게 뭐 조금 넣고 뭐 조금 넣으면 된다고 하신다. 수년 동안 몸으로 경험한 자신만의 레시피와 어머니만의 노하우인 것이다. 이렇게 경험에서 배운 다른 사람의 노하우를 우리 것으로 만들어보자. 말로는 쉽게 배울 수 있지만 정말 요리하는 것처럼 옆에서 자세하게 노하우를 배울 수 있다면 알려달라고 요청해라.

그럴 만한 이유가 있다면 모를까 노하우를 쉽게 알려주지 않을 것이다. 우리는 그럴만한 이유를 만들어 배움을 얻어보자. 그리고 그것에 반드시 보답해주자.

돈을 사랑하고 감사하라

세일즈에서 성공을 위해서 돈을 사랑하고 감사해야 한다. 주변 모든 것 지금 누리고 있는 모든 것에 감사해야 한다. 돈은 시간을 만들어줄 수 있다. 우리가 원하는 것을 할 수 있게 도와주는 바로 돈이다. 이 책을 다 읽고 나면 마지막 순간에는 이루고 싶은 버킷리스트를 50개를 적어보자. 하고 싶은 것들, 미래의 내 모습, 가고 싶은 곳, 사고 싶은 것, 원하는 모든 것을 50개를 적어보자. 50개 이상 생각이 난다면 당신은 이미 성공의 길로 방향을 틀었다. 그리고 이것을 잘 보이는 곳에 방이든 책상 앞에 붙여라. 그리고 이것을 이루고 나면 팬으로 그어버려라. 몇 년 후의 당신의 리스트를 확인해보자.

지금 당장 돈만 있으면 버킷리스트의 90%는 모두 이룰 수 있을 것이 분명하다. 돈을 사랑해야 하고 좋아해야 한다. 벌기 어려운 것이 아니라 돈은 언제나 여유롭게 나에게 들어온다고 생각해야 한다.

생각을 현실로 만드는 삶

나의 기본 신념과 철학이다. 원하는 것을 이루어 나갈 때 무엇보다 큰 성취감을 느낀다. 우리의 세상에서 내가 주인공이다. 다른 사람과 비교하지 말고 어제의 나와 비교해서 오늘의 내가 더 성장하기 위해 공부하고 배움을 얻어야 한다. 그리고 작은 목표를 만들어 그것을 성공해보자. 처음부터 너무 큰 목표를 세우지 말고 쉽게 달성할 수 있는 목표를 만들자. 그러면 머릿속에 드는 여러 가지 아이디어들이 생겨날 것이다.

이것이 바로 동기부여의 핵심이다. 우리 인간을 움직이게 만드는 처음 시작이 바로 '동기부여'다. 이것이 있어야 움직이고 행동한다. 내가 무엇을 해야겠다는 강력한 동기가 성공을 만든다는 말이다. 매년 월초에 금연을 해야지 또는 다이어트를 해야지 하다가 2월이 되면 동기가 약해진다. 처음엔 정말 잘했는데 동기부여가 적어지면 부정의 자아가 그것을 포기하게 만들어 버린다.

우리의 세일즈에 작은 목표를 설정해서 육체적으로 노력하자. 그리고 정신적으로 동기부여를 받고 그것을 이미 이루어냈다는 상상을 아주 구체적으로 하고 이미 성공했다는 그 감정까지 완벽하게 느끼도록 상상해서 그것을 이루어내야 한다. 그리고 그것을 얻기 위해 해야 하는 행동을 실천하고 계속해서 감사해야 한다. 그리고 반드시 이루어내자. 그다음 다시 다른 목표를 설정하는 것이다. 이런 하루하루와 성취해나가는 목표들이 쌓이면 성공의 길로 조금씩 가까워질 것이다.

나는 계단을 하나씩 올라온 것 같은 느낌이 든다. 나는 정말 누구보다 부지런했다. 쉬는 공백 없이 나는 계속 무엇을 위해 달려왔던 것 같다. 나의 20대 30대를 돌아봤을 때 조금 아쉬운 생각이 든다. 누가 나에게 이런 경험과 노하우를 빨리 알려줬다면 그리고 이것을 더 일찍 배웠다면 지금과 또 다른 내가 되었을 것이다. 그래서 나는 이 책을 완성하기로 했다. 젊은 청년들과 세일즈를 시작하는 모든 사람들에게 도움을 주고 싶다.

내가 말하는 성공 노하우는 뜬구름 잡기가 아닌 실천과 행동의 세일즈며 인생철학과 삶의 지혜까지 얻도록 구성되어 있어 이것을 자신의 것으로만 만든다면 좋은 결과를 만들 수 있다고 자부한다. 그리고 나를 아는 모든 사람의 미래가 더 행복해졌으면 좋겠다.

세상의 모든 것은 판매됩니다. 우리 주변에 모든 일은 세일즈입니다. 팔기 위해 만들어진 모든 것은 판매되어야 합니다. 그렇게 세상이 돌아갑니다. 세상을 돌아가는 방법을 일찍 공부하는 것이 세일즈입니다. 이것을 마스터하면 당신은 무엇이든 할 수 있습니다. 전문가로 성장해서 신뢰를 만들고 고객에게 당신이 최고라는 것을 알려주십시오. 이 책이 효과가 있다면 저에게 알려주세요. 그리고 주변 사람들에게 추천해주세요. 새로운 인연과 만남이 어떻게 시작될지는 아무도 모릅니다.

"당신을 응원합니다!" 세일즈 파울로 최근용입니다.

억대 연봉 세일즈맨은
이렇게 영업합니다

제1판 1쇄 2022년 5월 25일
제1판 2쇄 2022년 6월 24일

지은이 최근용
펴낸이 서정희　　　　　　**펴낸곳** 매경출판㈜
기획제작 ㈜두드림미디어
책임편집 이향선　　　　　　**디자인** 김진나(nah1052@naver.com)
마케팅 김익겸, 장하라

매경출판㈜
등록 2003년 4월 24일(No. 2-3759)
주소 (04557) 서울시 중구 충무로 2(필동 1가) 매일경제 별관 2층 매경출판㈜
홈페이지 www.mkbook.co.kr
전 화 02)333-3577
이메일 dodreamedia@naver.com(원고 투고 및 출판 관련 문의)
인쇄·제본 ㈜M-print 031)8071-0961

ISBN 979-11-6484-412-8 (03320)

책 내용에 관한 궁금증은 표지 앞날개에 있는 저자의 이메일이나
저자의 각종 SNS 연락처로 문의해주시길 바랍니다.